大师经典

卓越领导者

[美] 约翰·H. 曾格（John H. Zenger） 约瑟夫·R. 福克曼（Joseph R. Folkman） 著

闫玉芳 徐汉群 译

原书第3版

John H. Zenger

The New Extraordinary Leader

Turning Good Managers into Great Leaders，3rd Edition

机械工业出版社
CHINA MACHINE PRESS

与其他关于领导力的作品不同的是，《卓越领导者》的作者利用严谨的研究方法，对全球超过2.5万名领导者的20万份评估数据进行细致的分析，提出了关于如何发展领导力的全新体系。作者突破了传统的领导力发展模式，用大量的数据证明了将个人优势最大化给组织带来的积极意义。新版本基于来自全球各地的12万名领导者的反馈，提供了经过验证的经验和教训。《卓越领导者》将为你提供在当今动荡的全球经济中有效领导所需要的信息和见解，将对你的企业、组织与员工发展带来极大的帮助。

John H. Zenger, Joseph R. Folkman

The New Extraordinary Leader: Turning Good Managers into Great Leaders（3rd edition）

978-1-260-45560-1

图书在版编目（CIP）数据

卓越领导者 ：原书第3版 ／（美）约翰·H.曾格（John H. Zenger），（美）约瑟夫·R.福克曼（Joseph R. Folkman）著 ；闫玉芳，徐汉群译. -- 北京 ：机械工业出版社，2024.9. --（大师经典）. -- ISBN 978-7-111-76707-7

Ⅰ. F272.91

中国国家版本馆CIP数据核字第2024GK4821号

机械工业出版社（北京市百万庄大街22号 邮政编码100037）
策划编辑：李新妞　　　　　　　责任编辑：李新妞　刘林澍
责任校对：肖　琳　王　延　　　责任印制：李　昂
河北宝昌佳彩印刷有限公司印刷
2025年1月第1版第1次印刷
169mm×239mm·20.5印张·1插页·278千字
标准书号：ISBN 978-7-111-76707-7
定价：99.00元

电话服务　　　　　　　　　　　网络服务
客服电话：010-88361066　　　　机　工　官　网：www.cmpbook.com
　　　　　010-88379833　　　　机　工　官　博：weibo.com/cmp1952
　　　　　010-68326294　　　　金　书　网：www.golden-book.com
封底无防伪标均为盗版　　　机工教育服务网：www.cmpedu.com

谨以此书献给我们的同事，以及我们的海外战略合作伙伴。他们是一群非凡的人，既是卓然想法的源泉，又是稳定可靠的动力来源。他们总是以良好的心态，容忍并鼓励作者追逐他们最新的思想火花。更为重要的是，他们与我们共享同一愿景：通过帮助塑造更卓越的领导者而对世界产生积极影响。正因如此，他们让工作既富有意义又充满乐趣。

对本书的赞誉

关于领导力已经写了很多东西；大多数写作是以个人的哲学和信念表达出来的。因此，我们对领导力的书籍变得愈发怀疑。然而，曾格和福克曼再次突破了这些嘈杂之声，为我们带来了关于这个主题的崭新见解。基于令人信服的证据，新版《卓越领导者》提供了由数据驱动的实践。我特别喜欢这个洞见：强大的素质组合产生了近乎指数级的结果。事实证明，领导力并没有普遍的真理，但在适当的背景下，几种实践结合起来可能会带来突破。无论你是领导者、渴望成为领导者的人还是领导力教练，都必须阅读这本书。

—— 迈克尔·J. 阿雷纳（Michael J. Arena）

通用汽车前首席人才官

我在翻开第一页时就对新版《卓越领导者》爱不释手。从开始阅读的那一刻起，我就感到兴奋，而我读得越多，我的热情就越高涨。是的，我对这类书籍是非常着迷的，它们挑战那些被奉为真理、但没有任何证据支撑的信念或假设，特别是关于领导力方面的。而这恰恰是曾格和福克曼所做的，而且他们的论述有说服力、精确且专业。新版《卓越领导者》没有对陈词滥调的赞述。他们通过杰出的研究，展示并证明了领导力确实可以成就非凡，而且人人都可以学习如何做领导。这本书中有不少深刻的见解，无论你是像我一样有着超过20年研究领导力的经验，还是刚刚接触到这个主题，《卓越领导者》都会让你觉得物超所值。而且，曾格和福克曼的研究给了这本书独特的可信度，书中所采用的例证和实际应用赋予了这本书以生命力。这是学者和领导力实践者在未来几年内都值得反复参考的书籍。如果你的目标是超越当下，成为一名更为出色的领导者，那么你必须要阅读这本书。

—— 詹姆斯·M. 库泽斯（James M. Kouzes）

汤姆·彼得斯公司名誉主席

超级畅销书《领导力》（*The Leadership Challenge*）作者

这本书提供了理解领导力的独特方法：通过数据，而非观点！其中有些见解是直观的，但许多见解则有违直觉。这本书可读性极强，能体现出有关领导力的最佳思考。

—— E. 大卫·斯帕恩（E. David Spong）

美国波音公司军事航空支持系统总裁

对于教练、领导者以及那些培养他们的人来说，这本书是必读之作。新版《卓越领导者》不仅仅关于轶事或"战争故事"；它基于全方位的实证研究，注定会成为领导力领域的经典之作。

—— 马歇尔·戈德史密斯（Marshall Goldsmith）

《福布斯》"五位最受尊重的执行教练"之一

《华尔街日报》"十大高级管理教育家"之一

两位作者承诺，要"像福尔摩斯一样"通过仔细分析和观察大量数据来揭示领导力的奥秘，这引起了我的注意。作为一位狂热的悬疑小说读者，我发现自己不由自主地翻动着页面，一口气读完了整本书，就像阅读任何一本好的悬疑小说一样。我特别欣赏在33条洞见中的智慧，以及并非显而易见的伴随素质，以及床垫型和帐篷型领导力模型之间的差异。当读到最后一章（答案终于揭晓时），比起我在过去20年里找到的方法，我已经推断出了一种更好的方法帮助我的组织成为一家更伟大的公司！

—— 萨利·T. 海托华博士（Sallie T. Hightower, EdD）

美国康菲国际石油公司

　　这本书是推动桑坦德尔银行在西班牙开展文化转型的关键工具，帮助我们的经理显著提高了他们领导效能。书中的模型吸引了经理们，并使团队能够超越过去的绩效表现。

—— 艾琳娜·佩雷斯·贝尔洪（Elena Perez Berjón）

西班牙桑坦德尔银行领导力发展经理

　　终于有人抛开理论和复杂模型，告诉我们卓越领导者真正能带来什么。曾格和福克曼卓有成效地总结了超过 2.5 万名领导者的数据，帮助我们理解真正使领导者得以成功的关键要素。任何想要从事领导力研究的人都将享受阅读这本书的旅程，从中获得有用的新见解，对提升自己和帮助他人都会大有裨益。

—— 拉尔夫·克里斯滕森（Ralph Christensen）

贺曼贺卡公司人力资源高级副总裁

　　这本书改变了我的思维方式！作为一名领导者，如果我们想从优秀到卓越，不要专注于弱点；相反，选择一个优势并加以发展。曾格和福克曼写了一本重要的书，其中充满了独特的洞见并基于扎实的研究。它将塑造我们帮助客户培养高管的方式。

—— 道格拉斯·D. 安德森（Douglas D. Anderson）

波士顿高管发展中心创始人兼管理合伙人

　　通常情况下，我会怀疑，我们还需要另一本关于领导力的书吗？但是，曾格和福克曼的新版《卓越领导者》令人耳目一新。他们没有重复过往的

陈词滥调，而是进行了大量的实证数据收集和分析。在前言中，面临发展
领导者真实的挑战，它承诺要提供清晰、简单和实用的方法，这本书做到
了这一点，甚至有更多让人惊喜的内容。这是一本不可错过的佳作。

—— 乔恩·杨格博士（Jon Younger, PhD）

国民城市银行领导力发展高级副总裁

在阅读了新版《卓越领导者》的手稿后，我要再次祝贺并感谢两位作
者……在这本书中，他们与我们分享了最新的研究发现和经过验证的方法，
任何组织都可以应用这些方法，在全面的领导力发展上取得成功。对于领
导力和人才领域的所有从业者和专业人士来说，这都是一本必读之作。

—— 帕布罗·里埃拉（Pablo Riera）

P&A 集团总裁

致　谢

我在年轻时，曾在我父亲担任主管的医院中工作过一段时间。从他身上，我了解了什么是领导力，以及作为一名高管会面临怎样的挑战。他从未停止对改进的不懈追求，并自愿放弃那些已经运作良好的系统，而去追求更好的前景。这种态度为我树立了榜样。

我对领导力的学术兴趣始于加州大学洛杉矶分校，我是人际关系研究小组的研究助理。我感激罗伯特·坦南鲍姆（Robert Tannenbaum）和已故的伊尔维·韦施勒（Irv Weschler）的指导。然后在南加州大学，我与比尔·伍尔夫（Bill Woolf）合作，他向我介绍了一种社会学和人类学视角下的领导力。还有很多其他人影响了我的思维，其中包括行业中行为建模培训的创始人梅尔·索彻（Mel Sorcher）。

在曾格－米勒（Zenger–Miller）公司，有很多同事对我产生了很大的影响，其中包括戴尔·米勒（Dale Miller）、史蒂夫·曼（Steve Mann）、埃德·穆塞尔怀特（Ed Musselwhite）、鲍勃·谢尔温（Bob Sherwin）等，他们加深了我对领导力的理解，我们共同打造了一家非凡的公司。我对他们表示感激。我还要感谢我现在的同事们，他们不仅使组织运转顺畅，还孕育了无数绝妙的创意。这个团队尽心竭力，能与他们共事，我心存感激。

我从未想过会和一个统计学方向的组织心理学家合写一本书。福克曼的学术兴趣与我的截然相反，但这次经历收获丰厚。我们之间的差异很快得到了解决，而且顺畅愉悦。单靠一己之力，我是无法单独完成本书的。

最后，我要对我的家庭致以最深挚的感激之情。我的孩子、孙辈以及他们的伴侣给我带来了领导力方面的重要启示，也给了我应用所学知识的机会。我要特别感谢我的妻子霍莉。她给我的作品提了许多建设性的意见，她还高效地打理家务，解决了我的后顾之忧，为我创造了创作本书的时间和环境。

约翰·H. 曾格

写作本书的想法缘起于几年前，当我在走廊里查看一些统计数据时，碰到了曾格。记得他当时问我："你在做什么有趣的事情？""正好你问起来，"我回应说，"看看这些数据。"最初，我只是对一些统计分析感到着迷，却没想到这份迷恋一发不可收拾，逐渐发展为一套强有力的数据佐证，这彻底改变了人们对于何为卓越领导者，以及如何造就卓越领导者的传统认知。

在阅读了大量有关领导力的书籍后，人们会发现超过 90% 的内容都是相似的。虽然包装迥异、案例妙趣横生，但从根本上讲，没有什么新东西。我对写作这种书毫无兴趣。我们的方法是进行严谨的研究，然后形成系统的理论来解释结果。当我们向客户展示研究结果时，总是很欣喜地收到客户的"啊哈，太棒了"一类的反馈，他们对于所呈现的洞见感到非常满意。我希望你在阅读这本书时也能有类似的体验。

我们的研究中最有趣的发现之一是所谓的"强力组合"。当领导者将两种独特的素质结合在一起时，就会产生强大的组合效应，从而大幅提高领导力的整体有效性。在思考写作此书的过程中，我非常有信心，杰克和我都无法单独完成这项研究和写作。曾格的经验、知识和概念化技能与我的研究理念、测评方法和管理变革的背景相结合，形成了一个非常强大的组合。

我与曾格一同经历了创作本书这一辛苦而严格的历程，这让我感受到一种绝对的愉悦。对于他的耐心、温和的指正和坚持不懈，我内心充满感激。

　　另外，还有许多人为这本书的研究和编辑工作做出了重大贡献。感谢我们的同事、员工和客户的贡献和提供的宝贵建议。

　　就像所有类似的项目一样，既要带来超越过往的营收记录、交付对客户的咨询服务、完成写作本书的任务，又要尽到作为丈夫和父亲的责任，单凭一己之力是万不可能做到的。我最感谢的是我的妻子和家人，他们放弃了最多，自愿分担了我的部分责任。我非常感激他们的付出。我在他们身上看到了许多非凡的品质，让我受益匪浅。

　　最后，我想以此书献给我的客户。我非常感激在各行各业中的杰出客户。他们都致力于改善组织的经营以及提供其中工作的个人绩效。他们不断寻求使人更成功的方法。而这本书中至关重要的数据都是由他们提供的。

约瑟夫·R.福克曼

前　言

　　原书第 3 版与之前有何不同？首先，我们更新了所有数据以及从数据中得出的结论。自第 1 版问世以来，时间已经过去了 15 年。在这段时间里，世界发生了巨变。其次，我们发现了关于领导力的新见解，这又扩展了我们对此的理解。与最初的 20 个观点相比，我们现在提出了 35 个观点。最后，之前的版本主要关注作为领导者的个人，以及他们如何最好地发展自己。在这一版中，我们增加了六章内容，描述了组织如何最有效地促进自身领导者的发展。

　　然而，仍有许多事情一如既往，保持不变。我们最初为本书设定了三个目标。第一个是简单。我们坚持认为，这本书应该提供清晰、易于理解的信息。在阅读一本自己极其感兴趣的主题的书时，没有什么比合上书本后却无法总结出书中的观点更令人恼火的了。

　　我们的第二个目标是可行动性。我们不指望这本书中的每个想法都能立即付诸实施，但我们认为成功将取决于你能否在下周一早晨采纳我们的许多发现并能付诸行动。

　　我们的第三个目标是使这本书具有实证性。我们坚持认为，它应该基于硬数据、事实和统计分析。庞大的数据集合是我们用以反复验证的试金石。虽然最初的版本已包含了对 20 多万份反馈的分析，但这一版更包含了来自全球 12 万名领导者的超过 100 万份数据。

　　坦率地说，我们对高管和商业作家的书籍感到厌倦，这些书籍主要表达个人的哲学和信仰，尤其是它们之间存在着天差地别时。领导力的学科以及那些致力于在组织内发展领导者的人显然值得更好地对待。我们的标准是，每条结论都必须建立在客观数据的基础上。硬数据和统计分析的结合是我们的切入点。然后，我们的任务是理解这些数据并对我们的发现做出合乎逻辑的解释。

　　我们欢迎读者的反馈。这一话题值得与我们的未来息息相关的重要机构——大学、医院、政府机构和企业——进行大量的对话讨论。这些机构都需要领导者助力其蓬勃发展、茁壮成长。我们希望书中的内容能在某种程度上有助于培养出它们迫切需要的领导者。

目　录

第二部分　组织在建设领导梯队中的作用

The New Extraordinary Leader

第三部分　特别议题篇

The New Extraordinary Leader
Turning Good Managers into Great Leaders

第一部分

如何提升个人领导能力

本书前九章更新了我们 17 年前所做的研究。我们将深入探讨领导力的本质、领导力素质、优势的价值，以及何时应关注领导力的失败和领导者的弱点。同时，我们也会就领导者如何打造自身优势给出一条可行的路径。

在原来的研究里，我们分析了 20 多万份反馈数据，研究对象涉及 2 万名领导者。他们大部分来自北美，少数来自欧洲、环太平洋地区和南美洲。如今 17 年过去了，研究数据已有了重要更新。我们分析了超过 150 万份反馈数据，评估了全球 12 万名领导者的行为。这些数据来自欧洲、环太平洋地区、南美洲、中东和非洲，覆盖全球各个商业领域，具有广泛的代表性。

过去 17 年里，我们对领导力有了很多新的见解，这些见解也将呈现在第一部分的各章节中。

这九个章节围绕领导力进行分析，并论述了领导者个人该如何更好地提高领导效能。

第一章
破解领导力这道谜题

全球诸多现象中，我们对领导力的观察最为广泛，理解却最为贫乏。

——J. M. 伯恩斯（J. M Burns）

我们试着要为"领导力"和"领导者"这些字眼套上光环，反而让我们难以清楚地思考。良好的判断力是需要"去神秘化"的。

——约翰·加德纳（John Gardner）

依然难解的领导力谜题

最近在一场晚宴上，大家得知我们正在写一本书，一位宾客立即问道："这是一本什么书呢？"

"一本关于领导力的书。"我们中的一位成员回答道。

这位宾客毫不迟疑地接着问道："你们真的认为领导者是被培养出来的吗？他们不应该是天生的？"（我们真希望，在过去十年内，每次被问到这个问题时可以收取一美元！）这个问题就像蟑螂和鳄鱼一样顽固难缠。就连大部分的企业首席执行官（CEO）和社会团体的领导者也跟普通人一样，持有相同的疑问。

事实上，这个问题可以分成两个部分来讲。依照一般的宴会对话礼仪，当我们说："当然，领导力是可以培养出来的。"那么接下来的问题必然是："那要怎么培养呢？"而这正是本书想要解答的两个基本问题。新版中，本书除了讨论个人如何提高领导效能，还额外增加了六章，专门论述组织如何才能做到强将如云。

这世上需要再多一本关于领导力的书吗？这个问题可能会引起一场激烈的争辩，一部分人会大声说"不需要"。仔细想想，在过去的一个世纪里，关于领导力已经发表了超过35亿篇文章。有些文章以研究作为依据，大部分则是反映作者个人对于领导力的一己之见。这些见解要么源自他们的个人经验，要么是通过对领导者的观察得出。这些文章中许多是由成功的企业家撰写的，阐述了他们的个人理念，以及他们如何取得成功。

这35亿篇关于领导力的文章中，有4.19亿篇是发表在学术期刊上的调查研究。而过去百年间还出版了4.99亿本关于领导力的书籍（近几年每天超过4本）。这其中许多著作是由有实践经验的领导者写的，其余则是由学者或顾问撰写的。他们试着以旁观者的角度来诠释领导者所扮演的角色。文献资料堪称海量，这样看来，似乎真的没有必要再多一本关于领导力的书了。

为什么要再多一本关于"领导力"的书

尽管有这么多的文献著作，"领导力"却仍然像一道令人捉摸不透的谜题。人们并未因此获得更加清楚的认识。备受推崇的领导力学者沃伦·本尼斯（Warren Bennis）曾这样说道："超出我们应用范围的信息越来越多，我们需要的知识和理解却越来越少。事实上，我们之所以收集信息，似乎仅仅是因为我们有能力这样做。但我们太忙于收集信息了，却没有想出一套方法来运用这些信息。"[1]他把他的担忧归结为："关于领导力的书越多，我们知道的东西似乎就越少。"

面对这样海量的研究资料，另一位受人尊重的学者这样评论："这些研究要么相互矛盾，要么缺乏清楚的结论。"[2]

破解谜题

在阿瑟·柯南·道尔（Arthur Conan Doyle）的经典推理小说——《福尔摩斯探案集》中，有一段关于揭开破解谜题的精彩描述。

"四签名"

在"四签名"一文中，华生医生对福尔摩斯说："我的财产中有一块金表，您能否帮我判断一下，它的前任主人有着怎样的性格和习惯？"华生故意测试福尔摩斯的能力，并且希望借此挫一挫他傲慢的态度。福尔摩斯先是抱怨说，因为这块表最近才被清洗过，大部分有用的线索被故意抹掉了。不过福尔摩斯仔细检查过手表之后，推导出一连串关于前任物主的信息，他告诉华生：

- 手表属于他的长兄，他的长兄是从他父亲那儿继承而来的。
- 他的长兄是一位不修边幅的男性。
- 他的长兄有一段时间相当贫困潦倒，但那段时间里也有过得还不错的时候。
- 他的长兄去世之前酗酒。

华生从椅子上跳起来，大声指责福尔摩斯曾调查他不幸的长兄，还假装一切都是靠他观察金怀表而推论出来的。他说："你的做法太不地道了，不客气地说，这根本就是江湖术士的伎俩。"

接下来，福尔摩斯解释了他如何仅仅是通过观察金表的一些重要信息进行推理的，才得出了上述结论。首先，金表背面刻有"H. W."的名字缩写，这表明了某种家庭成员的关系，而金表通常是由父亲传给长子的。

这块表已经有 50 年的历史了。而表上刻的字看起来跟表一样年代久远，因此它极有可能是父亲的表，后来由父亲传给华生的长兄。物主的不修边幅则是由表上的凹痕和剐痕透露的——他常常将这块昂贵的表跟硬币和钥匙装在同一个口袋里。在表的盒子里，有当铺老板写得潦草而细小的数字，是当票号码。由此可以推出，表的主人有过一段极其贫困的生活。而他也曾经重新赎回这块表，说明他有段时间日子过得还不错。至于物主酗酒，则是由表盒上钥匙孔周围的多道刮痕看出来的。因为钥匙没有对准钥匙孔，在盒子上擦出来许多刮痕。福尔摩斯最后总结道："这些特征都显示出，这块表曾属于一个醉汉而非一个清醒的人。"

破解领导力谜题

我们希望从领导者身上收集大量的数据，并通过细致的分析和观察，逐步破解领导力这道谜题。我们会尽全力仿效侦探福尔摩斯。如果我们足够用心，对隐藏在大量资料里的种种线索进行梳理，就有可能破解这道一直以来让人捉摸不透的谜题。

我们的目的是为读者提供一个基于实证研究的领导力分析，以及一个简单且实用的概念模型来诠释领导力。此外，我们为读者提供了一套实用的指引，帮助他们超越自我，成就"卓越"。我们分析了数十万份由领导者的同事、上级和他们自己做出的评估数据。通过这些研究分析得出我们的方法和理解。在这些分析结果之上，我们发展出一套实用的领导力理论。

本书的两位作者致力于领导力发展的经验加起来超过3/4个世纪。出乎我们意料的是，研究结果打破了我们关于领导力本质和最佳培养方式的一些根深蒂固的观念。

对领导力的定义和描述错综复杂——或许这是谜题依旧的原因

每个人都知道，解决包含数个未知变量的问题绝对是个挑战。而这正是解决领导力困境时会面临的问题，因为其中不但变量众多，且每一个还在不停地变化。

以下我们列出 15 项此类变量：

1. 领导力存在于各种迥然不同的环境里。 在清晰、完善的组织中，有些领导力可以推动组织获得预期的结果。这类领导力可以加速产品上市的速度，或是提升销售团队的业绩，但是无法为组织设立新方向或是新策略。而另一类领导力则出现在新创的组织中，它没有既定的结构或是形式，而领导者必须从零开始创建这种能力。

2. 每个人在职业发展的不同阶段，对技能的要求也不同。 一项针对职业生涯发展阶段的研究显示，人们在工作生涯中经历的阶段是可以被预测的。一开始，大家多是从学徒做起，学习一些新的原理。接着，他们在工作上越来越独立。此后，一些人会继续向管理者方向发展，负责监督其他人的工作；或者由过去仅负责自己的工作发展至需要兼顾指导他人提升技能或学习专业知识等。最终，只有少数人会成为所谓的开创者，充满远见卓识，带领团队扩张组织版图并引领变革，这就是组织内的"政治家"。"职业发展阶段"的概念很容易与个人在组织中的层级混淆在一起，但两者并不相同。那些晋升到管理岗位的人，常常会继续做着专业工作，为此贡献个人力量。他们选择自己驾轻就熟的工作，从不担当教练、师傅或是指导者的角色。他们继续做着已经相当熟练的技术性工作。尽管如此，个人职业生涯发展阶段仍是领导力方程式一个关键变量。[3]

3. 领导力会受到重大事件的驱动。 纽约市长鲁道夫·朱利安尼（Rudolf Giuliani）因为处理"9·11"恐怖袭击事件而成为受到整个美国关注的焦点人物。在此之前，他的职业生涯原本已经走下坡路了。同样，英国前首相丘吉尔也曾经历过数个领导岗位，但他的才能直到敦刻尔克大撤退后才为大众所认可。他在第二次世界大战期间成为英国首相，直至大战结束后因竞选失利而下台。当时他的一个朋友说，这其实是上帝的祝福，只不过这祝福是戴着伪装来的。丘吉尔咆哮着回应道："如果真的是，那这伪装堪称完美！"

4. 领导力的表现形式不尽相同。举例来说，并不是所有的领导者都需要"引领变革"。有些领导者花费大量时间来培养人才，而其他的领导者可能将自己的角色定位在运营或是生产上。

5. 人们在衡量领导力时，常把"成功"和"效能"混为一谈。如果成功是由金钱和头衔衡量的，那么很明显，效能是另外一回事。富有效能的领导可以让组织获得真正需要的结果。我们认为，最能衡量管理者领导力的，是那些曾经体验过他"领导风格"的下属们的反馈。很多针对领导力的研究都没有对"成功"和"效能"进行明确的区分。

6. 缺乏具有共识的衡量方式。因此，我们很难就"谁是优秀领导者，谁不是优秀领导者"达成共识。对领导效能，我们缺乏一套健全的衡量标准，尤其没有完整的方法来追踪领导者对于客户、员工、组织和股东到底产生了什么样的影响。

7. 领导力是不断演变的，我们常常忽略这一点。对于当前那些有助于获得成功或取得高效能的品格，我们已做了一番分析，但是我们却未留心那些符合未来发展要求的领导力素质。因此，很多对于领导力的分析和试图提升领导力的方法都是"看着后视镜前进"，却没有抬头看看远方的路况。

8. 领导者的追随者们差异很大，难以定义。如果领导者的下属们是"战后婴儿潮时代"（1945 至 1955 年出生）的员工，那么所需要倡导的价值观、激励员工的模式和领导技能可能与负责管理"X 世代"（1975 至 1985 年出生）员工的领导者不尽相同。同理，"Y 世代"（1986 至 2000 年出生）和已经到来的"Z 世代"（2001 年至今出生）员工会让问题变得更加复杂。

9. 领导者需要单打独斗还是作为领导团队的一员也无定数。很显然，在某些组织中，只有一人扮演指挥者的角色，控制整个组织，对重大议题和日常战术运作都有着高度的影响力。另外，一些组织的领导团队则像音乐会中各种乐器表演一样和谐运作。而在某些情况下，正式的"总裁办公会"成员在组织内的角色是可以按需互换的。

10. 科技的影响。在某些组织中，所谓的"卓有成效的领导力"要求熟练操作最新的计算机，对信息技术也可以游刃有余地应对。但另外一些组织却可以容忍领导者不会收发电子邮件。新技术可以用来召开视频会议等。部分组织更将使用及适应这些科技视为"必要的能力"。一位戴尔电脑公司的员工曾谈到他的经验说："我的老板花费整个周末重新誊打一份25 页的企划案，实际上那个方案只需要稍微做些变动即可。她说我把她的文档弄坏了，她没有办法进行编辑。事实上我只是让 PDF 文件处于'只读'的状态而已，她要做的就是将文档复制到 Word 中，然后进行编辑就行了。"

11. 地理因素是领导力的新维度。有些领导者带领的是一个虚拟的团队，而其他组织中领导者的团队就在身边。如果这些团队成员分布在不同时区工作，将使领导工作更加复杂化。例如，要约定某个时间一起举行会议就是件麻烦事。

12. 在不同组织中，激励一线员工的领导风格各有不同。乔·卡森巴赫（Jon Katzenbach）在他的著作《巅峰绩效》（*Peak Perfomance*）中就这方面做出了非常卓越的论述[4]。他指出那些极为高效和成功的公司用了非常独特的方法来鼓励员工追求高绩效，包括下列五项：

- **使命感，价值观，荣誉感。**这种方式是让每一位员工沉浸在组织的传统、精神、核心价值观以及使命当中，人们因此会产生极高的荣誉感，他们为追求组织的荣誉感而有高绩效的表现。美国海军陆战队就是一个很好的例子。
- **表彰和庆祝。**卡森巴赫研究的许多成功的组织普遍都会表彰员工，且不遗余力地庆祝各种成功。西南航空公司便是使用这种方法的典型代表。
- **流程指标。**许多组织会张贴一份详细的表格，标明每一个部门的生产力和品质指标。培训所有员工理解这些指标。组织可以通过这些指标上的表现，决定如何衡量和奖励成功。

- **个人的成就。** 有些组织会让个人追求更高、更远的目标与任务。组织的总体效能就是这些个人取得卓越效能的总和。一般提供专业性服务的公司通常会采取这种方式，麦肯锡咨询顾问公司就是一个很好的例子。
- **创业精神。** 另一种鼓励员工取得高绩效的方式，是向员工承诺，公司成功时他们也会享有高额的收益。许多新兴的高科技公司都靠这种方式来吸引人才。这也能够让组织不断超越现状，创造骄人的成绩。

以上例子正好说明了领导力的复杂性。上述五种方式都很有效，并没有对错之分。只有在使用表彰和庆祝方法的领导者想要在一个流程指标导向的组织中采用原来的方法时才可能产生"错误"。组织可能会对这样的领导说"不"，就像人体会排斥任何移植到体内的外来器官一样。

13. **谁可以决定哪些人是好的领导者呢？** 通常我们并不清楚处于什么样位置的人最有资格进行领导效能的评估。组织通常采用由上到下的绩效评估，以判断某位领导者的效能。我们针对数个组织进行的研究都显示，绩效评估和 360° 反馈的结果没有任何相关性。然而，依照我们过去数十年的研究经验，"下属"才应该是最适合评估领导效能的人选。一项针对陆军的研究表明，让士兵选择中士，比让高阶军官做这些选择要有效得多。

14. **一些与领导效能相关的"伴随素质"也会让问题更加复杂。** 举例来说，以下素质都与领导效能有关：

- 智商，以 IQ 指数来衡量。
- 生理特征，如身高。
- 情绪或是性格特征，如果断和外向。
- 生物特征，如男性体内的雄性激素水平。

由于这些要素与领导效能之间存在一定的相关性，人们很自然地倾向于假设它们之间存在因果关系。与此同时，负责选拔领导者的人对这些结论非常感兴趣；然而，上述要素并没有帮助到那些负责领导力发展工作的人。

15.语言的影响。语言匮乏是否也该对领导力的谜题承担部分责任呢？因纽特人有 23 个词来描述"雪"，他们可以用丰富的词汇描述雪的硬度、质地、含水量、颜色、年代和结晶结构。反观我们，至多用三个词来形容，如粉雪、雪泥和粒雪。如果我们的词汇能够更精准、更富有活力，也许就可以清楚地描述领导力到底是什么以及如何更有效地提升领导力。在目前情况下，领导力仍然不能用详细的或具体的语言进行描述或定义。但是，如同密歇根大学管理学教授卡尔·韦克（Karl Weick）所说的，任何观念都可以是"简单的，通用的或是准确的，但绝不可能三者兼具"[5]。我们会努力让我们的观点具有通用性和准确性，但或许不会那么具体。要改善人们对这个重要话题的理解，这似乎也是最好的办法了。

一本基于实证研究的书

我们希望可以向读者提供一种非常实用并且简单的方式来思考领导力。我们不会先回顾有关领导力的文献，因为其他书已经这么做过了。我们也不会纠结于理论，更不会尝试一一描述领导者的所有任务或是活动，因为其他书也已经做过了。我们希望提供一种方式，让读者去思考自身的领导能力，以及如何提高自己的领导能力。对那些已经有下属的人，我们在此会提供一些建议，协助他们以及他们所在的组织，提升其下属的领导能力。而对于那些自认有责任或有兴趣，想了解组织该如何以最优方式培养其领导者的人，请参阅本书第二部分。

我们相信，要做到这一点，分析来自领导者的同事、下属、上级以及自身的大量数据资料是最好的方法。我们不以个人信念或是偏见，而是以客观的数据资料为依据描述领导力。我们认为，这有助于揭示领导力的真正本质。在那些存在争议的领域，我们会提醒读者注意，并给出我们的观点。

为了更好地回答"领导者是天生的还是后天培养的"这个问题，以及紧随其后的"如果他们是后天培养的，那该如何培养呢"之类的问题，我们会首先向读者提供一个领导力模型，这个模型已成为了我们对于领导者的实际定义。这个模型提供了一种切实可行的方法，说明如何将一位优秀的管理者转变成为卓越的领导者。

本书试图从被领导的下属、受影响的同事、管理他们的上级以及领导者自身出发来审视领导者。这种方式就是众所周知的360°反馈，这种方式可以全面地观察领导者的行为。事实上，我们稍后会谈到用360°反馈问卷收集到的150万份数据。我们专注在以下问题上：这三组人员（下属、同事和上级）会关注哪些方面？在他们眼中，如何将卓越的领导者与平庸的领导者区别开来？

然而，在下属、同事和上级这三组人员中，我们认为了解领导力最好的方法就是审视这些领导者对其下属的影响。我们最重视下属的看法，因为我们认为作为一个集体，他们对上级领导力的评价最为完整而准确。

同事和上级只看到领导者的部分行为。我们也有充分证据显示，这两组人员对领导者的认知不如下属的看法来得准确。

我们深信，比起那些仅仅通过对领导者进行访谈收集的资料，我们使用的综合性的数据资源更为强大，也更为精确。如同欧洲哲学家麦克尔·波兰尼（Michael Polanyi）在《个人知识》（*Personal Knowledge*）中提到的："在任何活动中，大部分拥有高超技艺的人，无论是从事音乐、运动或制作小提琴，他们都无法准确地告诉你之所以如此成功的真正原因。他们的行为通常依靠高度的直觉，你必须实际观察他们，才能准确地了解他们成功的缘由。"[6]

我们的数据库是由12.1万名领导者的下属、同事和上级完成的，累计收集到超过 150 万份的问卷。这些资料描述了这 12.1 万名领导者的各项测评情况。他们来自各个不同的行业，区域覆盖北美洲、欧洲、环太平洋地区、中东、非洲和南美洲。

为了使我们的数据库和分析更可靠，我们选取了超过 44 种不同的领导力评估工具。我们不单靠同一套评估题目来衡量这 12.1 万名领导者，而是使用多种不同的评估工具来进行测评，每一套评估题目都建立在不同的假设之上。这种方法可以保证资料的丰富性和多样性，也可以让我们更清楚地判断出，哪些因素成就了高效能的领导力，哪些因素没有这种神奇的效果。在我们的分析中，总共使用了超过 2 000 个不同的评估词汇。

研究方法

我们研究的第一步，是找出在下属、同事、上级眼里最优秀的前 10% 的领导者和排名最末的 10% 的领导者，对他们进行比较。总分排名前 10% 的被定义为高效能组，排名后 10% 的领导者被定义为低效能组。接下来，我们的问题是：到底是哪些素质能力或属性将这两组人区分开的？

数据分析的结果令我们非常惊讶。它拓宽了我们的视野，让我们以一种全新的思维方式重新看待领导力的发展，同时为探索领导力发展提供了新的方向。

化繁为简

如果你和 10 名同事被要求"描述一台计算机"，所有人的答案很可能大同小异。但是答案极有可能关注计算机能用来做什么，而非计算机到底是如何运行的。的确，对于大多数人来说，一台笔记本电脑或是台式机到底如何运行，确实像一个谜团。大多数人从来没有看过里面的构造。事实上，你也根本不需要知道它的构造。计算机的所有功能的产出才是你关注的，它们可能是试算表、图表、模拟设计图、电子邮件或是简单的 Word 文件等。

　　许多人知道计算机里面有硬盘，也大概知道它的容量大小；还知道里面有微处理器，对于计算机的速度也有一些了解；还知道里面有内存，对随机存储器也有大致了解。简而言之，他们知道计算机的一些基本概念，也知道它的功能。

　　这就是践行领导力的领导者们需要达到的理解程度。他们并不需要知道细节，但是若能了解什么样的要素造就一名卓越领导者，将对他们有很大的帮助。

一个概念性框架——领导力帐篷

　　我们将用相同的方式来解析领导力。我们所提出的概念模型相当简单，包含五个要素，我们将之比喻为撑起帐篷的五根支柱。除此之外，关于卓越领导者的其他内在品格特征或思维过程等，我们不再赘述。

　　我们针对领导力素质收集了大量数据，在对这些数据进行实证分析后发现，所有必要的、能够造成差异化结果的领导力素质可以分为五个群组。为了便于记忆和分析，我们用一个表示帐篷结构的示意图（见图 1-1）来说明这些群组之间的关系。

品格

　　如图 1-1 所示，领导力帐篷模型（leadership tent model）的中心是一根代表"品格"的支柱。关于品格的著述已经很多。也确实有一些作者和研究者主张，领导力完全等同于品格或是正直之类的品性。我们不完全同意这种观点，但我们认同品格是领导效能的核心。我们强烈认同这一点，即一个领导者的道德水平，如诚信、正直、真诚等是至关重要的。

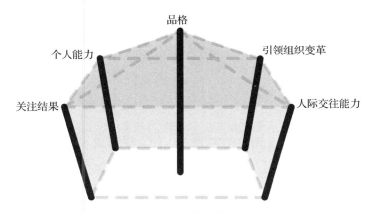

图 1-1　领导力帐篷结构示意图

　　领导者若拥有良好的品格，他不怕敞开心扉，光明磊落。事实上，领导者越能让更多人看到内心，他就越会被认为是优秀的领导。反之，如果缺乏上述品格，他将永远有"被看穿"的恐惧心理。他们就像是好莱坞的布景一样，从某个角度看非常吸引人，但是绕行一圈后，幻象破灭，只剩一副空洞的架子。

个人能力

　　帐篷的一根支柱是"个人能力"。它指的是一个人的智力、情绪和技能。其中包括所具备的技术素质，以及分析和解决问题的能力。它要求个人能够为组织创建清晰的愿景和明确的目标。一名卓越的领导者需要具备多项出色能力。领导力是无法授权给别人的。领导者必须情绪坚毅、有创造力、知识丰富，这样才能预见并解决问题。

关注结果

　　领导力帐篷的第三根支柱是"关注结果"，它代表领导者影响组织的能力。其含义是有达成目标的能力。我们完全同意《结果导向的领导力》（*Results-Based Leadership*）一书[7]中的论点，即领导者可能会是一个非常好的人，但如果他们无法持续、稳定地产出业务成果，那他们就称不上好的领导者。这三个要素之间的相互作用，可以有力地预示领导效能，这一点我们会在后面的章节中详细讨论。

人际交往能力

所有与人互动时所需要的能力放在一起，就形成了领导力帐篷的第四根支柱，即"人际交往能力"。大量的证据显示，领导力的展现是通过沟通过程完成的。是一个人（领导者）对一群人产生影响的能力。沟通过程是一个人性格的直接展示，也是人们了解领导者品格特质的窗口。（但请特别注意，领导力并不等同于任何一项素质。领导力体现在"结果"上。没错，能力素质只是实现结果的工具或行为方式。因此，我们应该明白，能力素质绝非一种成果，而领导力最终关乎成果。）总之，尽管看起来有些不够严谨，我们还是将领导者影响他人的能力，与领导者在其他方面（比如财务成果、生产力提升、客户关系改善及提升组织能力）取得良好结果的能力区分开来。

引领组织变革

第五根支柱体现的是"引领组织变革"的能力。引领组织变革是领导力的最高体现。关怀型管理者可以让事情平稳发展，但若组织需要寻求新的发展路径，或是需要达到更高的绩效水平时，就需要真正的领导者了。

这里有一个关键点，即对于许多处于领导岗位的人来说，前四根柱子已经足够用了。只有当他开始领导大规模的战略性变革时，才需要用到最后这根柱子。

本书中重要观点概述

本书第 1 版中提出 20 条观点。之后 15 年里我们对这些观点进行了研究并付诸实践，结果是我们又得出十几条新的见解。我们知道，很多人刚把一本书买到手时，都怀着一定要从头至尾通读一遍的美好愿望，但结果往往事与愿违，各种外部干扰使得他们最终只读了前几章。因此，我们在这里先把 33 条观点罗列出来，希望仅是读到它们就能让你有所获益。

在接下来的各章中，我们将深入分析这些观点。

观点 1：卓越的领导者会带来巨大的影响

我们已经知道，在任何一种工作中，绩效优异的领导者和处于平均水平的领导者之间都存在巨大的差异。一项汇总分析（综合了大约 80 项有关生产力的严谨研究）显示，对高阶岗位（当然包括管理者）而言，100 个人当中的第一名与其余大部分人之间的差别是巨大的。以高复杂度工作为例，位列第一名的人的效率比平均水平的人高出 127%；而与排在最后一位的人相比，效率的差距更是无限大。研究者用"无限"一词，是因为差距实在是太大了，除了"无限"之外，其他词都不够准确。

我们针对一家大型抵押贷款银行所做的研究显示，在下属、上级及同事的评估中排名前 10% 的领导者（排名在 90 百分位到 99 百分位）为组织带来的纯利润 2 倍于排名 11 百分位到 89 百分位的人所带来利润总和。这再度证明，卓越领导者和其他人的绩效表现有着惊人的差距。我们发现，领导效能与各种商业指标之间有着显著的统计学关系，如盈利水平、人员流动率、员工敬业度、顾客满意度以及员工离职倾向等。我们设计了许多研究，尝试了解领导效能在不同组织维度上的影响力。几乎在每项研究中，我们都发现领导效能具有相当大的影响力。我们将会在第二章中深入讨论这一点。

观点 2：一个组织中可以有多位卓越领导者

我们将卓越领导者定义为任一群体中效能排名前 5% 或 10% 的人，但这只是一种人为的定义。这么做的目的只是让我们的研究变得更加简单以及客观。然而，"卓越"最终应该与一个"标准"相比，而不是与其他人相比而得。如果组织能够适当发展人才，组织内拥有一半以上的卓越领导者，这也是有可能的。就算是全体组织成员都成为卓越领导者也不无可能！卓越领导力不应是人与人之间的竞争性活动，某个人的成功不应削减另一个人的成功机会。

我们必须采用某种方式，改变长久以来认为"组织内只可能有少数卓越领导者"的思维定式。我们在第二章将会继续讨论这一问题。

观点 3：领导力发展项目的目标定得过低

我们认为，领导力发展项目的一个重大失败原因在于将目标设定得太低。米开朗基罗曾说："我们最大的危险，不在于将目标设定得太高而无法实现，而是将目标设定得太低而达成它太过容易了。"

我们通常设定的目标都是"比以前更进步一点"。我们从没有将目标设定为"让人们成为杰出的领导者"。组织培养出越多的卓越领导者，组织就越能成为一个卓越的组织。就如同我们不甘于接受毫无亮点的软件代码、客户服务或销售业绩一样，我们没有理由接受平庸的领导力。这一点在第二章会得到更详尽的阐述。

观点 4：改善领导力会提升绩效

领导越好，结果越好。我们收集的数据越多，越能证明这一点。确实，最差的领导者会把绩效拉得更低一些，而最好的领导者会提高绩效。但领导效能的微小提高也会对关键的组织成果产生一些影响，例如客户满意度、直接下属的敬业度和员工流动率。不过虽然较小的改变也会带来一些回报，但领导者的目标并不是成为"好领导"就够了。好的领导者确实会带来好的结果，但领导者的目标应该是追求卓越。

观点 5：卓越领导力包含若干个能力群组，彼此互补

我们已经描述过以下五个构成群组：

- 品格。
- 个人能力。
- 关注结果。
- 人际交往能力。
- 引领组织变革。

上述每一项都包含数个相当明确的能力素质，或是一组行为。本书稍后会对这些素质进行详细的讨论。此观点的关键之处在于：只拥有其中某一项素质不大可能会让你成为卓越的领导者。事实上，即便领导者的某项优势素质能达到 90 百分位，此领导者的整体效能也不会达到 90 百分位的水准。此观点我们会在第三章中继续阐述。

观点 6：卓越领导力的终极体现形式是"引领组织变革"

领导力的最高体现形式与变革有关，最高层次的变革将会引领组织向新的战略方向前进、改变企业文化，或是改变企业根本的商业模式。因此，引领组织变革是衡量领导效能的重要和终极的标准。我们在第三章会继续讨论这一点。

观点 7：有些能力素质将卓越领导者和非卓越领导者区分开来

过去，许多组织（多数是大型企业）花了大把钞票去定义出所谓的领导力素质。拟出来的能力素质清单上的所有素质都具有相等的重要性。那些聪明的管理者则投入时间，让自己在每项素质上都取得不错的表现。

而我们的研究恰恰相反，我们认为有些能力素质的重要性超过其他，但至于哪一项最重要，通常因组织的不同而有所差异。举例来说，我们针

对某个组织的研究数据显示，领导者最重要的一项素质应该是专业技术能力。如果领导者缺乏这项素质，他在该组织的地位便会滑到底层。在这样的组织里，此项能力远比排名第二位或是第三位的能力重要得多。一些高层决策者渴望改善组织的领导效能，于是或通过独立判断或与其他管理者一起探讨，最终提炼出对其组织最为重要的能力素质清单。

这提醒我们，如果有人想要成为他人眼中的卓越领导者，他们必须要了解，哪种素质可以让他们在组织中创造真正与众不同的表现。我们的研究确定了 19 项能力素质。它们能把最优秀的领导者（排名前 10%）与其他领导者区分开来。在第四章中我们将进一步探讨这一观点。

观点 8：不同能力素质之间存在密切联系

虽然我们努力将不同能力素质描述成彼此独立的个体，但事实上，这些领导力素质是紧密相关的。导致这种情况的原因有很多，其中一个原因是人们在某项素质上表现出色会让他们在另一项上也有更好的表现。我们将之称为"交叉训练效果"。第二个导致素质项之间相互联系的原因是所谓的"归因"（attribution）或是"光环效应"（halo effect）。如果在别人眼中，领导者被认为能有效地与他人合作，那么他也极有可能被认为具备"培养下属"的能力。这部分内容详见第四章。

观点 9：高效能领导者个人风格迥异

军队领导者在领导风格上有着非常鲜明的对比。艾森豪威尔将军是一位能力出众的管理者，善于联盟，为人谦逊；麦克阿瑟将军擅长谋略，对敌军文化高度敏锐，并且爱炫耀；巴顿将军则性格鲁莽，是位激情满满的独行侠。在对各种组织分析研究后，我们对这些风格迥异的领导方式也有了更多的实证研究。

我们的数据表明，卓有成效的领导力是一件极为复杂且多变的事，只提供一把通往领导力的钥匙是不可行的。

我们最深刻的发现之一就是：无法用一个标准化答案来解答关于领导力的谜题。我们的研究显示，卓越领导者的风格迥异，处事手段多变。我们在第五章会详细说明这个观点。

观点 10：有效的领导力实践因组织而不同

不少领导者在一个组织中事业有成，但跳槽到另一组织后却诸事不顺。这一现象让我们相信，领导者必须待在适合自己的组织中。我们的研究显示，不同的组织所重视的领导力素质也不尽相同。领导力都是在特定的场景中才得以发挥的。我们在第五章会进一步探讨这一观点。

观点 11：高水准发挥的优势不会转化为弱势

有人说某项优势发挥太过会转变为弱势。我们的研究结果刚好与这种观点相反。真正的优势不可能发挥太过。我们在第五章将详细探讨这一观点。

观点 12：发展卓越领导力的关键在于建立优势

人们在接受改善自己的领导效能这一挑战时，几乎都会自动假设：最好的改善方法就是弥补自己的弱势。事实上，大部分人提升领导力的方法都是一份份主要针对弱点拟订的改善计划。然而我们的研究发现，所谓的卓越领导者并不是没有缺点，而是拥有显著优势。下属、同事眼中的卓越领导者通常都拥有多项优势。研究发现，领导者的优秀程度与其优势数量间也呈现一定的线性关系。一个人拥有的优势越多，他被认定为卓越领导者的可能性就越大。

上述这些优势不见得相同。在我们列出的 19 项能力素质中，卓越领导者们不大会拥有相同的 5 种优势。

综上所述，检视所有的实证资料后，我们能清楚地发现，你拥有的优势越多，你被认为是卓越领导者的可能性越高。以上发现对于管理者的选拔有很大启发。过去，大多数组织可能会将重点放在寻找一个"没有缺点"的人上。现在看来，我们的重点应放在"寻找拥有特殊优势者的组合"才对。这一发现对于提升领导力也有相当大的意义。在过去，我们总是致力于弥补自己的弱势。这就好像认为一个人的优势是天生的，而他该努力的方向，是修补自己的缺点，或是改进那些较为负向的方面。但我们越来越确信，这是一种错误的观点。我们将在第五章中对此详细说明。

观点 13：强有力的"优势组合"可以产生近乎指数级的效果

对运动员或音乐家而言，擅长一件事已经足够，但对领导者而言，情况就不一样了。我们的研究表明，能力素质项的组合是迈向顶级绩效的关键。举例来说，若是一个领导者只专注于"获得成果"，结果却往往不能如愿。为什么呢？这就像一个人尝试用单桨来划船一样。事实上，良好的结果往往来自几项技能的组合运用，尤其是将"关注结果"与"人际交往能力"两者结合，更能产生惊人的成效。如果只拥有一种能力，不管是哪一项，都不可能让你有太多杰出的表现。只有将几项能力结合在一起，才能产生惊人的成效。

无论你是在复杂的组织中工作，还是仅有一名下属，仅靠一种能力就想产生积极的结果是不太可能的。卓越绩效往往是多种因素共同作用的结果。一般来说，当领导者在每一支柱所代表的群组中都拥有一两项优势素质时，领导效能会显著提升。我们在第五章会进一步探讨这一观点。

观点 14："卓越"并非来自"零缺点"

我们的资料显示，大约 84% 的领导者并没有任何严重的缺点，但这些人并不被认为是卓越的领导者。他们只是"说得过去"。下属们无法从他们身上挑出导致领导力不佳的任何弱点。在多个素质维度上拥有"中不溜"的表现，正是一个平庸无奇管理者的最佳写照。总体来说，"没有弱点"加上"没有显著优势"让你的表现与一般人比也不会好到哪里去。

我们的研究表明，大多数领导者在这部分的自我评估被高度扭曲，他们觉得自己是优秀领导者，产生这种感觉的原因很可能是自己在任一方面都不算太差劲。

我们在第五章里会进一步论述这个重要的观点。

观点 15：卓越领导者在他人眼中没有什么大缺点

没有一个人是完美无瑕的，因此卓越领导者也必然有较为明显的缺点。我们希望能在研究资料中对这些想法进行验证。

出乎我们意料的是，没有任何迹象表明这一点。相反，我们的数据显示，被下属视为高效的领导者往往也被认为没有什么严重缺点。他们在所有能力类别中的得分都显著接近，全部处在高分段。我们在第五章将会进一步阐述此观点。

观点 16：致命弱点必须被修正

虽然我们要专注发展自身优势，但在某些情况下，也必须重点关注自己的弱项。事实上，大多数情况下，致命问题的发生并不是因为领导者做了什么事情，而是因为领导者没做哪些事情引发的。此观点我们会在第七章中继续探讨。

观点 17：领导力的特质通常以不直接的方式发展

我们的研究发现了一种改变行为的新方法，我们大胆地将此称为"非线性发展"（nonlinear development）。我们认为，领导者制订的绝大多数行动计划使用的都是线性方法。但是，对领导力素质的认知可能会以不直接的方式得到强化。我们认为，素质并不是客观存在的，而是其他人对特定领导者的看法。

可能有几种不太明显的方法可以改善领导者的形象。我们称之为"伴随素质"（competency companions），即随着某一特定素质的提升或下降，这些行为也会发生相应变化。

　　了解伴随素质这一概念，可以让领导者以额外的方式改善下属对他们的看法。

　　线性而"直切主题"的提升计划，似乎能帮助绩效差劲的领导者提升到平均水平，也可以帮助一些人由平均水平进步到优秀水平。但基于伴随素质的方法可以帮助领导者从优秀跃升到卓越。在第八章中我们会详述这一概念。

观点 18：领导者可以被塑造，并非天生的

　　关于"领导者是天生的还是后天培养的"争论持续不断，从来没有停息过。我们证实，领导者是可以被后天培养的。尽管这并非一个新观点，但我们在此公开宣告这是一个事实。我们认为，有强有力的证据支持这一结论。

　　我们当然承认，有些人生来便具有智力或者个性上的优势。一些自出生便在不同环境中长大的双胞胎对这一点给出了强有力的佐证。对这些双胞胎的研究显示，成人的个体行为中，有约 1/3 会受到基因的显著影响。但是，这也正意味着 2/3 的行为不受基因影响。因此，我们可以由此得出结论，领导力并非天生的，可以被后天塑造。我们过去没有做到这一点，即承认有 1/3 的领导力行为与基因显著相关。第九章中我们会分享一些研究，讨论如何改善领导效能。

观点 19：领导者的自我成长需要深思熟虑的计划

　　大多数领导者是孤立无援的。没有外部鼓励，也缺乏有组织的计划或努力来提高其领导效能。他们几乎从未得到过关于自己目前表现的数据，也很少看到这样的榜样——某位高管积极主动地自我成长，并专注于提高个人领导能力及改善领导行为。我们会在第九章中深入讨论这一话题，并在第十章到第十五章中继续探讨。因为组织对个人成长的贡献与个人对组

织发展的贡献是相互支撑的。

观点 20：领导者可以通过自我成长提升领导效能

在第九章中，我们会对个人制订领导力发展计划的意义进行讨论。这些理念适用于任何想要改善技能和提高效能的领导者。

有一小部分的领导者，比例大约为 10%，会考虑制订一份自我发展计划并定时回顾；20% 的领导者会将想法记在纸上；但还有一半的领导者完全不做跟进。

观点 21：领导者必须对其自我成长负责

领导者的自我成长不能由组织、人力资源部门或其直接上级承担责任。要实现自我成长，他们必须对自己全权负责。组织应该发出这样的信号：领导者个人才是领导力最终能否得到提升的决定性因素，组织和直接上级扮演的只是支持性角色。领导者必须自己掌管这一进程。这一观点贯穿本书始终，我们也会在第九章中对个体责任的重要性再做强调。

观点 22：组织可以为领导力发展提供重要支持

个人领导者在提升其领导力的过程中处于中心地位。但组织可以提供巨大的帮助，使这一过程更有效率，目标更一致，关注度更强，成本也更低。有些组织因使用和消耗人才而闻名，而另一些组织则因培养和发展人才而闻名。一个组织或政府机构应该在自己的文化中融入一些必要因素，使得自己的领导力梯队中优秀人才的供应源源不断。关于这些必要因素是什么，我们将在第十章到第十五章中做具体介绍。

观点 23：组织对于个人领导技能的培养开始得太晚了

平均来讲，一个经理在管理下属近十年后，才会得到一些关于提升领导力的经验，并获得一些有价值的领导技能。而在这十年间，坏习惯已然养成。更糟的是，下属需要忍受一个不太理想的上级。由于没有早点开始，给组织、下属和领导者本人都带来了负面影响。在第十一章我们会针对这一重要问题列出数据并给出见解。

观点 24：组织的各个层级都需要领导力

理想情况下，高效能的领导行为和思想过程会在整个组织中扩散传播。一些高效能领导者的头衔中没有"经理"或"总监"一词，但他们影响了许多其他人。有些组织将大部分提升领导力的投资花费在高层管理人员身上，而只将很少一部分投资用于培养一线主管或处于职业生涯早期的管理者们。如果提高领导效能的目标之一是让每个员工都能享受作为优秀管理者下属的好处，那么很明显，领导力的培养必须涉及组织的各个层级。扩大领导力培养的范围将是我们在第十一章要讨论的重点问题。

观点 25：最佳领导行为在组织的各个层级都惊人地相似

有些人主张，组织内不同层级要有不同的能力模型。他们认为，高层管理人员需要一种模型，中层管理人员需要另一种模型，而一线主管则需要第三种模型。

我们理解这一逻辑。因为不同级别的管理者所做的决定和工作的性质看起来可能差别很大。然而，不同的能力模型意味着，领导者处在职业生涯的不同层级时，会面临不同的评价标准。而这些层级之间的界限往往是被主观设置的。我们的研究得出的结论是，对中层管理人员与高层管理人员的行为要求并没有多大不同。

但是，战略思维和引领变革是两个例外。与中层管理人员相比，高层管理人员在这两方面需要做得更多，也更娴熟。确实，高层管理人员通常被期望在所有能力素质方面都表现出更高的水平，但除了战略思维和引领变革之外，他们所做的事情与组织其他各层级其实并无本质区别。有关此主题的更多见解，请参阅第十一章。

观点 26：扩大培养的规模才能使领导力梯队有充足的人才供给

据我们所知，有些组织拥有 2 000 名高管层、经理层和主管层，每年举办只有 30 人参加的领导力发展项目。这当然比什么都不做要好，但有效的领导力发展项目能够而且应该为组织所做的远远不止于此。组织想要领导力梯队有充分的人才供应，也需要远高于这个数字的领导者。我们明白，组织需要在成本、质量和参与人数之间寻求平衡，但有一些方法可以在受众更广的情况下显著提高成本效益。我们将在第十一章重点分析这一结论。

观点 27：领导效能具有很强的感染力

杰出的领导者似乎会提升周围所有人的表现；而糟糕的领导者则相反，他们似乎给下面的所有管理者罩上了一柄大伞，每一层级都很难表现得比其上一层领导者更好。有关此结论的进一步分析，请参阅第十一章和第十七章。

观点 28：组织内管理者们的领导效能很少能超越最高领导者

我们分析了多家组织的资料后发现，一个组织中管理者们的效能得分很少能超越组织内最高层领导者的得分。那个人是该组织领导效能的天花板。我们在第十一章、第十二章和第十七章中都会对此做进一步的探讨。

观点 29：有效的领导力发展需要与日常工作职责相结合

一个高效能领导者必备的几乎所有能力素质都可以用在他目前担任的任何职位上，这些素质包括扩展技术知识、学习建立更牢固的关系、练习沟通技能、提高团队合作能力，或者练习如何获得反馈。事实上，这些技

能可以在任何工作中学到。不需要等到获得一次重大的晋升之后，才每天
有意识地练习成为一名优秀的领导者。第十四章中会有一部分内容专门讨
论这一主题，即领导者在当前职位上的日常练习，这与在课堂和实验室里
的学习对他们的发展同等重要。

观点 30：有效提升的关键之一是做经常性的、长期持续的活动

对领导力发展项目的一个重大（也是合理的）批评是其"追求一劳永
逸"的本质。改变需要长期和持续的努力。这些持续性活动包括定期发送
文章、午餐会和学习性质的会议、经常性的教练讨论、在线课程，以及举
办一些虚拟会议回顾参与者对所学技能在实际中的运用情况。如果缺乏具
有实际意义的持续性活动，改变就不太可能发生。我们在第十五章将会进
一步分析这一极为重要的事实。

观点 31：女性是更好的领导者

从统计数据来看，在我们过去最常衡量的 16 项能力中，女性在 13 项
能力上有明显优势，男性在两项能力上更胜一筹，还有一项男女不相上
下。这些差异相距并不大。事实上，从绝对值来看，它们非常接近。问题
在于，具有统计学意义的较高分数出现在组织的每个层级，以及几乎每个
职能领域。在传统由男性主导的领域，如科研、IT 和法律行业，女性领
导者的效能得分也都高于男性同行。对于大多数组织来说，女性仍然是尚
未开发的人才库。我们在第十八章中会详细阐述这项研究以及从中得出的
结论。

观点 32：有效的领导力发展需要测评

这个过程被称为多方反馈或 360° 反馈，是一种强大、经济且有效建
立基准评估的方法，并可以在未来重复评估以验证个人是否做出了积极的

行为改变。这样做的好处显而易见，组织和个人都可以确信自身正在取得进步。它为那些设计和交付领导力项目的人员提供了一种微调的方式，使他们可以不断改进自己的设计。我们还发现，经过充分验证的 360° 反馈评估结果是领导力潜能的最佳预测指标。我们在研究中发现 360° 反馈分数与高潜力评估之间高度相关。第十七章中我们将讨论评估在领导力发展过程中的作用。

观点 33：实践领导力的媒介是沟通

这种交流是口头和书面的混合形式，既可以是一对一的交流，又可以是小组讨论。虽然说到领导力，我们通常会想到主持会议或发表演讲的能力，但研究清楚地表明，沟通的一个极为重要的组成部分是能够提出问题并且专心倾听别人的答复。很明显，在沟通中，"接球"比"投球"更重要。本书不讨论领导力发展计划的具体内容。然而，从宏观角度来看，领导力与行为有关，而行为经常体现为通过言语和行动进行的沟通。

结论

领导力似乎一直有种说不清、道不明的神秘感。而那些让人捉摸不透、难以掌握的事物往往也会让人觉得无助。我们渴望揭开它们的神秘面纱。毋庸置疑，关于领导力的研究不会止步于此，未来还会有更多的人撰写关于领导力的书。我们希望，目前所做的一切研究能帮助读者或多或少减除一些迷惑，对领导力特性和领导力发展有进一步了解。

第二章
卓越领导者创造非凡变化

优秀是阻止你迈向卓越的最大敌人。领导力是你迈向卓越的最大挑战。

——吉米·罗恩（Jim Rohn）

演说家、作家

优秀的领导者与糟糕的领导者

在我们的研究中，有明确的证据显示，低效能领导者只会为组织带来低绩效。这一点不会令任何人惊讶。在任何组织工作过几个星期后，大部分人对这点都会有直接的感受。而我们的研究同样证实，一个优秀的领导者会为组织带来良好的绩效结果。

此外，大部分人并不需要一套精密的评估工具来区分好的领导者和糟糕的领导者。他们能用直觉感受到两者的不同——因为他们身在其中，对二者的差异有着切身体验！糟糕的领导者对于组织中的成员来说就是一盆冷水。

卓越领导者与优秀领导者

然而，优秀领导者和卓越领导者之间的差距更让人吃惊。这是本章的主题，也是我们研究的重要发现。我们没有想到，从"平凡"到"非凡"之间竟然有这么大的显著差异。

领导效能和期待的结果之间一定存在相应的关系。关于最好的领导者和最差的领导者对实现底线结果有何影响，我们的所有研究在这方面都得出了一致结论。图 2-1 把员工敬业度这一项指标独立出来进行分析（百分位数值越高，表示员工敬业度/满意度越高）。其数值变化的依据，是被划分为 20 个等级的领导效能，每一级代表了领导效能的 5 个百分位。衡量领导效能的尺度，是领导者在区分性素质项上的整体平均得分。这是来自全球上百家公司和 90 252 名管理者参加的调研，其中约 35% 的管理者来自北美之外的地区。注意最优秀的和最糟糕的领导者之间的显著差距。

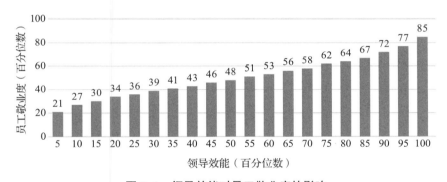

图 2-1　领导效能对员工敬业度的影响

如图 2-1 的分布，我们可以清楚地看出领导效能与企业经营之间的密切关系。我们可以看到领导效能越低，领导者的绩效结果也越低；领导效能越高，绩效结果也越高。我们也可以看到，随着领导效能的提高，员工敬业度也相应提高。从图中我们可以得出几个重要的发现：

（1）领导者从"糟糕"上升到"优秀"时，其影响力也会有显著变化。

（2）糟糕的领导者会对他们带领的团队产生不利的影响。

（3）领导者的任何积极变化都会对员工敬业度产生影响。

（4）请记住，这些结果仅代表领导者个人及其直接下属。如果一位资深领导者非常高效，那么该领导者的直接下属就会高度投入。但是，如果同一组织中某位较低级别的领导者非常糟糕，那么他的直接下属就不会敬业并可能感到不满。

（5）一个团队的敬业度高低最为有效的预测指标之一，就是该团队经理的效能。糟糕的领导者只会带出不满意、不投入的员工，而优秀的领导者则会培养出敬业度和满意度都很高的员工。

地理位置对敬业度的影响

为了证明这些数据在不同地域中的一致性，我们做了如下研究（见图 2-2）。结果显示，在不同的地域，提升领导效能所产生的效果是一致的。这一点非常有意思。不管身处何地、何种行业，领导者越优秀，效果就越好。迄今为止，根据我们的研究结果，在世界上任何一个地方或任何一个行业都能发现这种影响。

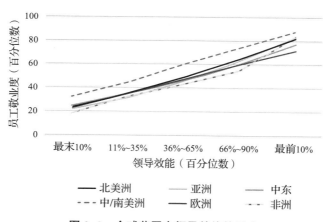

图 2-2　全球范围内领导效能的影响

领导效能对净利润的影响：以一家抵押贷款银行为例

在衡量员工敬业度之后，我们来看一些财务绩效衡量指标。在一家抵押贷款银行，我们收集了衡量一系列领导者获利能力或净利润的数据，如图 2-3 所示。

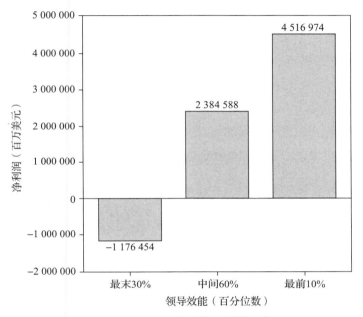

图 2-3　领导效能对净利润的影响

我们的研究发现，糟糕的领导者会给公司带来损失，他们的工作严重缺乏效率，不仅顾客因此逐渐流失，组织内部还因此效率低下。与此相对应的是，优秀的领导者能给公司带来合理的利润，他们创造的绩效和表现糟糕的领导者相比真可谓天壤之别。然而，卓越领导者为公司带来的利润又几乎是优秀领导者的两倍之多。试想一下，如果能将 10% 或 20% 的领导者从优秀变为卓越，将会给公司的整体利润带来 10% 或 20% 的增长。

零售业早已知道员工敬业度、客户满意度和门店盈利能力之间存在关系。常识告诉我们，当员工快乐、投入时，他们会更积极地对待顾客，进而使得顾客愿意购买更多商品，更有可能成为回头客，也更有意愿向朋友推荐。

30 多项研究证实，员工敬业度的提高会带来更高的客户满意度。此外，还有一些研究回答了人们提出的问题，即是更高水平的客户满意度提高了员工敬业度，还是员工敬业度的提高导致了客户满意度的提高。研究证明，员工敬业度在先，更高水平的客户满意度是水到渠成的结果。

我们的研究发现，上述关系链中需要再增加一个环，即"领导者 – 员工 – 顾客 – 利润链"[1]。图 2-1 显示领导者能够对员工敬业度和满意度产生影响，这最终关系到领导者对组织获利水平的影响。

新的因果关系链应该是：

领导者→员工→顾客→门店利润

每个人都应该谨记：我们在上述利润链活动中加入领导者这一因素，是因为这体现了卓越领导者的重要性。他们可以通过影响员工进而影响顾客，最终为组织创造出更多的利润。

对销售的影响

墨西哥一家零售公司联系到我们，希望我们帮助其提高门店经理和区域管理者的效率。该公司为墨西哥最贫困的人们提供商品和服务，且非常成功。但公司不同门店的销售收入存在显著差异。公司的一个想法是，门店经理的效率可能是大部分差异的根源。于是我们制订了一套评估方法，收集了 95 名门店经理的 360° 反馈评估数据。门店经理大多没有接受过高中以上的正规教育，并且都是从内部提拔上来的。

每位经理平均要接受 16 个人的评估，其中包括上级领导、同事、直接下属和内部客户。我们注意到，数据显示，管理者的整体效能（所有评估项目的总体平均值）评级从 2.89~4.55 不等，存在显著差异。我们收集了每家门店当年和上一年的销售数据，并计算了年销售额增长率。所有门店的总体销售额同比增长 5%。图 2-4 显示了领导效能对门店年销售额的影响。排名后 10% 的领导者所在门店销售额仅增长了 0.7%，而排名前 10% 的领导者所在门店的销售额则增长了 7.4%。

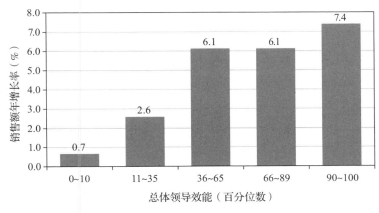

图 2-4 领导效能对销售额的影响

为了搞清楚销售额存在差异的原因，我们研究了领导效能排在后 1/3 的领导者，并计算了他们所在门店的员工流动率。排名后 1/3 的领导者所在门店的员工年流动率为 81%，而排名前 1/3 的领导者所在门店的员工年流动率为 68%。这两个数字都很高，但 81% 还是远高于 68%。这似乎是造成年收入差异的因素之一。看来，更好的领导者更能够留住最优秀的员工，而这有助于门店更有效地运营以及改善客户关系。

领导效能对员工流动率的影响：以一家保险公司为例

员工流动对公司造成的损失每年高达数百万美元。加州安捷伦科技公司（Agilent Technologies）的首席人才官约翰·苏利文（John Sullivan），将每位软件工程师的离职成本设为 20 万至 25 万美元。他还说："我曾经任职的一家公司，将缺少一位工程师的成本计算为每天 7 000 美元利润损失。"[2] 尽管造成人员流动的因素有很多，但员工和主管的关系是影响员工决定去留的关键因素。

图 2-5 是对一家大型保险公司呼叫中心的研究结果，它显示了对不同水平的领导效能与员工流动率进行对比后的情况。在这项研究中，以下属和同事的评价为依据，那些领导效能排名最末 30% 的领导者对应较高的员工流动率（每年的员工流动率达到 19%）。这些领导者可能没做什么强迫员工离开的事，但是他们做事的风格和态度也没有鼓励员工继续留下来。优秀领导者带领（中间 60%）的团队中员工流动率稍微好看一些（员工流动率为 14%），然而，卓越领导者（最前 10%）所带领的团队中，员工流动率平均又低了 5%。员工流动率的下降对公司的盈利能力、顾客满意度以及客户理赔速度都有直接的正面影响。

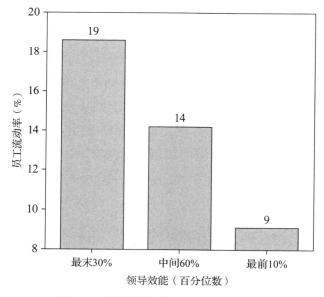

图 2-5　领导效能对员工流动率的影响

领导效能对员工离职意愿的影响

在另一项研究中，我们分析了来自上百家组织的大约 9 000 名领导者，旨在找出领导效能和员工留任或离职意愿之间的关系。研究结果与组织实际的员工流动率完全一致。在大多数组织中，实际离职的员工是有离职意愿的员工的一半（即假如有 50% 的员工有离职打算，而最终实际的员工流动率常常为 25%）。在这项研究中，得分越低表示员工离职意愿越低，而分数越高则代表员工离职意愿越高。从图 2-6 可以明显看出，卓越领导者所带领的员工显然有更强的意愿留在公司继续工作。

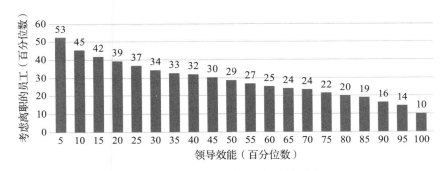

图 2-6　领导效能对员工留任的影响

领导效能对顾客满意度的影响

在一家高科技通信公司中，我们针对领导效能和顾客满意度之间的关系进行了调研（见图 2-7）。同样，这项研究再一次证明了卓越领导者会带来优异的顾客满意度成绩。如图 2-7 所示，得分越高表明客户满意度越高。我们认为，大多数情况下领导者与顾客是没有任何直接联系的，但是他们可以通过影响一线员工的敬业度从而对顾客满意度产生巨大的影响。

我们的同事拉里·塞恩（Larry Senn）曾进行过一次相关研究。一位零售业的客户请他协助改善店内员工的行为，让他们更加"顾客导向"。为了改变员工的行为，该公司开始了一连串的密集训练。经过数月的努力，结果逐渐显现出来：有些分店成功地营造出顾客至上的友善气氛，而有些分店则没有这种新气象。以上两组员工接受的训练都是相同的，而且

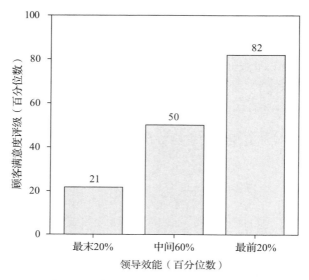

图 2-7　领导效能对顾客满意度的影响

在那些训练失败的分店内，员工也并非能力较差或是经验不足。于是研究人员着手研究那些训练失败的分店，分析其失败的原因。结果发现，失败的分店经理们更以运营为导向，而成功的分店经理们则更以顾客为导向。运营导向的经理们的工作重点是追踪每日进账与时间安排；而顾客导向的经理们则将重点放在提高顾客的满意度上。研究人员从中得出一个结论：企业要改变员工的行为，必须首先确保他们上级的行为与公司的要求一致[3]。

领导效能对高敬业度员工占比的影响

我们曾经做过一项调研，主要分析一个团队中高度敬业员工所占的比例。调研中询问这些拥有上级的员工"感觉工作环境能够促使他们努力工作的程度如何"。在 1~5 的 5 个评分等级中，我们只筛选了那些回答"5"的员工，因为选此答案的员工对工作最有热情，他或她会为接受具有挑战性的工作任务而兴奋，并会竭尽所能在既定时限和预算内完成工作。每一位领导者都会发现下属中有若干名这一类型的员工。工作团队中如果有更多此类型员工，对团队的成功会有什么样的影响？结果将是：生产率提升、团队士气高涨、更快完成项目，而且盈利能力也必然提升。

此外，这些高敬业度员工对其他员工又会产生什么影响？想想当有人在你身边快走或者小跑时，你会怎么做呢？通常，大多数人都会加快步伐，这几乎是下意识的反应。在多数工作团队中，当高敬业度的员工所占的比例较高，并且他们全力以赴时，其余员工的表现也不会太差。

图 2-8 显示的是在上百家企业或机构内，高敬业度的员工在其中所占百分比的调查结果，同样，领导效能分为 20 个等级。

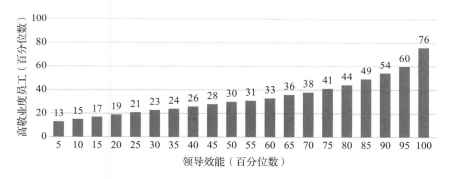

图 2-8　领导效能对高敬业度员工的影响

有趣的是，即便是表现糟糕的领导者（排名在最后 5%），其下属中竟也有 13% 的人是高敬业度员工。显而易见，哪里都有对工作充满热忱的人。但当你观察这张图表时，就会发现随着领导者领导效能的升高，其下属的敬业度也越来越高：对于效能位于 80 百分位的领导者来说，下属中高敬业度员工比例达到 44%；而领导效能处于 90 百分位的领导者，其下属高敬业度的比例达到 54%。排名前 5% 的高效能领导者，其下属的76% 都是高敬业度员工。如果你带领的工作团队中高敬业度员工占到 40%或 50%，这是否会给企业的重要绩效结果产生巨大的影响？我们遍问世界各地的领导者，他们给出的答案都是响亮的 "是"！

领导力影响企业的经营业绩

我们介绍以上研究的目的，是要加深读者的印象，让各位了解领导力对于企业的经营到底有多大的影响力：

- 领导力会影响每个业务成果维度或组织绩效。
- 领导力的影响是显著的，不是微不足道的。
- 领导力的影响是前后一致的。

我们收集的数据越多，就越清楚地看到，领导效能的每一次提高都会产生积极成果，而这些成果对组织的成功起到了助推作用。因此，不断寻找提高领导效能的方法将对组织的成功产生重大影响。

一些高层领导者担心，提升领导力的成本太高，却没有考虑到糟糕的领导者会导致士气低落、销售额下降、客户满意度低、员工流动率高，以及越来越多的员工不愿意全力以赴工作，对公司造成负面影响。仔细分析后就可以看出，这些成本支出大大超过了提升领导力的支出。

做到"优秀"是否足够了？

尽管卓越领导者所能达到的绩效结果要比糟糕的领导者高出很多，但现在的问题是，有太多的优秀领导者认为，只要达到优秀水准就已经足够了[4]。他们对自己不处于糟糕水准表示满意，也没有动力继续挑战更优异的绩效。许多优秀的领导者并没有意识到，持续改善领导力，会对绩效结果产生巨大的影响。很多满足现状的领导者通常会原地踏步，因为他们并不了解优秀领导者和卓越领导者之间的差距到底有多大。

什么导致优秀领导者不愿意接受挑战、改变自我？

当我们翻阅过往的研究，会发现一个很明显的结论就是，领导者的积极变化将对组织的成功产生重大影响。然而，大多数领导者认为自己拥有高于平均水平的智力，是一个优秀的掌舵人。

1. **当你提到有关领导效能的问题时，很多人会自动认为问题是出在那些糟糕的领导者身上。** 人类天生喜欢将各种问题归咎于那些表现不佳的人，我们喜欢找一个替罪羊作为任何问题产生的根源。这对那些绩效不良的领导者可是莫须有的罪名。通常这些糟糕的领导者是经验不足的新手，他们需要时间和训练来提升能力。找出糟糕的领导者来当替罪羊，会比面对现实容易一些。沃尔特·凯利（Walt Kelly）的连环漫画人物波哥（Pogo）最能代表这种特性——他常观察到这一点："我们已经遇到了敌人，那就是我们自己。"[5]

将错误归到糟糕的领导者身上是最简单的解决方式，远比让大家接受"领导力真正的问题在于每个人都要做出某种程度的提升"这个事实要简单得多。优秀的领导者如果能提升到卓越水准，对于组织将会产生相当积极的影响。

2. **公司的培训计划通常会传达出一个错误印象。** 组织为给那些绩效不佳的领导者提供培训，希望帮助他们成为优秀的领导者，这在不知不觉中向那些目前自认为优秀的领导者传达出一个信号：自己是没有问题的。此外，大部分的主管和经理人员培训课程都以培养基本领导技能为主。训练的重心都放在了解以及掌握关于领导力的必备基础技能上。很多领导者认为，这些入门课程是他们唯一需要的。我们很清楚，目前仅有少数公司将领导力培养项目的重点放在协助领导者从"优秀"转变为真正的"卓越"上。[6]

3. **很多 360° 反馈报告会与领导者的绩效结果进行比较，并将结果和整体平均值相比。** 这些评估报告无意中透露给管理者这样一个信息：如果你位列中游，那么"你还算不错，这样就够好了"。

图 2-9 展示的是一个 360° 反馈的典型评估结果。灰色背景的区域是常模，也就是所有参加这项评估者的平均分数。黑色长条则是领导者帕

特·布朗（Pat Brown）接受评估后的结果。将此结果与平均值相比，我们似乎会有这样的感觉，布朗总体而言都达到了平均水准，应该算得上是一位优秀的领导者。布朗甚至在一些领域绩效得分远高于平均值。就算我们告诉领导者，平均值是包含了最佳领导者与最差领导者整体分数的平均值，但是只要高出一点，大部分人还是会更关注他们高出常模的那几个方面，并认为这就是他们的优势。他们也只会将那些得分严重低于常模的领域作为自己的不足之处，认为需要采取补救措施。

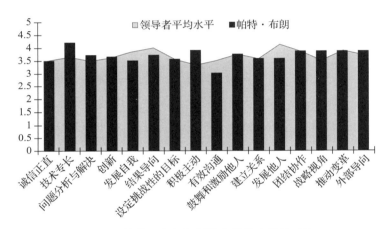

图 2-9　帕特·布朗与领导者平均水平的对比

图 2-10 同样显示的是帕特的各项能力得分，但是这次灰色背景部分代表了各项排名在 90 百分位的领导者的能力得分。新的常模改变了 360°反馈报告的关注点。在此图中，我们发现，帕特做得不错，但是离卓越领导者还有很大一段距离。如果我们将帕特的领导力与整体平均值进行比较，得到的信息会是"领导者只要做到高于平均水准就足够了"；而与卓越领导者的绩效结果相对比，则会让其知道自己与卓越领导者之间还有一段距离，需要继续努力。

4. 优秀领导者通常没有了解到"优秀"和"卓越"之间的差异。欣赏奥运会跳水比赛是件非常有趣的事。一般人看到第一位选手跳水时，就会

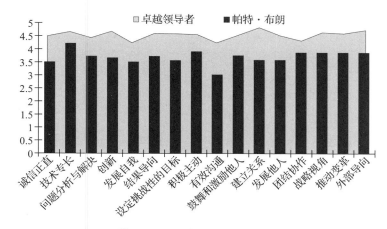

图 2-10　处于第 90 百分位的领导者们与帕特·布朗的对比

对其表现印象深刻。这是因为观察者通常会以业余的标准来看，如果与业余选手相比，奥林匹克选手的表现当然是漂亮、优雅而精准的。接着，裁判亮分：5 分、6 分、6 分、5 分、7 分，旁边的解说员说道："你们有没有看到旁边溅起的水花？"或是"注意看他膝盖弯曲的方式，他的双脚指向不同的方向。"通常你会对这些感到诧异，接着会为自己没有注意到这些细节而有些懊恼。比赛继续进行，裁判和解说员不断训练大家注意跳水过程中的每一个细微部分。经过一个小时的观赏之后，一般人对于出色的跳水技术的判断能力会由"零"进展到"入门"的程度。如果跳水选手犯了一个严重的错误，你会注意到，但是你还是会时不时地感到惊讶，因为有时你认为完美无瑕的表现，裁判仍然会注意到一些你没有注意到的小瑕疵，因此扣了分。

人们对于领导力的判断也一样，大多数人只是领导力的"普通观众"而非训练有素的专业裁判。他们曾历经不同的上级领导，并感受其效果（出众的领导或是糟糕的领导），但到底缺少了一些深入了解，不明白这种效果是如何产生的，或是这种领导模式持续下去会有什么样的后果。

人们通常会将"领导力"与"个性特点"相混淆。他们认为"果敢""擅长演讲"或是"给予他人明确的命令"就是领导力，但是事实并非如此。

人们要提升领导力，就需要成为敏锐的领导力观察员。他们不只需要了解一些基本的领导力概念及相应的知识，同时也需要能判断领导者日常的为人处世，并了解其中的不足之处。

5. 很多优秀领导者相信，卓越领导者是与生俱来的，他们天生就拥有一些不凡的天赋。 大部分人认为，有些人的确具有杰出的领导才能，但其他人很难了解他们究竟是如何从"优秀"跨越到"卓越"的。要成为卓越领导者的目标似乎太高、太难以实现。同时人们对于发展多样领导技能的路径也不是十分清楚。这就像是我们在欣赏伟大的钢琴家演奏，并向往自己弹奏得跟他一样好。幻想是有趣的，但一旦落到现实世界，了解了要达到那种境界需要付出多少努力，大部分人会就此放弃，甚至连开始都不愿意。一位音乐系的学生曾谈到她获得音乐教育学位的经历。她提到，有些学生拥有与生俱来的杰出能力，但缺乏练习和自律。她发现教授并不喜欢和拥有天赋但缺乏自律的学生互动，相反，教授会选择指导那些自律且勤奋的学生。当我们问这些教授，他们会选择指导哪一类学生时，其中有一位答道："自律比任何天赋都重要。经过几个学期的刻苦练习，这些学生的表现会超越那些有天赋却不肯练习的学生。如果没有自律及学习能力，那些有天赋的学生永远不可能超越现有水平。"

有许多研究都是针对那些达到高绩效水平的个人进行的。研究者安德森·艾里克森（Anderson Ericsson）和尼尔·切尼斯（Neil Charness）把卓越的能力和天分称为"专家级表现"（expert performance）。这些研究者专注于研究"人们是否拥有与生俱来的才能"这个问题，并获得了相当多的实证材料[7]。

大部分人相信，有些人的确拥有优于他人的智力和才能，异于常人，认为这种优势是天生的。这种逻辑可以追溯到过去的皇室年代——认为皇室成员在基因或遗传上有优于其他人的品质。"大家都可以培养出卓越才能"的想法跟"只有我的儿子才有资格成为国王"的观念是冲突的。回顾以往的文献，我们可以看到，恰当合理的训练会对个人的表现产生很大的影响。一项关于音乐表演的研究显示，那些没有什么音乐天分的孩子在经过铃木教学法的训练之后，可以达到相当于音乐天才的水平。一般人都认为，大部分的天才儿童在他们幼年时便表现出与生俱来的能力。但当仔细研究这些卓越天才之后发现，这事实上与儿童的兴趣有关，似乎无法证明这种能力是与生俱来的。

事实上，那些被认为是音乐、国际象棋、运动或其他领域的天才们，都有着一个相当一致的模式。所有的"天才"对于他们具有"天资"的那个领域抱有相当浓厚的兴趣，并维持每天 2 至 4 个小时的练习，持续 10 年以上。这种长时间持续练习的现象在音乐、数学或运动天才身上都可以找到，这种相似性让人惊讶。一项权威研究显示，小提琴的技艺高低与其练习的时间长短有直接联系。"专家"级的人练习超过 1 万个小时；略为逊色的人大约练习 7 500 个小时；再下一层级的人则练习 5 000 小时。艾里克森和切尼斯根据以上分析，得出这样的结论："传统的观点认为，个人成功与他们具有某些与生俱来的天赋或能力有关，但这些在我们的研究中都没有获得证实。"他们进一步解释道，造成这种个人差异的不是天赋，而是"让人愿意进行长期练习，并常年维持高强度练习的因素"。

另一个促使"专家级表现"产生的原因是：他们通常都会有一位鼓励他们进行密集练习的教练。假设某个人决定要学打高尔夫球，她先报名参加训练课程，学习基本的打球技巧，接着会请一位个人教练跟她一起打。在几个月的课程之后，她的表现已经不再是"菜鸟"；她开始和朋友一起"玩"高尔夫球。"玩"自然比"认真练习"要有趣得多了，但此时她的学习曲线理所当然呈下滑趋势。为了能持续进步，人们需要花时间有规律地进行密集练习，最有效的方法就是找一位有经验的教练陪同练习。

大部分人在第一次成为管理者时，都会经历一段密集的学习期。他们接受大量的训练、个别指导，并收到来自资深管理者的各种观点及建议。他们花时间做会议计划、回顾业绩，并学习如何向直接下属提供反馈。他们同时密切注意他人的表现，从中了解管理的技能及技巧。他们不断练习，希望自己的领导能力能够进一步提升。在这种情形下，他们的学习曲线会上升得很快。但是，一旦获得了某种程度的做经理的能力之后，他们通常都产生了与上述学打高尔夫球的例子类似的反应：他们开始只"玩"而不"练"，而且，在"玩"期间，学习密度会大幅度下降。"玩"领导力本来就比"练习"领导力要来得有趣，但是在"玩"的过程中，相关技能的发展是非常缓慢的，有时候甚至会停滞不前。我们最近在某大型石油公司的一次会议上，询问在座的高层主管，他们是在"玩"领导力还是"练习"领导力。这群人的一致答案是：每个人都忙于"玩"领导力，没有人在"练习"如何拥有更强的领导力。也就是说，没有一个人为了改善某一重要行为，精心拟订一份刻意练习的计划。

这项研究给我们带来的启示是：卓越领导者并不是天生的，而是源于他们人生早期的"与他人一同去合作实现目标"的欲望。我们确信，不管在人生的哪一个阶段，领导者都可以通过练习来提高领导效能。真正的关键在于他们需要密集练习。糟糕的领导者会认为刻意练习是不会有任何作用的，所以他们继续在原地踏步，没有长进。

6.上级的领导力水平决定了下属的领导效能。小汤姆·沃森（Tom Watson Jr.）被称为IBM企业文化的塑造者。该公司文化的一项特色是：男性穿着白衬衫、深色西装与经典款皮鞋。他曾经注意到，如果他穿着粉红色衬衫去上班，他可以确定第二天一定会有上百个高管穿同样颜色的衬衫上班。

领导者在组织内具有相当明显的影响力。我们的一位同事保罗·麦肯纳（Paul McKinnon）好几年前曾针对多位客户做过一些研究，衡量组织内领导者的"影子效应"。在一项后续跟进的研究中，我们发现，与一个老板共事多年后，下属员工不只会有老板的优点，同时也会具有老板的缺点。在这项研究中我们分析了一位管理者的 360° 反馈评估结果，指出他的优势领域以及需要改善的地方。接着，我们依照这份 360° 反馈评估结果来分析这位管理者的所有下属（他们本身也是管理者）。

受"影子效应"影响较深的下属，情况通常会跟他们的上级领导一样，有着同样的优势，也有相同的待改进之处。这项分析——计算出管理者和下属在各项表现上的重叠程度。程度由低（如 25% 重叠）到高（100% 重叠）不等。这种"影子效应"有好有坏。如果你的老板是一位卓越领导者，你的领导效能也会接近你的老板；但如果你的老板是一个效能极低的领导者，那么你的状况也不会好到哪里去。我们在研究中发现，下属受"影子效应"的影响程度各有不同，和同一个老板在一起的时间越长，下属受到这种"影子效应"影响的程度越深。

我们在研究中还发现，有一些领导者与其下属在优点和缺点上有100% 的重叠度。就天性而言，大家都会认为自己做事的方法是最好的，因此老板也会倾向于雇用跟他有类似风格的员工。经过一段时间的相处，老板会下意识地奖励员工与他类似的行为，打压他们与他不同的行为，因此员工强化了与他相同优点的形成，同样也强化了与他相同缺点的形成。结果，员工会养成事事模仿直属上级的行事风格。

举例来说，假设某位领导者做事非常重视细节，任务导向，同时在技术上有所专长，但常常会忽略下属的感受。通常这类老板的下属也会跟他一样，只重技术而不为他人着想。多数情况下，老板不会主动鼓励"无礼"的态度，但当下属看到老板有如此举动时，便自然而然地认为他们也可以这么做。模仿老板的优点和缺点是一个无意识的过程。

或许最能与这种现象相呼应的研究是有关虐待儿童的报告。那些曾经被虐待的儿童，长大后极有可能变成虐待儿童的父母。我们似乎很难理解这些痛恨暴力并在父母虐待中痛苦成长的孩子为什么还会用同样的方式来对待他们自己的孩子——就像他们的父母对待他们一样。许多人后来竭尽全力要忘掉孩提时不愉快的经历，决心要为自己的孩子构建全新的生活。

也有很多父母自己还是孩子的时候，便发誓以后绝不会用同样的方式对待自己的孩子。结果长大后却发现，自己仍然在重蹈父母的覆辙。

这种现象的一个副作用是：员工很难超越自己所模仿的老板的能力水准。如果老板是一个卓越领导者，这可能算是个好消息，下属将可以提升到同样的水准。但我们在一次次地观察中发现，老板的水准是员工能达到的上限，他们只能止步于此。设定标准的是老板，不管是高标准或是低标准。这项发现带给我们以下启示：

领导者只鼓励下属成为他们的"翻版"，这会是一个问题。事实上，这代表领导者不能欣赏不同的风格和做事方式，最后很可能会对组织实现目标产生不利的影响。

组织领导者应该清楚，自己在强化下属与自己相类似的行为。领导者应该自觉意识到，自己在下属的生活和职业生涯发展中所扮演的角色，并且思考当自己哪一天离开这家公司时，希望留下的到底是什么。

领导者需要时时提醒自己，必须要雇用与自己具有不同技能和工作风格的员工，以丰富组织文化，为组织做出贡献。

组织在进行文化变革时，应该从资深管理者开始做起，因为要成功地进行变革，最好的办法就是从领导者开始改变。（就像一部漫画中所描绘的："你必须得改变领导者，要不然你就不得不替换领导者。"）

唯有卓越领导者才能培养出能力同样卓越的领导者。"照我'说'的去做，而不是照我'做'的去做"的培养方式对领导是行不通的。

想象一下，如果组织内有 20% 的领导者能够达到"卓越"的水准，将会对组织产生多么大的影响！可以在心里快速计算一下他们能给组织绩效带来多大的提升！此外，想想这将对企业文化以及员工受激励的程度产生多么深远的影响！还有组织内部完全焕然一新的工作体验！

这项研究清楚地说明了领导力对于企业预期成果的影响。优秀领导者的效能大幅高于糟糕的领导者，但只有卓越领导者才能够给组织创造出非凡的成绩。

衡量卓越的恰当标准

为了方便表述，我们将"卓越"的领导者定义为各大组织中排名前10%的那一群领导者。当然，这种做法只是为了方便起见。合理的衡量方式应该采用客观的标准，因此一个组织中也可能有90%的管理者或主管全部是卓越的领导者，而不是我们定义的那10%。

事实上，我们的定义也可以被反向思考。也就是说，当你发现领导者拥有以下特质时，他便是所谓的高效能领导者：

- 生产率高。
- 员工流动率低。
- 顾客满意度高。
- 盈利能力强。
- 创新能力强。
- 与供应商关系好。

现在我们可以说，根据以上定义，这就是极为高效的领导者了。衡量高效能领导力的最佳方法应该是评估综合结果，而不是截取分布曲线顶端的某一段作为"卓越"的定义。

组织的目标

组织能够培养出的卓越领导者数量越多，该组织就会越强大。原因很多，部分原因如下：

- 这些领导者对他们管理的部门贡献很大。
- 他们为组织树立了榜样。
- 他们对在组织中孕育新文化具有持续的影响力。
- 他们提高了组织的绩效表现标准。

我们强烈主张，个人应该将重心放在发展自己的优势之上，如此才能大幅提升成为他人眼中的卓越领导者的可能性。这点对于组织也同样适用，组织内的高效能领导者越多，组织所能获得的优势也就越多。一般情况下，组织总会想要去提升那些低效能的人，但能为组织带来最大利益的做法，是帮助更多的领导者走上卓越之路。

这种做法的一个缺点是：这些领导者将会成为猎头公司的目标。高管猎头的眼睛会紧盯那些培养出优秀领导者的公司。然而，跟成功培养出卓越领导者为公司带来的巨大利益相比，这样的风险是不足为道的。

好与坏的二分法

我们的一位作者在十几岁时，曾有机会去听一位宇航员讲述登陆月球所面临的种种挑战。他打了个比方，从地球飞抵月球所需要的精准度，就像是"从纽约发射一颗子弹后，射中洛杉矶的某个口香糖泡泡"一样。这个戏剧化的例子贴切地描述了目标正确以及中途修正的重要性。如果刚开始在纽约发射时，瞄准便产生微小偏差，而且没有及时进行方向的调整，那么最后射中的地方会与既定目标相差十万八千里。当我们与管理者及组织的合作经验越来越多之后，我们也越来越清楚地意识到，一些微小而不起眼的细节，都可能在产生相当重大的后果。

同样，微小而不起眼的思考模式是：大多数人目前会使用绝对的二分法来理解好与坏。我们在帮助组织寻找问题时发现，组织内总会有这样一种可笑的做法——找出"坏人"。最常见的是：一旦有错误发生要找原因时，组织通常都会找出某个人或某一群人作为问题的根源。他们往往会将所有一切怪罪到这些"失败者"头上。这些人于是备受谴责。事实上，错误很少是这些人造成的，但对于大多数人来说，这是解决问题最为简便的方法。

相反，我们搜索"好人"时，会进行各式各样的研究，试图找出高效能领导者的特征，但却发现"定义高绩效领导者的标准"成了更为棘手的一件事。这看上去简单，但是当我们面前出现各种不同的衡量标准时，便成为一大挑战。组织需要的是用最简单和最直接的标准将"优秀"从"糟糕"中——甄选出来。

在这一章中，我们介绍了一种新的领导理念。这种理念拓展了人们的思维，从之前"领导者非好即坏"的二分法变为"领导者分为糟糕的、优秀的和卓越的三类"。这跟大部分人目前持有的观念可能有所不同，但我们相信，这种思考模式的不同将会对个人与组织的成功产生巨大的影响。

对个人来说，本书的领导理念能帮助优秀领导者了解"优秀"并不等同于"卓越"，现在不是，将来也不是。"优秀"就是"优秀"，但最终的目标应该是"卓越"才对。

对组织而言，这样的理念清楚地诠释了卓越领导力的竞争优势。当公司高管讨论领导人才时，他们有时候会说："我不认为我们的领导者有什么问题。"（言下之意是：我们的领导者并不糟糕。）但问题并不在于是否存在过多的糟糕领导者；问题在于大家都理所当然地接受优秀的领导者，并认为他们不需要再进一步提升自己。

第三章
能力素质的求索之路

　　许多领导力研究者历尽千辛万苦，想要找出领导者与管理者之间的不同之处。结果却导致领导者通常看起来像拿破仑和花衣吹笛人的混合体，专开野心勃勃的空头支票，管理者则像是无趣的呆子。这些说法让我感到困扰。我曾听人们如此描述一个管理者："他绝对是一流的管理者，但我看不出他身上有任何成为领导者的潜力。"我逐渐意识到，这样的人是不存在的。我遇到的每一位堪称一流的管理者，身上都有相当多的领导者特质。

——约翰·加德纳（John Gardner）

　　近年来，最流行的领导力提升方法便是"领导力素质运动"。这种方法的基本前提非常简单：找出并定义某一组织内高效能领导者们所拥有的各种能力素质（素质是知识、技能、性格特质、属性的融合，让某个人足以胜任某项既定工作）。然后在选拔领导者时，选择具有这些能力素质的人，因为他们成功的概率更高。如果你希望培养组织内的领导者，你可以设计一些活动，直接强化组织内领导者身上的这些素质。

　　举例来说，如果艾杰制造公司（Ajax Manufacturing）决定要着手建立一套基于能力素质的体系，该公司必须首先研究其领导者们，确定这些最好的领导者身上有哪些共同点。为了完成这一任务，艾杰制造公司可能需要雇用一家专精于此项研究的公司，而这家公司会依照一定的方法来确定该组织内一流领导者所需的素质。可选择的方法包括：

- 在该公司内展开广泛的民意调查，分析不同领导职位对领导力的具体要求和条件，研究 360° 反馈报告，并观察领导者的行为。

- 根据过往的丰富经验，基于过去在同类公司中所做的类似研究，向组织提供一份能力素质清单。
- 将组织内的高管集合起来，并询问如果想要在组织内获得成功，必须具备的素质能力有哪些。
- 召集合一群与现任领导者共事的员工并收集其观点，即他们认为在艾杰制造公司成功必须具备哪些知识、技巧、品格以及特质等。
- 尝试使用更科学的统计方法。

这个过程分以下几步：

（1）收集大量描述行为、特质和性格的词汇。通过分析来自不同公司、文化和地域的大量个体样本对这些词汇进行梳理。

（2）应用严格的统计技术识别出这样的词汇：它们能够将各个方面综合得分最高的个人与得分较低的个人有效地区分开来。

（3）从这些词汇中，把与重要业务成果具有最高相关性的那些挑选出来，例如员工敬业度、客户满意度、生产力、创新和盈利能力。

（4）依据上述方法，借助外部顾问的力量，艾杰制造公司可能会总结出卓越的领导者通常拥有的一系列能力素质。

这份"能力素质清单"完成后，即成为该公司选择领导者的标准，以及各类领导力培养项目的内容框架。

这种方法席卷了各公司的人力资源部门。据估计，至少 80% 的公司都曾列出过这样一份"能力素质清单"。通过这样的素质运动，公司希望能够以科学手段，更加客观地进行员工选拔和发展。的确，我们认为这种方法的精确性优于之前的所有方法，而且相比之下更能有效地改善人才招聘流程。在过去的 20 年内，各大公司也主要是围绕这些界定出来的能力素质对他们的人才进行培养。总之，这样的方法具有无懈可击的内在逻辑。

能力素质模型遇到的挑战

那么，为什么这场素质运动没有开花结果？为什么它没有成功地帮助组织培养出更高水平的领导者？如同约翰·加德纳所写的："我们为什么没有更好的领导人才？这个问题一再被问到。我们抱怨，表达我们的失望及愤怒，但答案仍旧没有出现。"[1]

我们认为这样的能力素质运动有几个主要缺陷。

我们的目标就是帮助读者了解这种方法的问题出在那里，更重要的是，应该如何进行补救和改进，使之具有成效。

问题

能力素质运动需要在简单性与复杂性之间取得平衡，而问题就是从这里开始的。我们想追求严谨，但解决方案也因此变得枯燥乏味。除此之外，针对素质问题提出的一些看似合理的假设也完全是错误的。

复杂性

一家大型公共组织曾聘请外部顾问，针对组织内的三个层级分别列出一份"能力素质清单"。每份清单为该层级具体定义了 173~175 项行为，并归类到 15 项通用能力素质中。想象一下，别人期望你了解 175 项行为，并且运用在你的工作上。这真是可笑之极。很少有人能真正了解数目如此之多的行为，更别说还要将其运用到工作之中了。这实在是强人所难。

这当然是一个极端的例子。但有些组织列出洋洋洒洒的 30 项或 50 项素质来评估和提升领导力倒是很常见。总而言之，这种超高的复杂度是这一方法得以被有效执行的主要障碍。

关于能力素质的错误假设

素质运动中存在多项重要的假设，这些假设很少被公开提出，在此我们试着描述一下：

（1）每个组织都有一套独特的属性或能力素质。

（2）每个人的能力素质是独一无二的，与其他人都不相同。这些素质可以被逐个拿出来单独研究，就如同承载生物基因的个别染色体一样。

（3）个人与组织的独特属性相似度越高，这个人就越有可能成为一个好的领导者。

（4）每一项能力素质的重要性都差不多。

（5）提升任何一种素质的最佳方法是，直接将重心放在该项素质对应的特质或行为之上。越是努力学习此特质或行为，花的时间越多，你在这项素质上表现越好，你就越可能成为一个更好的领导者。

（6）能力素质是静止不变的。

可惜的是，这些假设在现在看来与现实状况不太吻合。在我们最近的研究中也没有发现任何证据支持上述假设。

更正错误的假设

假设1：每一个组织都有一套独特的能力

事实：尽管能力素质运动努力为每一个组织量身打造一套独特的能力素质模型，但在各个组织的"能力素质清单"中，还是存在着相当高的相似度。理由如下：第一，在某家公司或组织里工作所需要的条件，跟在另外一家公司工作所具备的条件差异不会太大。不管在哪里工作，人都是大同小异的。一家公司的成功因素可以被复制过来成为另外一家公司的成功因素。

长久以来，我们深深地感受到，同一组织内人与人之间的不同，就跟同行业内组织与组织间的差别一样大；有时候，"人"的不同甚至比"组织"的不同还要大。换句话说，艾杰制造公司的质管人员与销售人员的差异，会计人员与营销人员的差异，或是研发人员同各种维修管理人员之间的差异相当大，和来自艾杰制造公司的员工与竞争对手贝哈默制造公司（Behemoth Manufacturing）的员工间的差异一样大，或是它的员工与邻州竞争对手迦太基公司（Carthage Corporation）的员工之间的差异一样大。

另一个解释则是，若同样类型的咨询公司从事能力素质分析工作，采用它们的流程对任一家组织进行分析都能产出相同的内容。大部分的能力素质研究都是由少数几家小型咨询公司完成的。

最后一个理由则是，整体领导效能很可能始终受到少数几个因素的影响。莱尔·斯宾塞（Lyle Spencer）在其著作《才能评鉴法》（*Competence at Work*）中写道："成就导向的能力、影响力与个人效能大概占了所有能力素质模型的 80%~ 98%。"[2]

假设 2：能力是个体所具有的独特和与众不同的特质或品质

事实：在我们的分析中，最让人印象深刻的一项发现是，各能力素质项之间存在着大量的联系。我们所谈的联系，并不是少数几种能力间的微弱联系。相反，在我们所研究的能力素质中，几乎每一项都与其他几项素质之间具有高度的相关性。组织的能力素质也不是彼此独立和差别巨大的：每家组织的这些素质都像是一张三维的蜘蛛网，你在其中所碰触到的任何一点都会与网中的无数节点联结在一起。

倡导能力素质运动的专家们希望能够让各项素质看起来是独特而与众不同的，因此他们的研究会为每一项素质包装上特别的外衣。但没有什么比真相更有说服力：能力素质之间存在紧密且复杂的联系，而给每项素质贴上独立标签的做法并不妥当。

在本章稍后，我们会说明为什么不同素质之间是相互联系的。我们在后面几章中会列出多项能力素质，说明其重要性，并展示从战略角度把各项素质分布在不同的行为群组中时，领导效能会得到怎样的提高。

假设 3："组织定义的能力素质"与"个人拥有的能力素质"之间一致性越高，成功的机会就会越大

事实：这是唯一一项没有被我们的研究结果所反驳的假设。然而，这项假设的正确性取决于该组织是否真正开发出了自己的能力素质模型，以及是否能够较好地衡量个体的能力素质。我们的研究资料证实，如果领导者各方面的能力素质都与组织内的高绩效者相似，其获得高分评价的可能性要大大高出那些与高绩效者不具备任何相似性的领导者。

假设 4：所有能力素质的重要性大致相同

事实： 各项能力素质的重要性间存在巨大差异。如前文所述，我们首先找出被同事、下属、上级视为一流领导者的那些顶尖人物，并将这群人与得分最低的那一群领导者进行比较。我们想问的是："到底是什么因素将一流领导者与最不受欢迎的领导者区别开来？"结果我们找出了 19 项关键能力素质作为区分领导效能高低的重要因素。这些区分性素质项是从 50 多项能力素质中筛选出来的，并且同样可以依照我们在第一章介绍的模型来分类。我们在本章后面会有更详细的介绍。

举例来说，在许多组织中，一个常见的问题是：高效能的高管往往行动非常敏捷并且守时。他们准时开会，不会让其他人等待。但是，我们的资料显示，这一项因素在高效领导者与低效领导者两个群体之间并没有显著的差异，那些低效领导者通常也能做到按时开会。我们并不是说你在下一次开会时可以迟到，我们只是要强调，"准时"不会让你比别人更高一等，那些低效领导者也有可能是很准时的。

如果你希望改善自己的领导能力，我们建议你将重心放在那些能真正带来变化的行为上。这些行为是什么呢？我们在第四章和第九章中会有详细的介绍。

假设 5：只有全力发展某项特定能力素质，才能将该项素质发展到最佳

事实： 我们的研究显示，某项能力素质会在另一项素质发展的过程中得到发展，两者的发展互为"副产品"。这也意味着线性的方式并不是发展或强化某项能力素质的唯一方法。既然从背面与侧面都存在着更好或更容易的方法，那么我们不一定非要从正面切入。我们会在第八章中继续阐述这一观点。

假设6：能力素质是静止不变的

事实：随着社会的发展和商业的演化，新的能力素质需求不断出现。我们的研究始于2002年。到2019年时，我们清楚地看到，又出现了对新能力素质的需求。例如在这一段时期，北美和其他发达国家的领导者们被推动着践行包容性和重视多元化的理念。我们也看到这种理念越来越普遍。

意料之外的结果

能力素质运动最大的问题在于会产生预期之外的一些"副作用"。我们认为，这种运动向领导者传递了如下信息：

（1）能力素质是一份清单，领导者的目标便是一一核查自己是否具备清单上的素质。每一项素质要么有，要么没有。

（2）每一个人都需要具备清单上的所有素质。然而，我们在第二章中强调过，仅仅达到"合格"的标准是不够的，我们的目标应该是达到"卓越"，而不仅仅是"合格"。

（3）这种方式将侧重点放在那些被认为不足的能力素质上。它会暗示你，如果将弱势素质提升到中等水平，就可以使获益实现最大化。

（4）这种方式完全没有强调如何运用相对优势，也没有鼓励领导者将这项优势尽可能加强，使其无法超越。这就是我们通常意义上的"瞄准低目标"（只要求符合最低标准，而不鼓励超越或追求高标准）的做法。

（5）这一方法使得其他可以用来发展人才的技能没有了空间。尽管这些技能可能效果显著且实用。从德鲁克到吉尔伯特，管理大师们都曾提出过一个十分有效的方法，帮助组织提高生产效率以及绩效。他们建议组织首先找出表现最好的员工，接着挖掘出使他们与众不同的行为。组织内的每一个项目都有多个员工参加，其中有些人可能会发展出高效完成此任务的方法，它们可能是某种捷径、一套更加便捷的工作流程或是与其他部门同事合作提高工作效率的方法。在针对员工生产效率的一项研究中发现，执行同样一项任务，不同人的生产力有着很大的差别。

为了找出高绩效员工与众不同的地方，我们需要仔细地观察，也要对他们进行一些访谈，以了解其思考过程和技能。接着，我们可以让这些高绩效员工（或其他培训者）指导公司其他员工采用这些最有效的方法。

这是一种效果非常显著且富有逻辑的改善方法，但在应用中却遭遇了很大的阻力。很少有组织能成功地使用这种方法来提升绩效。这种阻力源于大部分管理者的心态，他们为一个人能够取得什么成就设置了上限，无法相信平时十分寻常的员工也可以有高水准的绩效表现。许多高管认为巅峰绩效是少数人的特权，不可能使大多数员工都达到少数人的水平。这些高管认为，我们不必期待也没有能力让组织内大部分的人都取得高绩效，而这绝大多数人中就包括了我们的管理者与领导者。

对能力素质的僵化定义也会导致组织培养出一批看上去都差不多的员工。如果真的实行了这种能力素质系统，每一个人会不会都像是一个模子刻出来的？如果是这样，组织又如何能吸引并留住那些具有不同思考模式以及创新能力的人？又有谁能对现状提出质疑？难道就不允许标新立异的人存在吗？也就是说，长此以往，这种相似度会造成组织内的同质化越来越严重，如此将会麻痹人的心态，而企业文化也会逐渐停滞不前，不再接受新的想法。

执行不当

能力素质运动的基本前提是：能力素质清单可以通过对一手资料的广泛分析而得来，而不是公司管理层凭空的猜想。然而，事实往往并非如此。正如一位研究者所观察到的："现在大部分公司都打着'能力模型'的旗号，但实际上只是在列清单而已。"[3] 前文所述的由实证和数据支撑的方法，我们称之为创建能力素质模型的最后一种替代方法，可实际中很少得到使用。它需要数据和分析，而不是简单地收集意见、整理卡片或遵从某个高管的意志，因此也更难执行。

原本讲求精准的资料分析，结果演变成为"收集公司管理层对于领导者的看法，并进行归纳总结"，从而汇总成一份所谓的资料。创新领导力中心（the Center for Creative Leadership）的玛克辛·达顿（Maxine Dalton）写道："我见过的能力素质清单，大概有 70% 都是列举一些积极的品质，可能跟管理效能有关，也可能无关。大部分都是由公司资深管理者在开会的半天时间内列出来的。如果 CEO 说那是我们的能力素质，那它就是我们的素质。"[4]

为了适用于整个公司，这份能力素质清单可以说是类别广泛、无所不包。而清单上罗列的能力素质越是通用，其精准度就越低。近年来，我们看到一种趋势，许多公司想要素质项少一些的能力模型。在一家公司里，负责设计新能力素质模型的高管得到的指示是，模型中的能力素质不能超过 5 项。人们认为，大多数能力素质模型过于复杂，减少项目可以简化流程，于是更愿意缩减能力素质模型中的项目。最后他们会弄出非常宽泛的 5 个特征。每个特征实际上是把 4~6 种能力素质放在一起进行描述。在追求简化的过程中，该公司把 5 种能力素质放进一个特质里，得到的是一种无法被评估的东西。大多数这类尝试所犯的错误都是相同的，即试图把能力素质模型简化为少数几个特征。他们将各种行为特点粉碎杂糅，并想象自己正在简化一个过程，结果却使其变得更加复杂和混乱。这类模型的反馈也非常笼统，以至于个体很难搞清楚自己具体要改进那些方面。

现实中还存在另外一个执行上的问题，即能力素质往往聚集于过去，而非未来对于领导效能的需求。这种"盯着后视镜前进"的倾向很容易创造出这样一批领导者：他们有着符合目前组织发展需求的思考及行为模式，却没有发展的眼光，这点很可能成为未来组织发展的致命伤。如果能力素质的用途在于培养人才，那么这份能力素质清单就应该包含那些能够反映组织未来发展需求的能力和行为，而不应以目前或过去的需求作为依据。此外，这份清单应该具体指出个人必须具备的学习能力，从而令他们"掌握对企业未来成功至关重要的技能"。

事实上，这些能力素质并没有用在人员的招聘或职位的晋升上。许多组织都曾抱怨，尽管人力资源部门手上有这样一份得到了批准的能力素质清单，但在他们日常的工作，如招聘、入职、薪酬、绩效管理和人员晋升中，却并未曾用到这份清单。有些人将公司的能力素质模型比作拥有一辆昂贵的汽车。人们很容易忘记它是需要维护的，只有使用它才能实现它的真正价值。

- 由于组织的进化、合并、业务剥离、全球化，以及商业活动变更等各种原因，能力素质模型投入使用的成本过高，且需要定时进行更新，耗时耗力。
- 组织内的各项培养计划在很大程度上并不是基于能力素质量身定制的。要发展众多的素质，制订相适应的各种发展计划，这并非易事。另外，这份能力素质清单只是列举，却并没有提供能够帮助人们"获得"清单上那些能力素质的方法。

能力素质为什么是彼此关联的

我们承认，我们对这一问题并不完全了解。我们目前的研究方法还不能提供必要的视野和证据来完整地回答这一问题。但是我们可以肯定，这一问题存在着四种可能的解释，并且这四种解释全部成立，它们都能够在一定程度上说明能力素质彼此相关联的原因，但每项解释具体占多少比例，就无从得知了。

这四项解释依次为：

（1）人们在某一能力素质上的优势会产生强有力的"光环效应"。与他共事的伙伴，不管是下属、同事或是上级，都会在"光环效应"的影响下，相信此人在其他方面也同样有过人之处。

（2）任何一个优势在发展过程中，也会附带地发展出其他的技能。精于某件事也会让你在其他相关联的活动上有超出常人的表现，我们将此称为"交叉训练"现象。

（3）当一个人获得某种技能并成功时，其自信心将会大大提升。人们通常都身怀某些技能，但不会用到它们。这是因为他们缺乏尝试的勇气。掌握某项能力素质并因此获得成功将会大大增强一个人的自信心。这种良性循环也会让他愿意在其他领域进行尝试。

（4）人们在任何一个领域的成功，将会增加其渴望成就的程度。这将鼓励个人将目标设定得更高、更远，并向其他领域迈进。

下面我们来详细分析一下这四点。

一、光环效应的力量

所罗门·亚契（Solomon Asch）在1946年进行了一项实验，观察人们如何在他人心中留下印象[5]。他的理论认为：我们对某人的认知，是根据对其整个人的看法而形成的，并非根据某个特定的品格或是个性。换句话说，对他人的认知是由我们对于对方整体的看法构成的，而不是理性地对每个侧面进行评估。亚契为了证明这一理论，设计出了一个非常巧妙的实验。他创建了多份清单，清单上列出用以描述个人特质的词语。这份清单被交给了两个不同的实验群体，表3-1列出了这两份清单上的所有特质。

表3-1 个人特质清单

清单 A	清单 B
聪明的	聪明的
熟练的	熟练的
勤勉的	勤勉的
热情的	冷漠的
坚定的	坚定的
实际的	实际的
谨慎的	谨慎的

我们仔细对照这两份清单会发现，其中只有一个词是不一样的。清单A上面注明的特质是"热情的"，而B则是"冷漠的"。在阅读了A或B清单后，主持人会再给每个小组一张额外的特质清单，要他们从这张额外的清单上选出这个人可能拥有的其他特质。结果发现，这两个小组在此时选择的特质有很大的不同。

先前拿到清单A的小组大致会选择快乐的、有创造力的、天性善良、慷慨、幽默、有智慧、人性化、受欢迎、利他主义、友善等特质。而先前拿到B的小组成员所选择的特质则是认真、坚强、可靠、坚持、诚实，以及有影响力等。

通过一个简短的特质清单产生的大致印象，人们可以泛化到一系列其他的特质。同样，这又进一步证实了之前的观点，"印象的形成是从对某人整体的看法中得来的"，因此即使我们对一个人的信息掌握得并不全面，但仍可以联想到额外的特质，并附加到此人身上。

大部分人都可以依据与其他人共事的经验，推断出"某些特质与行为是不可分的"。亚契的实验也证实了这一点。我们认为，读者身边不乏此类例子。人们的穿着、外貌特征、出生地、说话的方式等都会触发早已存在于我们心中的刻板印象。这种刻板印象根深蒂固、不易摒弃，这是因为其中不乏合理性的存在，才得以继续保留。

另外一位学者也曾针对亚契的基本理论进行测试，但在此次测试中，测试主体可以与对象直接互动。H.H. 凯利（H.H.Kelly）的实验主要邀请学生对老师进行评估[6]。在参加一个简短的课程之前，学生会拿到讲师的简短介绍。在发给每一个人的简介中，只有一项内容会有所不同——有些简介标注着这位讲师的个性是"热情的"，而另外一些则指出这位讲师的个性是"冷漠的"。接着，这位讲师讲述20分钟的课程，之后由学生对其进行评分。结果发现，先前拿到说这位讲师"热情的"介绍的那些学生，打分比另外一群学生要正面得多。这显示，学生的认知受到之前给出的个人简介的影响较大，而且这一认知也不会因为接下来的实际互动而有所改变。

亚契与凯利的研究有力地证明了以下的结论：有些特质，例如"热情的"或"冷漠的"是一种中心特质，当我们认知到某人具有那样的特质时，其他的特质会立即随之附加到这个人的身上，即其他特质都是依附在这个中心特质上的。

接下来，我们邀请各位亲身做个小实验，感受一下上面的论点。在表 3-2 中，将左右两边可以组合在一起的特征用线连起来。这是罗森伯格（Rosenbrerg）、尼尔森（Nelson）以及维沃康纳森（Vivekannanthan）三位心理学家所做的一项研究，在这项研究中，他们要求参加实验的人在 64 个不同的特质中找出彼此之间的关系[7]。实验结果发现，特质之间具有联系，会成组出现。也就是说，如果我有 A 特质，那么其他人会倾向于认为我也具有 B 特质。

表 3-2　个人特征清单

A. 诚实的	1. 认真的
B. 聪明的	2. 浪费的
C. 没有责任感的	3. 谦逊的
D. 严厉的	4. 吹毛求疵的

他们在研究中发现，以下特质很容易被联系起来：

A. 诚实的与 3. 谦逊的。

B. 聪明的与 1. 认真的。

C. 没有责任感的与 2. 浪费的。

D. 严厉的与 4. 吹毛求疵的。

这项研究揭示了特征之间固有的配对现象，并有力地证明，人们将某一特质与另一特质联系在一起的倾向是不随场景变化而改变的。

另外，在这项研究中，罗森伯格及其同事也运用了以下四个维度来区分不同类别的特质[8]：

（1）负面的社交表现（如不受欢迎、孤僻、无趣、冷漠、情绪化、不诚实等）。

（2）正面的社交表现（如诚实、快乐、受欢迎、可信赖、谦虚、温暖等）。

（3）负面的智力表现（如愚笨、缺乏才智、笨拙、挥霍、不负责任等）。

（4）正面的智力表现（如精确、坚持不懈、技术纯熟、有想象力、聪明等）。

如果人们认为你具有上述某一维度的某一特质，他们会假设你也拥有该维度的其他特质。然而，人们不会假设一个情绪化的人是笨拙的。这两个特质是在不同的维度上的，因此不会被直接联系在一起。

这项研究给我们带来以下几点启示：

（1）认知会因为一些细小的信息而受到影响，而这些信息可能是正确的，也可能是错误的（以上述讲师的实验为例，学生对他的认知便会受到先前介绍中"温暖的"或"冷漠的"等字眼的影响）。

（2）我们对某个人的整体看法会受初始印象的左右。有了这个初始印象，我们会开始在心里填补空白之处。这就好像人们看到一副残缺不全的画作后，马上开始着手填补画布上的空白部分（如果我发现你不善交际而且有点木讷，那么这已经足够让我将你的其他空白部分补全。除非你能证明事实并非如此，否则我会认为你是一个冷漠、不诚实、笨拙、不节俭、愚笨，而且不负责任的人）。

（3）我们并不是辛辛苦苦地将所有的信息片段组合起来，才形成对某人的整体印象。

（4）某些品格或特质总是固定地同时出现。

（5）特质在大部分人心中会自动被归到不同的维度上去。

理论匹配数据

不同特质之间的基本联系或伴随属性在人们心里是根深蒂固的。在同一文化中，人们对特质之间相关性的认识不会发生太大的变化。结果便是，当我们注意到领导者表现出某种能力素质时，我们便会立即断定，他也具备其他一系列相关的特质。尽管有时我们也不清楚为什么对此会如此肯定。

人们对领导能力的许多印象——也许是大多数印象——不见得是正确的。个人经历会影响判断，因此我们形成的往往是一个大致印象（格式塔）。我们对于领导能力的判定，并不是精准地将各项能力一一计算出来（例如：能力素质 a、能力素质 b、能力素质 c、能力素质 d，整体领导能力），而是通过领导者所表现的一部分能力形成了对他的整体印象。其中领导者表现出来的每一项能力素质在我们心中所占的分量也是不相等的。因此，虽然这种印象可能不完全准确，人们也“固守己见”，即使再精准理智的计算，也无法说服人们放弃自己的判断，他们对于自己脑中形成的印象有很强的依赖感。

许多人对此做出的评论是，“我们对他人认知不精准”，这点对领导者何其不公。然而事实上，这是一把双刃剑。如果人们凭印象，认定某人是一个差劲的领导者，他们可能会在评估这位领导者的某些能力素质时怀有偏见，并且低估此人的实际能力。虽然被低估显得不公平，但在被高估的情形下仍不公平，领导者却可以善用这种认知，并从中受益。关键在于如何善用这种“归类”行为，让它有利于你，而不是针对你。

这帮助我们解释了研究中的许多发现。举例来说，我们发现许多领导者在所有能力素质项上都获得了极高的得分，在他人眼中几乎没有什么明显的缺点。如果一个人拥有某项令人称赞的正面品质，人们便倾向于联想此人也会拥有其他的正面品质和才智，这点正可以解释此种现象。我们对他人形成的整体印象（格式塔），加上特征和属性之间存在的联系，共同作用形成了对他人领导能力的判断。

我们为什么要在这里大费篇幅地列举研究和理论，说明认知形成的缘由呢？这是因为，这些理论既可以协助我们制订一个成功的策略，又可以帮助我们了解领导者成功或失败的原因。

二、交叉训练

关于能力之间的内在联系，第二个解释很简单：当你在某方面变得越来越好时，你在与之相关的其他方面也会有所提升。

我们可以在生活中许多地方看到这样的例子。一个吹萨克斯管的音乐家通常会在竖笛、中音萨克斯或次中音萨克斯等乐器之间切换自如。一旦你掌握某种乐器，那么你学习及演奏另外一种乐器会更加容易。一位长跑选手也可以运用跑步训练中获得的耐力以及力量，成为长距离游泳选手或是自行车选手。同样，会弹钢琴的人打字速度通常也很快。

技能是可以迁移的

"高效主持会议"的技能可以帮助领导者在一对一工作时提高效率。各种高效的、具有创造力的沟通技能，也可以用于激励鼓舞员工。这些都是符合逻辑的想法。"为团队设定远大目标"的技能，与"开展实际行动"以及"结果导向"的技能都存在着一定的内在联系。

三、成功增加信心

当人们在某一领域尝到成功滋味之后，信心便会油然而生，并且会更加愿意涉足其他新的领域。

本书作者之一的孙女对于跳水非常有兴趣。在普通的游泳池跳水是非常容易的，但后来到了3米高的跳板上，这对11岁的孩子来说就有点困难了。再后来，她的跳水队到了一个设有6米高跳板（相当于两层楼高）的游泳池边。当走到跳板尽头时，小姑娘开始往回走，教练告诉她："你一定办得到！跳下去就对了！"她跳了。以前在3米和更低的跳板上的成功给了她信心。她希望能够尝试从更高的跳板跳下。这再也不是件让她害怕的事了！现在换成她的父母以及祖父母担惊受怕了。

四、成功会激发对更高成就的渴望

我们知道，成功会增加人们勇于尝试的热忱和更上一层楼的渴望。某一领域内的成长都会让我们获得新的技能并提升自信心，进而尝试在其他领域获得新的成功。已故的安德劳·皮尔森（Andrall Pearson）是一位知名度很高的管理者，他曾担任过麦肯锡公司的高管，接着又在百事可乐公司担任总裁长达14年之久，后来被聘请为哈佛商学院教授，并且常在《哈佛商业评论》上发表文章。在《财富》杂志1980年发表的一篇文章中，他被列为全美作风最为强硬的老板之一。

76岁的时候，他出任泰康全球餐饮公司（Tricon Golbal，现在的百胜集团）的董事长，并开始学习另外一套全新的领导技能。他学习以"激励"取代"控制"，并且领略到人性情感的力量。他在职业生涯早期便展现出过人的才智，凭借快速抓住核心问题的能力让人心生钦佩。在早先担任领导时，他曾对同事说过这样的话："就算一屋子的猴子也会做得比这个好！"由此可见他早期的领导风格。

晚年的"新"皮尔森已经能够克制自己，不再一味地向手下发号施令。他懂得提出问题，并且寻求他人的意见与想法。他成为了公司内许多人的导师。皮尔森承认，对他来说不少领导方式都是新的。他还说，这段经历让他本已十分耀眼的职业生涯达到了顶峰[9]。

雅各布·布朗诺夫斯基（Jacob Bronowski）曾写道："我们必须了解，这个世界只有行动才能造就一切，空想只会让所有一切付诸东流……人类向上提升的最大动力来自于对自身能力感到喜悦。一个人喜欢做自己擅长的事情；也会由于在擅长的事情上表现优异，导致对它的喜欢更深一层。"[10]

尽管我们对于能力素质之间的内在联系进行了很多思考，但我们仍然找不到办法将以上诸多因素的影响拆分开来。究竟是光环效应还是交叉训练的结果？提升自信心和追求成就感起到了什么作用？我们或许永远也没有办法知道答案，但我们确信，上述四点结合起来给我们指明了研究的方向。

个人能力素质评估

在找出了这些区分性的能力素质并了解了提升优势的重要性之后，我们对现在普遍用于评估领导效能的360°反馈工具进行了验证。结果发现，常见的360°反馈工具，其设计思路和方法都普遍存在这些问题：

（1）很多评估让领导者误以为自己的能力不错。当领导者认为自己已经很优秀的时候，他们的实际能力往往只处于中游水准。

（2）大部分的评估强调找出领导者的弱项，而不是打造强项。

（3）评估结果往往会与平均值进行比较，进而强化了这一观念，即取得平均水准就达到了既定目标。

（4）没有一项评估就领导者对一些重要的组织成果，如员工敬业度或参与程度等做出评价。这些指标的预测价值完全没有被体现出来。

（5）开放性评论要求参与者向被评估者指出需要改进的地方，这种做法恰恰强化修补弱项，因为只有弱项才能让人提出一长串的建议。

（6）没有一项评估要求参与者直接指出领导者的致命弱点或重大弱点。从而使被评估的领导者无法区分自己的能力素质，即哪一项只是效能欠佳的，哪一项如果不修正就会给自己的成功带来重大的负面影响。

出于以上考虑，我们开发出一种独特的评估工具，避免了上述问题的困扰。评估工具中所包含的题目能够有效地区分糟糕、优秀和卓越的领导者，而完成该测试仅仅需要大约15分钟的时间。依靠此评估工具，我们希望能让领导者清晰地了解自己真实的水平，知道自己在哪些方面存在致命弱点。而往往正是这些致命弱点影响了他们的领导效能。我们不会将他们的得分结果与平均值做比较，而是与 75 百分位和 90 百分位的得分情况进行比照。这种做法能让领导者下意识地产生提高领导效能的决心。

评估工具共包含了五道用于评估直接下属的敬业度和参与度的问题。我们所做的所有研究显示，这两方面是高度相关的。通过这些数据，每位领导者可以清楚了解他们的领导力对员工满意度、敬业度以及预期员工流动率产生的影响。总而言之，这种评估工具能够为领导力的变化和改善提供一个强有力的平台。

要帮助领导者们提升领导力，一个关键点是要进行正确的评估。许多组织创建能力素质模型的方法就是让一群高级领导决定出一组能力。如果一群全科医生决定用某种方法治疗癌症，你会在没有任何科学测试的情况下用自己的生命打赌吗？我们猜测，你还是会希望有一些证据来证明该疗法确实有效。科学测试表明，有一组能力素质对领导力的影响最大。在本书的下一章中，我们将概述 19 种会带来不同结果的能力素质。

第四章
卓越领导者的行事方式

我们必须明白，把握这个世界只能靠行动，不能靠沉思。

——雅各布·布朗诺夫斯基（Jacob Bronowski）

领导力最终要表现在行动上。要真正理解领导力，就要定义和描述领导者所做的事情。我们在第一章和第三章中从多个不同的层面介绍了领导力的特征，正是这种多面性造成了领导力复杂且难以掌控的本质。在本章中，我们试图降低这个问题的复杂度，希望能够用一个简单明了的领导力模型来总结领导力的本质特征。

我们将在本章中提供令人信服的证据：

（1）并非所有的能力素质在支持领导效能方面都有相等的地位。一些素质相较于其他而言，在区分高效领导者方面作用更为突出。

（2）领导行为彼此之间相互依存，交织缠绕，非常类似人类大脑的复杂网络。在最能区分卓越领导者与其他人不同之处的19项区分性的能力素质中，每一项都与其他18项能力素质紧密联系，互相作用。

（3）卓有成效的领导者需要平衡五个不同领域中的能力素质。

（4）造就卓越领导者的不是某一项能力素质，而是多种能力素质的结合。

（5）对于这19种领导力素质，拥有越多，就越能被认定为卓越领导者。

帐篷式领导力模型

有一种模型把领导力看作一顶大帐篷，如图 4-1 所示。画布下的三维空间代表个体的领导效能。帐篷共有五根支柱，赋予其额外的强度。我们不妨让问题更复杂一点，想象一下光纤束将五根柱子中的每一根与其他支柱连接起来。这显然在帐篷内创建了一个高度复杂的网络。最好的领导者在他们的帐篷下拥有最大的立体空间。尤其当每根柱子变长时更是如此。我们认为这种类比有助于说明领导力的真正本质及其发展方式。

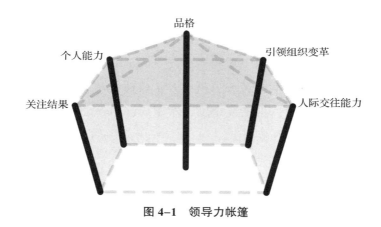

图 4-1　领导力帐篷

此模型的与众不同之处在于：

（1）领导行为可以归纳到五个能力素质群组之中。

（2）若某一群组的优势变得更强，它所代表的"帐篷支柱"就能将此人的领导力提升到更高的层次。

（3）高效能领导者拥有每个领域的技能，也就是说，领导者必须要具有多根"帐篷支柱"，才能撑起帐篷。有些"帐篷支柱"可能要长一些，但也不能有任何一根柱子太短或者压根没有，不然帐篷下的空间就会收缩得很少。

（4）统计表明，大部分的重要能力素质之间具有显著相关性（帐篷柱子上外罩的是一张完整的帆布）。

要使帐篷内的空间更大（也就是成为一位更高效的领导者），关键在于获得多根"帐篷支柱"，并使其不断向上延伸。如果你只有一根"帐篷支柱"，就只能撑起以这根柱子为中心的帐篷。我们可以这么理解这个比喻，假设我们拥有一种现代的帐篷支柱，可以像汽车天线一样伸缩，那么当一根柱子伸长时，它上面的帆布就会跟着升高。如此一来，帐篷下的空间也就会更大。柱子升得越高，篷顶帆布就会升得越高。（请记住，帐篷支柱的长度代表优势的强度及具有优势的能力素质数量。）我们将第一根"帐篷支柱"命名为"品格"。

第二根帐篷支柱支撑起帐篷的另一片新区域，如此一来，不仅撑起了该帐篷柱子上方的帆布，同时也抬高了第一根与第二根支柱之间的帆布。原本围绕在第一根支柱顶端的帆布也会升到与两根帐篷支柱差不多的高度。随着其他支柱的加入，帆布被撑起来的面积越来越大，最终帐篷下的空间也变得非常大。

在我们的比喻中，帐篷支柱代表领导者的关键"优势"，尤其是那些可以把卓越领导者与优秀领导者区分开来的优势。帆布代表领导者可能展现的所有行为和能力素质（我们在前面的章节中说过，某机构在其能力素质模型中定义了173种行为用于评估领导力。但实际上一般人很难每天注意到这么多行为）。

造就领导者

下面，我们将更全面地描述领导力特质的五个主要组成部分，以及与这五个领导力领域相关的19项能力素质。

一、品格——每位领导者的中心支柱

首先，我们来讨论处于核心位置的要素。所有一切都由此辐射而来。它就是图4-1最中间那根帐篷支柱。它非常重要，以至于很多专家学者对它着墨颇多，仿佛它就等同于领导力。例如：

- 沃伦·本尼斯（Warren Bennis），最受尊崇的领导力专家之一，曾提出领导力就是"正直"。
- 麦克斯·德普利（Max De Pree）是Herman Miller家具公司的CEO，他也经常撰写有关领导力的文章，认为领导就是"个人品格"。
- 吉姆·库泽斯（Jim Kouzes）和巴里·波斯纳（Barry Posner）曾写过一本名为《信誉》（Credibility）的著作，并且将"个人诚信"定义为所有领导力的基础。
- 吉姆·施福（Jim Shaffer）曾发表专著，指出领导力的本质即为"讲真话"。
- 史蒂芬·柯维（Stephen Covey）曾论述过领导者在日常生活中遵循基本准则的重要性。

以上只是诸多相关论述的一部分。我们的研究也确认了这一点，即个人品格绝对是有效领导的核心。

下面列出了一些有关品格的定义：

- 从组织角度制定决策，而不因个人因素影响决策。
- 信守承诺。
- 对所有人一视同仁，不会有"对上逢迎、对下打压"的行为。
- 不分尊卑，平等对待。
- 相信他人，假设他人都怀有善意。
- 对他人不会傲慢无礼。

许多组织已经意识到，寻找拥有"好品格"的人是组织取得长期成功的绝对必要条件。

一位同事曾问路易威登（Lousis Vuitton）的高管，公司如何找到能够生产出如此高品质产品的员工。这位高管的回答是："我们寻找在生活中处处追寻高生活品质的人。这是无法被训练出来的。"

零售商诺德斯特龙（Nordstrom）公司，在提供一流服务方面曾处于领先地位，目前正努力重获昔日荣光。当公司高管们被问及要如何实现这一目标时，他们的回答是："雇用好人。"比起教一个对销售之道夸夸其谈的人"如何对人友善"，教一个友善的人掌握销售技能和"卖点"要容易得多。

我们的研究显示，当一个人仅仅在"品格"这一领导力维度上得分较高时，他们的效能评级处于 75~90 百分位的可能性只有 0.1%。但是，如果领导者在"品格"这一方面得分较低，那么他们绝对不可能成为别人眼中的卓越领导者。

因此，对于"领导者品格高尚是非常重要的"这一观点，我们总体上是赞同的。没有正直的品格，长远来看必定失败。我们的结论与上述观点的不同之处在于：我们认为"品格"是卓越领导者的必要条件，但非充分条件。

事实上，有些被视为高效领导者的人反而有一些重大的品格瑕疵，这使得上述推论更加复杂。这种现象似乎专属于政界领导人，而不常在工商业的领导者身上出现。我们不敢妄言充分了解这种不一致背后的原因。我们的数据显示，有不到 2% 的领导者拥有一项或几项排名前 10% 的能力素质，同时拥有一项或几项排名后 10% 的素质。这种情况很少见，但确实存在。

2001 年 9 月 11 日纽约世贸中心遭遇袭击后，时任纽约市长鲁道夫·朱利安尼挺身主持大局。他在此次危机中亲自坐镇指挥，并以冷静、果断的风格赢得了市民及媒体的极高评价。全国公共广播电台（National Public Radio）的一位评论员指出："这一事件像是抹去了人们对朱利安尼的所有负面印象。"之前，他正经历一场离婚、被告种族歧视，还被称为"哈得逊的墨索里尼"，在纽约选民中口碑极差。然而，对"9·11"事件的处理方式立刻将他变成了英雄。再后来，作为唐纳德·特朗普（Donald Trump）总统的私人律师，他再次陷入争议。他的英雄地位能否保住很可能取决于评估者的政治倾向。

苹果公司联合创始人史蒂夫·乔布斯是一个领导力的典范，他有着极其优秀的品质，与此同时，他也展现出同样负面的个人行为。

二、个人能力

领导力帐篷的第二根重要支柱是个人能力（见图4-2）。这个能力群组中包含能够被同事、下属与上级高度认可的重要技能或能力。这些技能不能被称为典型的领导力技能，但我们的研究证实，任何一位被视为卓越领导者的人都拥有这些技能。理想情况是，人们在年纪较轻时就获得了这些技能。

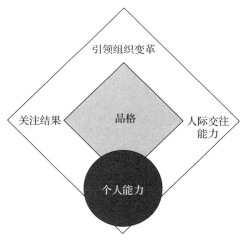

图 4-2　个人能力

品格算是19种能力素质中的第一个，接下来4种素质是：

2.**技术专长**。这有几个分支，其中之一是技术知识。我们针对某大型自然资源产品公司的研究显示，卓越领导者与其技术能力的相关性最高。凡是被视为公司最佳领导者的人，在这一项上都有相当高的分数。相反，整体评分排在倒数 10% 的领导者通常在技术能力上的得分也较低。

第二个关于敏锐度的分支是产品知识。包括彻底了解公司的产品，并知道公司产品优于竞争者产品的地方。第三个分支是一般商业知识，包括对会计和财务报表的理解。这些都是商业语言。最后一个分支我们称之为专业技能。包括能够撰写有深度而且简洁的报告，在团队面前从容且令人信服地展示，高效地组织工作、管控进程，以及在上级未明示的情况下主动采取行动。

3.**问题分析与解决**。这一能力素质要求能够定义问题、分析问题，并找出确切的解决方法。这种素质的有效性通常由其他人根据速度和准确性来衡量。那些能够快速提出正确解决方案的人会得到高分。

4.**创新**。在处理问题时想法新颖，不束缚于旧的方法模式，并且能够看到新的机遇。具有创新力意味着能够跳出旧的框架，用不同的方式行事。

5.**学习敏锐度**。这一能力素质的一个关键特征是，愿意向他人请求并授受反馈。我们的研究表明，年轻的员工更有可能善于寻求反馈。那些在整个职业生涯中不断寻求反馈的员工最终会成为更高效的领导者。这一素质的另一个关键方面是敏捷能力。为了让组织生存，他们需要能够快速改变方法、流程和产品。缺乏灵活性的员工会发现自己无法生存。

三、关注结果

现在，我们为高效能领导力模型加入另一个维度"关注结果"（见图 4-3）。我们最好能将接下来的两根帐篷支柱——"关注结果"与"人际交往能力"同时撑起来。在加入这两根帐篷支柱之前，前两根支柱"品格"与"个人能力"必须先架设好。接下来这两根支柱孰先孰后，则没有太大的差异。事实上，这两种领导力素质之间存在着相当显著的相关性。

领导者如何关注结果呢？这根帐篷支柱是由5种能力构成的，分别描述如下：

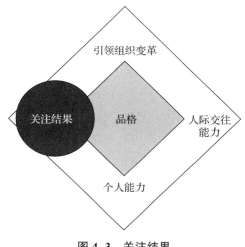

图4-3　关注结果

6. **结果导向**。对团队的结果承担个人责任，并尽一切努力实现目标。我们经常将这种能力素质描述为"推动"。设定最后期限、强调实现目标的重要性，以及确保责任到人是这一素质的关键特征。

7. **设定挑战性的目标**。为团队设定更高目标，并有能力让团队成员接受这些目标。一些领导者拒绝设定挑战性的目标，但实际上当挑战性的目标实现后，团队成员的敬业度和满意度会令人惊讶地提高。许多人抵制困难的目标，但当人们实现了原本认为不可能的困难目标时，他们开始相信自己并产生强烈的成就感。

8. **积极主动**。会亲自发起一项举措或行动。愿意启动新的计划、项目、流程、客户关系或技术。许多领导者会列出一份需要启动的事项清单，以便部门更有效地运作。另一些人则会等待被告知该做什么，这样的领导者在主动行动方面得到的评分很低。

9. **制定决策。**借助新的信息技术，组织和领导者所获得的信息量之大前所未有。人们认为拥有所有这些信息将使决策变得更容易。不幸的是，事实并非全然如此。不断推迟决策以收集更多数据的领导者终将失败。即使面对模棱两可的情况，领导者也需要做出决定，组织也需要继续前进。

10. **承担风险。**过去，组织可以通过谨慎行事来生存。但随着当前市场的广泛颠覆，领导者要勇于自我否定与革新，而不是等着竞争对手来推翻你。组织需要能够承担可控风险的领导者。

"达成绩效"是有效领导的关键产出。尤里奇、曾格与斯莫尔伍德在合著的《结果导向的领导力》一书中提到[1]，领导的终极目标就是产生"绩效"。我们在这里描述的便是一些能够直接产出积极成果的领导行为、技能与素质。在《结果导向的领导力》一书中，作者称之为产生惊人绩效所必须具备的"属性"。

在上文的论述中我们可以看到诸如此类的描述，如采取行动、让事情真正发生、推进、持续改进等，这可以让我们想象到一个画面：领导者坐在驾驶室，将油门一踩到底，一路向前。

四、人际交往能力

对于高效能领导者而言，伴随着"关注结果"必须要具备的技能是"人"的技能，也就是人际交往能力（见图 4-4）。这对于所有领导者的成功都是非常重要的因素，尤其在"命令与控制"型领导逐渐退出的时代。这根帐篷支柱加上中间那根支柱撑起了帐篷的大部分。人际交往能力相对于其他素质而言，包含了更多的"区分性能力素质"，也是与其他区分性素质频繁产生联系的要素。

想要拥有较高的人际交往能力，领导者们需要具备哪些具体的能力呢？请看如下所述 6 种能力：

11. **有效沟通。**员工最常见的一种抱怨是，他们没有被充分地告知情况。领导者如果能让团队成员了解有关事件和问题的"时间、地点和方

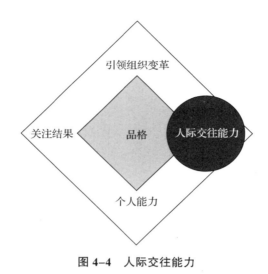

图 4-4　人际交往能力

式"，并且以高效且有趣的方式做到这一点，那么他最终会成为更高效能的领导者。

12. 鼓舞和激励他人。 我们收集了超过 10 万名领导者的领导力数据，从中发现，这一能力素质是所有跟效能有关的素质中得分最低的。然而，当直接下属被问到对他们而言什么最重要时，他们把"鼓舞和激励他人"放在第一位。我们通常将"追求结果"称为"推动"，将"启发和激励"称为"提振"。掌握这项技能可以对领导者的效能产生显著的积极影响。

13. 建立关系。 另一项关键能力是能够与他人建立牢固、积极的关系。这方面做得好的领导者会表现出对他人的关心和体贴。建立积极关系的成果之一就是信任。

14. 发展他人。 这一素质有两个好处。首先，它提高了团队的效率和生产力；其次，它提高了团队成员的敬业度。团队成员在工作中寻求的关键满足感之一是拥有开发和学习新技能的能力。

15. 团队协作。 对于大多数组织来说，这是一项经常缺失的基本技能。只有拥有良好的协作能力，组织才能在不同团队之间创造协同效应。如果让每个团队自作主张，各团队就会囤积资源，拒绝共享关键信息，并与其他团队竞争。对于任何一个组织来说，寻找具有合作愿望和才华的领导者都至关重要。

16.**重视多样性。**随着全球化发展和劳动力的多元化，这一能力素质变得越来越重要。我们在研究中发现，不重视他人多样性的领导者会对所有团队成员的敬业度和满意度产生重大的破坏性影响。我们还发现，许多自认为在现实中做得很好的领导者需要进行重大改进。这一素质获得良好的评分至关重要。

有些领导力研究者主张，人际交往能力是决定领导效能的最主要因素。在所有组织列出的影响成功的关键能力素质清单上，80% 的素质都可以归入"人际交往"这一维度。但是，我们的资料显示，如果一位领导者只对人际关系在行，他们成为公司内前 10% 的领导者的概率事实上是相当小的。

五、引领组织变革

许多人认为，最后这一组素质仅与组织高层相关。但在当今的公司里，各层领导者都需要明确知道公司的战略。他们也经常密切参与变革工作。在最近对高潜力领导者进行的一项研究中，我们发现许多候选人缺乏的主要技能之一就是战略视角。组织寻找的是具有战略思维的个体，把他们放在合适的位置，然后才能制定新战略。

引领组织变革需要哪些具体技能（见图 4-5）？详见以下 3 项能力素质：

17.**战略视角。**清楚知道组织的发展方向以及组织的独特性对于成功至关重要。高层领导者定义战略，而较低级别的领导者则需要对战略有深入的了解，并有能力将战略举措转化为对工作组和团队有意义的目标。

18.**引领组织变革。**如今，所有组织都面临由变革带来的巨大挑战。技术大幅提升效率，同时也使人们在组织中工作和发挥职能的方方面面几乎都面临变革。帮助团队成员驾驭变革而不是抵制变革是一项关键技能。

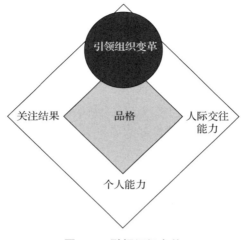

图 4-5　引领组织变革

19. 客户与外部导向。组织想在未来取得成功，需要与客户保持密切联系、了解客户当前和未来的需求，并充分了解全球趋势。为客户提供在其他地方无法获取的体验可以让公司获得显著的竞争优势。

高效能领导者引领变革

在组织不断变化的今天，无论是大规模扩张、裁员还是重组，引领成功的变革已经成为领导者的关键技能。不断变化的商业环境考验着领导者们。卓越的领导者可以将巨大的变革转化成为一次愉快的旅程；相反，糟糕的领导者可能会带大家走上一场"灾难之旅"。

我们知道，最好的领导者会鼓舞团队积极拥抱变革；而糟糕的领导者则必须要催促、说服甚至威胁员工来接受变革。一流的领导者会成为高效的项目、计划或产品的推广人员，并因此获得人们的支持。而糟糕的领导者则没有办法让团队其他成员投入到变革之中。

引领变革的两种方式

我们从引领变革的研究中得出一个非常重要的结论，那就是：如果单独使用两种方法（推动和提振）中的一种，反而会带来不利的结果。高效能领导者会妥善运用这两种方法，巧妙地在两者间取得平衡。

我们可以想象一个"划船"的画面。为了获得最大的控制力和速度，你需要两只桨。只用一只会让你在原地打转，无论你用的是哪只桨。

举例来说，通过"指挥"进行变革或许可以让你拥有控制权，但若领导者过度偏好这类方法，可能会让员工觉得变革是针对他们的，而不是大家共同参与的。因此，员工可能会抵制变革，并开始不信任管理层。

此外，有强烈"指导"倾向的领导者一般会有一个条理清晰的计划，并且会与员工就这一计划进行沟通，提出哪些地方是需要以不同的方式进行的。然而，这些领导者通常不会与团队成员公开讨论这些变革可能产生的影响。

单纯让团队成员"参与"变革的领导者则往往无法提供一个明确的方向，让员工搞不清楚下一步到底该怎么做，也不了解自己在变革中扮演了什么样的角色，以及为了使变革继续发展下去，他们需要做些什么。另外，高度倾向于"参与"，也可能代表领导者不愿意承担风险，或是不愿做出决定。

我们的研究清楚地显示，领导者要有效管理变革，以上这两类行为都是不可或缺的。指挥变革的领导者可以协助员工了解变革的重要细节，而让员工参与到变革当中则可以增加员工对变革的认同感，不会造成员工感觉是被迫接受变革的情况。变革的重要性越大，协调这两种方式的要求就越高，这样才能保证变革的高效进行。

模型的五根"帐篷支柱"之间如何相互关联

正如前文所述，过去对于领导力的思考都是试图找出某些答案，如领导力的关键究竟是高度正直，还是野心勃勃？是建立他人对自己的信任，还是高效地解决问题？我们希望读者可以永远抛开这种想法，停止以"A 或 B"来看待领导力。取而代之的是以"A 和 B"的方式来诠释领导力。我们会尝试着描述这些领导力要素之间的逻辑关系，并且说明为什么在某些维度上的提升会像注入池塘的水一样，同时让所有的船都随之水涨船高。

1. 品格位于模型的中心，其他要素都由此向外辐射。"品格"与"人际交往能力"有相当密切的关系。一个人的品格若是不可靠，通常就无法有效地与他人进行互动。在面对面对话中，你无可避免地可以看到他人的内心。如果遇到骗子，我们会下意识地后退；我们也不喜欢那些对上级溜须拍马、诽谤伤害其他同事的人；大部分人也会避免与那些傲慢无礼的人或自大狂来往。我们会下意识地与这些人保持一定的距离，尽量减少交往。如果有人无法信守承诺，在接下来与他们的交往中，我们会变得小心翼翼并且极为敏感。品格与人际交往能力之间具有极强的联系。正因如此，自我发展（个人品格）与发展他人（人际交往能力）两者间也有非常紧密的联系。"激发鼓舞他人的能力"也与"其他人认为此领导者是否正直"有紧密联系。

让我们再回到这个问题上："如果领导者是可以被'造就'出来的，该如何造就？"品格与人际交往能力之间的联系就是一个相当好的例子。社会心理学家证实，改变一个人的品格（通过态度表达出来的品格）最容易的方法就是让他们采取全新的行为方式。人们会让自己的态度与行为保持一致。

我们以一个制造厂的资深主管为例。他没有受过训练，不知该如何有效地管理员工。过去他的主管怎么对待他，他也以同样的方式对待他的下属。当员工犯错时，这位主管会斥责他，有时甚至是在公开场合。如果错误继续，犯错的员工可能会受到纪律处分或被解雇。如果需要做出什么改变，该主管通常会宣布现在必须要做什么，但从来不解释原因。他也从不会征求员工的意见或看法。这类主管手下的员工流动率更高，生产力低于平均水平，员工有更多的抱怨，上一级领导发现这类管理者必须改变。但是要如何改变？这种行为不是主管品格的一部分吗？如果不进行全面的心理治疗，又该如何改变呢？

我们的经验是，最能成功带来行为改变的办法是让这位主管参与一系列培训，在课程中教授其新的思维方式、行为和技能。在课程中，我们不会要求这位主管非要有什么想法或感觉，而是简单地告诉他，有另外一种更好的行为模式。他在此学习如何冷静且理性地与员工交流某一问题，询问员工有什么方法可以解决问题，同时与员工一起找出最佳的解决方案。这位主管发现此方法真的有相当神奇的效果，他不需要像过去那样发怒，就可以达成同样的效果，甚至比以前更好。他和员工的关系也有了明显的改善，员工会像朋友一样跟他打招呼，而不是将他视为敌人。他对下属的态度也变得友好了，他保持着开放的心态，接受员工的新想法——这在之前是根本不可能发生的事。他的品格由此发生改变。为什么？因为他的行为被改变了。他会下意识地调整态度使其与行为匹配。这个原则在社会心理学的研究中有相当多的证明。而这也的确变成了一个良性循环：当态度改变之后，行为也会进一步产生变化。

2. "品格"也会影响"关注结果"这一维度，但这种影响并不明显。领导者周围的人通常会对领导者的做事动机相当敏感。如果"关注结果"是为了自我夸耀、在上级面前表现自己、在公司中爬升到更高的位置，或是任何其他被视作自私自利的理由，那么这便会削弱组织成员追求绩效成果的动力。

哈佛大学心理学家戴维·麦克利兰（David McClelland）广泛研究了人们对于成就感的需求，以及成就感在人们的行为与效能中所扮演的角色。他在研究中发现，成功依赖于"个人是否对成就感存在需求"。他设想出多种方法来进行评估，但很多结果都显示这是一种天生的禀赋。麦克利兰决定通过实验提高人们对成就感的需求。他的实验之一便是"掷铁环套桩"的游戏，孩子们经常玩这种游戏，仅需要几个长约8英寸（20.32厘米）的铁环。游戏参与者站在数米之外将铁环丢掷出去，使其套到木桩上。参与实验的人在偌大的实验室中任意选择地点来投掷铁环。成就需求较低的人通常会将木桩放在距离自己非常近的地方，然后轻而易举地将铁环套入；要不就是将距离拉到根本不可能投中的某一处，然后不抱成功希望地随便投掷。相反，成就需求较高的那些人会将木桩放在合理的距离，并且谨慎地投掷铁环，同时期待合理的成功率。麦克利兰要求那些对成就感需求较低或无任何需求的人以"正确"的方法来进行游戏，经过一段时间之后，这些人表现出了强烈的成功需求。在感受过成功的滋味之后，他们的态度与品格开始发生改变[2]。

3. "个人能力"与"人际交往能力"有关。获得组织内所有人的尊重，都是从尊重一个人的个人能力开始的。当人们开始提升专业和技术技能时，他们也应该同时发展与他人进行有效合作的能力。技术能力与专业特长也同发展他人、建立关系之间具有紧密联系。

4. "个人能力"与"关注结果"也是密切相关的。任何一位领导者所扮演的关键角色之一便是以身作则的榜样。当领导者个人工作高效时，产生的模范作用会影响所有人。己所不欲、勿施于人，领导者自己做不到的事情，也没有办法要求其他人做到。

5. "关注结果"与"人际交往能力"关系密切。我们在前面曾经提到这两个要素之间有着不同寻常的密切联系。但许多领导者都将上述两者的联系视为"两者择一"而非"两者并存"。他们相信自己可以做到其中的一样，但不认为可以在两方面都做得很好。这两个要素每一个都非常令人向往，而两者叠加之后的力量，就像是通过一个高级音响系统所放大出来的声音一样效果惊人。这两个要素的结合可以点燃一个人的动力系统，将他推到有效领导力的最高境界。"关注结果"和"设定挑战性的目标"与人际交往能力中的"鼓舞和激励他人取得更高绩效"和"团队协作"都有多重的关联性。

6. "品格"也与"引领组织变革"相关联。那些被认为品格高尚的领导者，组织会非常重视他们的意见。与该领导者的"联系"越深，组织就越有可能支持他所提议的变革。这种支持与他人对领导者的高评价——如真诚、关怀和正直——息息相关。

7. "关注结果"与"引领组织变革"相关联。引领变革通常都是一个长期目标，有效领导者通常能平衡短期目标和长期目标。"关注结果"便是对战略变革这一长期目标的必要平衡。

8. "人际交往能力"与"引领组织变革"相关联。没有什么事情比实现战略变革对人际交往能力的要求更高了。不管是尝试改变组织文化，还是执行某个新的大型计划，团队成员对于领导者的信任，以及领导者本身的沟通技能，都是变革成功的绝对必要条件。

整合的力量

本书的一位作者根据其职业生涯经历，与我们分享了以下故事。"我在某次休假后回到工作岗位时，发现我的行政助理手臂内侧起了相当严重的疹子。我们当时有位专精于皮肤科医药的药厂客户。我开玩笑地跟这位助理说："凯西，你真不擅长为我们的产品打广告。"她说她已经看过三位皮肤病专家，每一位都给她开了不同的药，但没有一样是有效的。我说："我们楼下有位皮肤病专家，据说是全世界数一数二的高手，我们再去看看吧。"这位声名显赫的皮肤病专家看了凯西的症状，取了样本化验。当我再次出差回来时，凯西的疹子已经完全好了。我问她事情经过，她说："舒兹医生发现我的手臂感染了两种细菌。过去的医生只是针对其中一种细菌下药而已。舒兹医生同时针对两种细菌下药，结果就治好了。"这件事给我的启示是，有时候"两件必要的事同时做"可以施展出魔法般的效果，如果只做其中一件事很可能会一事无成。

在一项研究中，我们分析了超过 10 万名领导者，并找出那些在注重结果方面排名前 25%，但在人际交往方面未排名前 25% 的人。这些领导者被视为卓越领导者的可能性为 9%。如果我们采取相反的做法，选择在人际交往能力方面排名前 25%，而不是在注重结果方面排名前 25% 的人，那么他们被视为卓越领导者的概率为 8%。而在以上两个维度都位于前 25% 的领导者，在组织内被认定为"排名前 10% 的最杰出的领导者"的可能性会大幅跃升到 82%。这个事实明确地告诉我们，只在某一维度上表现优秀是无法成就一名卓越领导者的。换句话说，一位真正优秀的领导者不会只在某一维度上表现优秀。我们的发现是，真正优秀的领导者通常在至少五个方面有突出表现。

同样，想成功地改变组织文化，领导者也必须同时在许多方面做出努力，单靠某一方面效果是有限的。如果培训活动、调查研究、团队建设、教练计划等各个方面多管齐下，那么会取得极为巨大的成效。

第五章
卓越领导者拥有多项优势

一种阳光般耀眼的美德固然能为另一个特质增添光芒，但也同样隐藏了另一些刺眼的缺陷。

——威廉·海兹利特（William Hazlitt）

改进的方法

想象你正在设法提升自己的领导效能。流程伊始，你参加了 360° 反馈评估，由你的上级、同事、下属对你的技能和能力素质进行评分。评估结果整理为如图 5-1 所示的 360° 反馈报告。

这份反馈报告列出了一系列领导力素质的评估结果，为了让你一目了然，这些项目按照得分高低依次排列，你可以迅速了解评估结果。如果此图即为你的领导力现状，你要选择改变哪些方面呢？考虑之后，请你把接下来六个月内会给予更多关注的项目圈出来。

在这份反馈报告中，有些领导力素质得分比较高，但没有一项领导力素质得分过高或过低，你没有一项特别显著的优势，也没有严重的缺陷。根据我们的经验，当人们拿到这一类的反馈后，通常都不得不将注意力放在报告中得分较低的项目上，并考虑如何改进。如果你之前曾认真阅读前面的章节，你也许会考虑发展你的优势。但毕竟有这样想法的人不多，因为一般人很少会采用这种明显"反直觉"或"与主流观点相悖"的思考模式。我们的文化会让我们忽略得分较高的项目，而直接找出得分最低的项目。

图 5-1 多评估者（360°）评估反馈报告

　　就此例而言，亟待改进的项目之一便是"有效沟通"。传统的改进计划会督促领导者系统性地找出得分最低的项目，将其提升到平均值，然后再去改进次低分项。事实上，这种逻辑假定"得分较低的项目影响了一个人的绩效表现"，有这种想法的人会对平均一点的测评结果比较满意，也就是所有能力素质都在差不多相同的水准上。

效能哲学

多数人都有意或无意地坚持这样一个理念，即领导效能的平均值会被表现较差的能力素质拖累。所以解决问题的方法当然是改善那些分数低的项目。我们也不确定这种看法是否正确，或许这种想法跟我们所接受的教育有关。许多人对学生时代都有类似的回忆：所有注意力都集中在"错误"上。回想一下，考完试之后，老师会额外花时间在大家都答对的问题上吗？不会！另一方面，你记不记得老师一再讲解大家答错的部分？（你可能会说，针对大家失误或记不得的问题进行强调与解析是很合理的。）

但我们的观点是：花点时间重视已经获得的成功同样是非常有价值的。

另一个解释则是，我们都希望自己成为一个面面俱到、多才多艺的"文艺复兴式全才"。这种观点的假设是我们应该对所有事都很在行。如果承认自己有些事情做得很好，但有些事情却连试都不愿意试，似乎是一种内在的软弱或自卑。我们崇拜的是那些"铁人三项"选手，游泳2.4 英里（约 3.86 千米），骑车 112 英里（约 180.25 千米），然后还可以跑个马拉松。

不管这种想法源自哪里，大家普遍都认为自己应该减少或消除弱点，以便成为一个更有效率的人。但如今，越来越多的人开始表达不同的观点。举例来说，享有盛誉的心理学家马丁·塞里格曼（Martin Selingman）曾这样写道："我不认为一个人应该把大把精力花在弥补自己的弱点上。恰恰相反，我相信，一个人生活的最大成功和最深层的满足感来自构建和发挥自己的显著优势。"他接着谈道："最好的生活是，每天运用自己独有的优势，来创造充分的满足感和幸福感。这适用于我们生活的每个重要方面，无论是工作、爱情还是养育孩子。"[1]

在工作场合，绩效评估的目标通常是寻找每个人的缺陷。在许多组织内，绩效评估的标准模式是：先告诉员工一些好消息，接着将焦点放在需要继续提升或改善的部分，最后再以 1~2 条正面评论作为结束语。（难怪人们在听到正面反馈时就开始皱眉，因为他们知道话题接着就要转到他们的诸多缺点上了。）事实上，如果管理者能够与员工经常开展交流沟通，将重点放在员工表现较好的一面，会取得意想不到的效果。我们的研究显示，如果你期望你的团队进入最佳状态，应该关注他们的优势五倍于关注劣势的一面。研究显示在绩效中等的团队中，正面谈话和负面谈话的次数比例通常低于 2:1，而绩效表现较差的团队，这一比例甚至降到 1:3。卡梅隆这样写道："预测组织绩效的一个最关键因素——它的力量两倍于其他因素——就是'正面谈话'与'负面谈话'的比例。"[2]

在一个 20 人的团队中，如果管理者只能给其中四个人"优"的成绩，此时我们很容易理解为什么他们的关注点会放在对员工"劣势"的讨论，而非对"优势"的肯定上。这解释了为什么有些人得到加薪，有些人则没有。但如果管理者将关注点完全放在表扬下属的优点上，却只给员工"勉强符合期望"的评分，会让他们非常困惑。因此，即使是那些得到"超越期望"评分的人，也常会接收到上级对其不足之处的反馈意见。

自己就是教练

为了能够更加客观地理解这一观点，我们转换一个截然不同的情境来体验一下。假设你同意担任一个队员均为 12 岁小朋友的足球队教练。你对于与这些小朋友"共事"感到非常兴奋。在接任之后，发现来登记加入的小朋友有 20 位，但足球队只能容纳 15 名队员。因为这是一支比赛性质的足球队伍，因此你必须请其中 5 位小朋友离开。第一天训练时，你向大家解释，你只能留下 15 位队员，所以每个人都必须努力试一试，最后将淘汰掉 5 个人。

接着，你让小朋友进行一连串的训练，在每次训练中，你会选择 2~3 位表现良好的，或是挑出 2~3 位表现不佳的。经过 1 个小时的密集训练和几场 3 对 3 的比赛之后，你的人选已经越来越清楚了。有 3 位小朋友的表现明显低于平均水准，他们应该加入竞争性不那么激烈的队伍。另外 2 名小朋友的水平基本达到你要的水准，但在几项训练上表现得不太理想。

现在到了最困难的部分。你已经确定了队员名单，并集合了所有小朋友，感谢他们的努力。你告诉他们，你以每一位队员为荣，并且赞扬他们来参加选拔的勇气。接着你念出被选拔出的 15 名队员的名字，另外 5 位则被淘汰。这 5 位小朋友紧咬嘴唇，你看得出来他们非常沮丧。幸好他们有非常体贴和支持他们的父母。当你开始回收器具和衣物时，一个被淘汰的小朋友带着颓丧的表情向你走过来。她是上述两个水平基本达标的小朋友的其中一位。你注意到她慢慢走近，并且用颤抖的声音问你："教练，我为什么会被淘汰？我要怎么做明年才能入选呢？"你非常想要安慰这位小朋友，想要让她好过一点，你看了自己潦草的笔记，是刚刚评分时对她所做的鉴定。你在三个项目中的一项标注了"非常好"，但另外两项则是"不佳"。那么此时，你要如何给出一个最具建设性的答案呢？

如果你告诉她做得好的方面，会让她好过一些，但她会更加怀疑："既然如此，那我为什么还会被淘汰？"大部分人都会建议，在这种情况下，先以正面的反馈开始，接着再让小朋友了解她有其他表现不尽如人意的方面。这种做法能让她知道，你做的决定是公平的。许多教练会选择向她指出她表现较差的两个方面，这可以让小朋友了解你的做法是有理由的。你可以告诉小朋友："你差一点就合乎标准了，如果你继续练习，我想你明年一定可以入选的。"这不失为一个较好的解决方法。

当这位小朋友跟着她的父母回到家之后，她可能还是会问自己："我为什么会被淘汰？"她会自己回答："因为我在两个项目上的得分都很低。"换句话说，失败来自所犯的错误。但如果这孩子是一个神射手，或是杰出的守门员呢？在这种情形下，那两个得分低的项目是不是就关系不大了呢？

但实际情况却是：她没有高人一等的优势或长处，而且在其中两个项目上的表现也不太好。但这两个原因到底哪一个比较重要？我们认为，大多数教练如果看到她有坚韧的决心和竞争精神，或是看到她有优于别人的射门能力或守门表现时，就会忽略她训练中的另外两个不足。那么，除了告诉这个小朋友她没有入选的原因之外，更重要的是要告诉她如何为明年做准备。

我们相信仅强调孩子表现不佳的那两个方面是错误的。比较好的做法是告诉孩子，现在你还看不出她具备什么重要的优势，而这就是她为明年做准备的努力方向。如果她接下来的一整年都将关注点放在"不要在训练项目中出错"上，那么这一年会多糟糕呀！如果她将关注点放在培养一个"足球队会重视的特殊技能"上，并且让自己在这项技能上出类拔萃，那么情况会好很多。大部分教练都在寻找尚未开发的天生好苗子，并且相信自己可以指导这些孩子修正错误。

看了以上例子，大部分人可以从自己的真实生活中找到许许多多类似的情形。经过这样的重复强化，人们开始相信自己是因为犯了错误或存在缺陷，才无法达到要求的成绩，继而无法取得成功。

事实上我们在研究中发现，各项能力素质评分都较差的那些领导者，其整体表现也很糟糕。我们将这样的问题称为"致命弱点"，必须要立即修正。然而，"致命弱点"与"评分比别人稍差"之间还有相当大的差异。我们将后者称为"尚待改善"（rough edges）——这样的表现不算太差。我们观察到，许多领导者倾向于将努力重心放在"尚待改善"的能力项上，把它们当成"致命弱点"来对待。大部分人相信，得分较低的能力项目比较容易对领导效能造成伤害，而且伤害程度难以用培养一项显著优势所能带来的收益弥补。

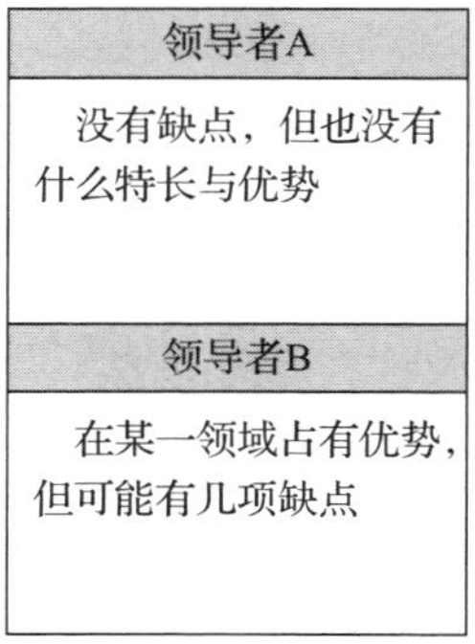

让我们看看图5-2，你认为领导者 A 和领导者 B 谁会被视为更有效率？我们在针对超过 8 000 位领

领导者A
没有缺点，但也没有什么特长与优势

领导者B
在某一领域占有优势，但可能有几项缺点

图 5-2　谁会被认为是更好的领导者？

导者所做的研究中，惊讶地发现，领导者 B 被认为是更具领导效能的人。

大多数人更关心的是消除自己的弱点，而不是发展优势。这种思维也在组织日常管理中被不断地强化——组织总是对员工的不足之处或"尚待改善"之处实施惩罚，却从没有好好鼓励员工将优势继续发扬光大。

对个人领导力发展计划的重新思考

让我们再回头看看图 5-1，重新思考一下什么是最好的领导力发展计划。我们不认为将注意力放在得分较低的部分，并尝试把这些部分提升到"一般"的水准是比较好的方法。相反，我们强烈主张，应该选择得分最高的三项素质，并继续将其提升至最高水准。这样做可以确保个人的职业生涯快速且稳定地上升，这种方法绝对要比修补劣势更加有效。

优势是什么？

优势就是我们表现优秀的方面。问题是多优秀才能被称为优势呢？许多管理者看到自己在 360° 反馈报告中的整体评分略高出平均线，就觉得非常满意，但如果回到家看到自己的孩子所有成绩都是"C+"时，就会非常失望。

优势是你在不同情况下都表现出色，且效果持久的一项能力。这项能力经得住时间的考验。我们通常将好的结果与优势联系在一起。我们称之为"优势"的那些能力具有内在的价值。一种优势的使用不会分散或是削弱另一项优势。

优势可能是天生擅长的某些能力，也可能是通过密集训练和辛苦努力所获得的能力。在当今社会，我们显然赞扬后者，耳熟能详的一些谚语和寓言故事也证实了这一点。

在本书前面的章节中，我们根据研究结果定义了 19 种优势或能力素质。这其中包含诸如以下几项：

（1）高尚的品格。

（2）技术专长。

（3）问题分析与解决。

（4）积极主动。

（5）结果导向。

（6）团队协作。

（7）有效沟通（以及另外 12 种能力）。

在研究中，我们发现了一个意想不到的效应：拥有某些优势可以提高他人对该领导者总体效能的评价。这种效果只有在此人具有某项突出的能力素质时才会出现。如果一位领导者具有多项不错的素质，但没有一项是特别突出的，就无法在这位领导者身上看到这样的效果了。

因此，从相对意义的角度，我们在研究中将"优势"定义为：位于"90 百分位以上"的能力素质或技能（也就是在 100 个人当中，这项能力至少要胜过 90 个人）。就绝对值来说，我们将"优势"定义为，在"五点量表"（5-point scale）中得分 4.5 分以上的技能或能力。必须要有半数的受访者在该项目上打出最高分（5 分），且其他人也需要打出次高分（4 分）才有可能得到这样的分数。如果有任何一人打分低于上述两个分数，那么就必须有更多的人打出最高的 5 分，才有可能得到平均 4.5 分或以上的成绩。

优势根植于一个人自身，并且经过时间的检验，在不同情况下都可以展现。它们帮助这个人取得令人满意的结果，即使在少数情况下没有立即产生结果，也仍然是非常重要的。

优势的影响

为了了解优势与劣势对整体领导效能的影响，我们针对 2 000 位领导者的评估结果（反馈报告）进行研究，后来又针对超过 10 万位领导者进行了第二轮研究。这两项研究得出的结果一致。

当我们向这些领导者提问："你认为一个没有优势的人，在整体领导效能上会位于百分位上的什么位置？"大部分人认为在这样的情况下，排名大约会落在 50 百分位左右。真正的结果如图 5-3 所示。

在我们的研究中，若领导者没有一项能称得上是优势的能力，则平均分数会位于 34 百分位左右。"没有一项优势"会让你的整体领导效能在他人眼中下滑到最差的 1/3 那一群组中。

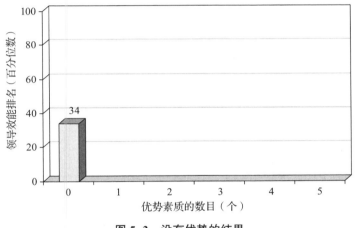

图 5-3　没有优势的结果

为什么会出现这样的现象呢？这是因为他们缺乏令人钦佩的品质、技能或是能力。他们并非做任何事情都没有效率，但是在做应该有效率的事情时表现得不是特别出色。

图 5-4 是针对"具有一项优势"的领导者的调查结果。在图中我们可以看到，仅具有一项优势，就让领导者的排名由 34 百分位跃升到 64 百分位，增长幅度高达 30 多个百分点！这也显示出，在某项能力上具有优势，对一个领导者将会产生多么大的影响。现在，我们考虑另一个假设：如果你被要求在两个应征者中录用一位，应征者 A 没有任何一项缺点，但也没有突出的地方；应征者 B 虽有一些小缺点，但具有一项显著优势，而且正是完成工作非常需要的一项优势。这时你会雇用谁呢？大多数人会承

认，具有某项显著优势的候选人比较容易被雇用。我们的研究资料也清楚地显示，你若能在某方面有相当卓越的表现，对你的整体效能将会产生重大的影响。此结论与图 5-2 所显示的研究结果是一致的。

从图 5-5 可以看出拥有多项优势对领导者的影响。我们可以看到，具有三项优势的领导者排名可以达到 81 百分位（也就是在 100 个领导者中，此人比其他 80 个人具有更高的领导效能。）

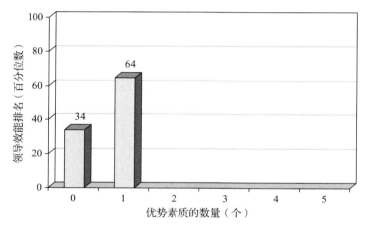

图 5-4　拥有一项重要优势的影响

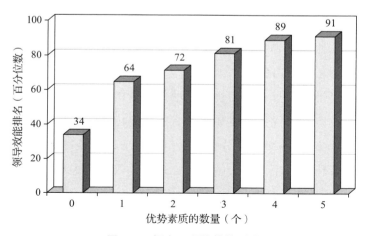

图 5-5　拥有五项优势的影响

拥有五项优势的领导者排名更达到 90 百分位。当我们要求领导者把名次由 50 百分位提升到 90 百分位时，他们的反应几乎都是"这不可能"。在他们看来，要达到这一目标，就意味着必须在所有的领导能力上都表现出接近"完美"的水准。然而事实并非如此，我们在研究中发现，这些人不需要做到事事完美便可以达到 90 百分位，他们仅需在五项能力上有卓越的表现。但是，这样的观点并非为所有人所接受。他们认为，要在五项能力上有杰出的表现，只有那些有理想、有抱负的领导者才能做到。

比如，我们曾经与一家大型金融服务公司合作。这家公司拥有一个由 150 位高管组成的大型团队，其中有 1/3 的高管具有六项或更多的优势。这对于这家公司来说确实是一件振奋人心的事！而另一方面，46% 的高管没有一项优势，这也意味着这个团队有很大的发展潜能。

在一次会议上，当我们就上述研究结果进行汇报时，一位与会者问了我们这样一个问题："你认为在你们的研究中，最重要的发现是什么？"我们的回答稍显学术性，介绍了本书中阐述过的许多概念。这位与会者的反应是："没错，这些发现的确都非常重要。但最令人印象深刻的是'优势对于整体领导效能的影响力'这项发现。"他继续解释道："当我看到一项研究结果表明，领导者能够对组织的底线结果产生非常重要的影响时，我既印象深刻，又感觉沮丧。印象深刻是因为，这种影响力竟然如此之大；沮丧是因为，我想不到有什么方法可以培养出这样的领导者。这种领导者是天生的，不是后天可以培养的。不过，后来你们继续介绍有关'优势'的研究报告时，提出要达到 80 百分位这个目标，领导者只需要具备三种优势，这样看来，培养领导者这件事又好像是可行的。甚至，发展四种优势对我们大部分人来说也有可能。另一方面，我也清楚地看到，我们的管理者将他们的精力全都花在劣势的修修补补上，而恰恰忽略了要将焦点放在发展三种以上的优势上。"

循序渐进

如果对领导力的提升策略着重于逐步弥补弱点，然后将整体能力推向越来越高的水准，这看起来是一件相当惊人，甚至不太可能的任务。我们在研究中发现，人们只能将改变的重心放在少数几个项目之上，这样的改变才有可能成功。我们建议每次最多针对三个方面进行改善既可。理想的结果是，人们首先努力培养一项优势，逐步取得进步，并且随着进步幅度越来越明显，所有的人都能看出你的改变，这时你可以继续寻找下一个目标。

通常，领导者往往想要改进那些具体的、相对较容易改进的方面。例如，某领导者收到反馈报告，报告中说他不尊重别人的时间：他开会总是迟到，其他人不得不等他一人。而当他最终出现时，也只是简单地说一下来时碰巧有什么事耽搁了。此外，这位领导者也期望在鼓舞和激励员工方面提高自己的能力。我们看到这里有一件小任务和一件大任务。只要这位领导者重视会议，那么开会迟到的毛病很容易被改正，而成为一名更加鼓舞人心的领导者则复杂和困难得多。

优势会"过'优'不及"吗

卡普兰（Kaplan）和凯泽（Kaiser）在其所著的一篇名为"停止过度使用你的优势"[3]的文章中表达了这样的观点。他们将领导行为分成两类，"强势型"（forceful）和"授权型"（enabling），并且将符合这两类特征的行为称为"优势"。他们认为，如果领导者一味过度使用他们所谓的"优势"，比如"强势型"领导者事无巨细地下达命令，诸事负责、不放权限，甚至强人所难，必定会削减此人的领导效能。

大多数人可能会接受这样的结论。但是，上述这些行为并不符合我们通常理解的"优势"。而且我们在前几章已经给出了"优势"的定义。此外，无论是"强势型"还是"授权型"的行为，只是一种行为策略，而不能将其称之为"优势"。这些行为本身并没有什么价值，采取一种行为不可避免地会削弱另一种行为，它们缺乏"优势"的内在特点。而且在我们常见的各种谚语和寓言故事中也找不到任何对此类行为的称赞。因此，我们对"优势"的定义与此大为不同。

当我们回顾清单上列举的 19 种潜在优势时，我们难以想象会有以下这种情况发生：与掌握上述清单中的一项能力相比，摒弃其中一项能力反而能提高整体领导效能。显然这是一件匪夷所思的事。或是难道一个人会因为太过诚实而不受人欢迎？还是因为业务太过熟练反而会将事情办砸？或是因为技术娴熟而受人苛责？还是因为具有创新精神而使别人不满？在我们所有的研究资料中，我们也没有发现有任何证据证明，在上述优势评估中取得高分会给自身带来负面影响。

优势最大化的几种方法

卡普兰和凯泽建议，领导者应该"收起锋芒"。被视为"强势型"的领导者应该适当变得宽容温和，而"授权型"的领导者应该减少任意授权，也不要共情过度。

毋庸置疑，平衡是重要的，但我们取得平衡的路径不同。举例来说，我们的研究资料清楚地显示，在"结果导向"上取得高分的领导者，其整体效能会因为同时在"人际交往能力"上取得高分而大幅提升。而在指导那些在"结果导向"上取得高分的领导者时，我们发现他们经常在"对组织的影响"方面收到来自同事的负面评价。但建议这些领导者减少对"结果"的热衷显然不是好办法，因为对"结果"的重视往往是使该领导者能够晋升到当前职位的最重要原因。我们给出的建议是，领导者应一如既往地保持高标准、严要求，同时在人际关系上下功夫以取得平衡。

总之，我们没有资料证实，强调优势最后会导致"过'优'不及"的结果，我们仍然不建议领导者摒弃自己的优势。

优势的强效组合

布雷特·萨维奇（Brett Savage）曾与我们长期共事。他曾提到过高中时期打好橄榄球的秘诀。布雷特身高超过 1.90 米，身材修长，跑步能力很强。从外表看，他更像个篮球选手，而不像橄榄球选手。但布雷特拥有另一项优势：他可以精准地抓住任何丢向他的东西。1.90 米的身高让他可以突破那些盯住他的防守后卫。他在橄榄球比赛中的成功就来自这个简单的打法：身高使对方很难防住他，他奋力冲刺越过对方的防守，跑到预定地点，接着球队的四分卫可以将球高高地朝他丢过来。布雷特跳起接住传球，此时没有其他防守者可以靠近这颗球，因为如果防守者在传球时碰触他将会犯规。对方只能等他接到球后再设法拦截。这策略非常完美。布雷特在解释他的成功时说："我的'高度'和'善于接球的双手'结合起来，发挥了相当强大的威力。"

考虑"优势"和"优势组合"对领导力带来的影响时，我们非常有兴趣去了解高效能领导者是否拥有一些共同的能力组合。为了研究这一点（见图 5-6），我们分析了那些具有卓越的"建立关系"的能力（此项能力排名在 75 百分位以上），但在"结果导向"一项上表现欠佳的领导者。

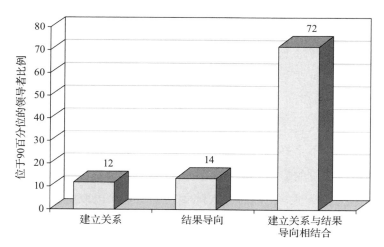

图 5-6　"建立关系"与"结果导向"优势相结合的影响

在具有这样特点的领导者当中，只有 12% 的领导者整体领导效能位于 90 百分位。接下来，我们找出那些在"结果导向"一项上排名位于 75 百分位以上、但在"建立关系"一项上没有相同优越表现的领导者。在这些领导者当中，有 14% 的人的整体领导效能可以达到 90 百分位。最后，我们再研究那些"结果导向"及"建立关系"能力排名都位于 75 百分位以上的领导者。在这种情况下，有 72% 的领导者整体领导效能都达到 90 百分位的高度。很明显，这两项能力组合起来所发挥的效果非常惊人。这两项能力本身都非常重要，也是成功必备的条件。但如果领导者同时在这两方面有着卓越的表现，则可以大幅度提升领导者的整体效能。

从这项研究中我们得出以下结论：优势发展到极致并不会阻碍一个人的效能，只有当某项优势独立存在，且缺乏其他优势的配合，才会产生负面的影响。这也是为什么有人会认为若将优势发展到极致反而会变成缺点的真正原因。我们越研究这个现象，越能清楚地发现，之所以会出现这样的相互作用，是因为在一种能力上表现卓越，会提升一个人另外一种能力的表现。试想一下，一个人是结果导向的，如果他同时具有较强的建立关系的优势，就可以在获得下属信任的同时消除其对结果导向的反感。再比如另一个人，他也许在建立关系上有天生的才能，如果能将重心放在结果导向上，就更容易调动所有团队成员的积极性，使他们为同样的结果努力。

取得这种强而有力的优势组合，并不需要领导者削弱某项能力素质来发展另一项。成功领导者的秘密就在于拥有某些强大的优势组合。我们发现，这种优势组合形式多样。此外，组合的差异化越大，其潜藏的爆发力就越强。

强大的优势组合可以树立并且加长领导力帐篷的支柱，因而能将帐篷抬升到新的高度。同时，这些组合也揭示出不同能力素质之间存在的内在联系。

光环效应

我们在第四章中已经提到，光环效应指我们对他人的认知产生的正面或负面的偏差。在研究过上千位领导者之后，我们很清楚地看到，强烈的正面或负面光环效应的确存在。研究结果显示，在他人眼中，卓越领导者的所有能力排名都应达到90百分位以上（即这些领导者毫无缺点），而最糟糕的领导者的所有能力排名应该都在10百分位之下（即这些领导者一无是处）。我们认为这两种情况都并非真实存在。当领导者在某几项行为上表现卓越时，他们的头上开始出现光环，其他人对这些带着光环的领导者心生正向的偏见，从而影响到对他其余能力素质的评价。

相反，有着"致命弱点"的领导者同样也会受到光环效应的影响，但却是负面的。想想我们日常生活中与那些拥有声望的人打交道的经历。我们在听到明星运动员演讲时有多少次感到了失望？你为什么会认定他一定有什么真知灼见，甚至认为他的演讲内容必定生动有趣呢？一个人在运动上有杰出表现，并不代表他也会在演讲、写作或沟通上表现出色。我们邀请明星代言产品就是利用了光环效应。请一位名人来为某产品进行宣传，可以增加产品的销售量，这是光环效应的直接作用。光环效应也会影响我们如何看待那些曾经犯过严重错误的人，因其所犯的严重错误，我们会以偏概全，甚至将其妖魔化。

这种光环效应是非常真实的，每一个人都或多或少有过这样的感受。领导者必须善用光环效应，让它对你有利而非有害。我们认为，要让光环效应成为你的助力，关键在于必须要发展几项显著优势。

利昂·A.费斯汀格（Leon A.Festinger）在其著作《认知失调理论》（*The Theory of Cognitive Dissonance*）中提到他的看法[4]。他认为人们的认知体系由几组不同的信念或知识元素组合而成。信念可能是一个简单的想法，例如"我喜欢冰淇淋"，或是"我的经理是个可怕的领导者"。当心中的不同信念互相冲突时，便会产生认知失调（例如某人同时具有"我的经理是个可怕的领导者"与"我的经理非常擅长解决复杂而困难的问题"
两种信念时，便会产生认知失调）。经过上百次实验之后，费斯汀格和其
他研究者得出这样的结论：当认知失调出现时，人们会尽其所能地降低失
调的程度。当领导者的某几项能力有明显提升时，也可能会在其他人的心
中产生一种失调。他们会自问："这个领导者怎么可能在某些事情上表现
如此出色，却在另一些事情上表现如此糟糕呢？"结果是他们会倾向于缩
小两种认知的差距。对于拥有巨大优势的领导者，结果就是积极的光环效
应发挥了作用。

　　光环效应给我们带来的启示是：当一项优势上升到一定的高度时，光
环效应会连带着改变人们对于其他优势的认知，即使其他优势并未上升到
同样的高度。由此可见，光环效应具有平衡认知的作用。有些人可能会担
心他们必须要改善自己的某些缺点，因为那些缺点正是他们的经理在讨论
绩效时强调的重点。对这些人来说，光环效应可以对他们产生正面的作
用：他们不需要在表现欠佳的方面继续花费精力；相反，他们可以重点突
出几项关键优势，在光环效应的影响下，经理将会大大改变对其印象，原
有的缺点会因为优点大放光芒而被遮掩。大部分的经理之所以一味将关注
点放在员工表现欠佳的方面，也是因为他们找不出任何引起他们注意的优
势。具有某些卓越的优势可以在晋升、福利、股权、绩效评比等方面给你
添加助力，原因有两个：第一，这些优势可以帮助你产出具体可见的绩效
成果；第二，这些优势将会形成一种强有力的光环效应，进而产生正向的
推动作用。

专注于优势可以改变领导者对下属的看法

　　一位来自电信公司的客户曾与我们分享了她的故事。这是一个关于如
何通过"关注优势"成功地改变员工与上级关系的故事。这位客户是组织
当中合规领域的副总裁助理，她这样写道：

　　团队中的一名经理为自己的绩效不佳而苦恼，我为她安排了几次教练课程。之前这些课程训练的重心一直放在她有所欠缺的方面，我们一起想办法让她在这些方面能有所提升。但一年之后，她的绩效基本没有起色。我觉得自己已经爱莫能助了，只好和她面谈，说她需要另谋高就，因为她在我的团队无法发挥作用。我甚至和人力资源部门咨询过将她调出团队的事。

　　一个完全偶然的机会，有人向我推荐了你们的《卓越领导者》这本书，我买了书，一页一页地读了下去。我被其中的观点深深地吸引住了，原来我们可以通过发展优势成为一名更好的领导者。尽管最初我只是出于提高自身能力的想法而买了这本书，但后来我不由自主地想，如果我不只关注自己的优势，也关注我那位下属经理的优势，会有什么样的效果呢？接着，我便开始寻找那位经理做得好的地方，并认可她的这些行为，然后把一些可以让她充分发挥优势的项目分派给她。在之后的几个月里，我注意到她的绩效不可思议地出现好转。她不仅通过发挥优势出色地完成了项目，帮助了团队，而且她的表现产生了"光环效应"，以至于之前我认为她还欠缺的地方如今都可以看出有了明显的改善。

　　在此之前，她从不与我就她所负责的项目进行沟通，我还因此多次对她进行教练指导。但是在我改变策略，让她负责可以让她的优势有用武之地的项目之后（她擅长排除异议，在困难复杂的项目上取得一致的观点），她开始主动给我发邮件，每周一次，讨论她在这一周内负责的各种活动。我同时也注意到，通过关注她的优势，我对她的看法也在逐渐发生变化，开始看到她身上一些之前没有注意到的优势。

　　非常感谢你们给了我如此强大的工具，它的作用难以估量，也彻底改变了我的领导风格，让我能够更合理地发挥每一位团队成员的优势，现在我的团队更有效率了。

第六章
领导者必须与组织契合

> 一个经验老到的窃贼也能当好一名看守。
>
> ——德国谚语

布鲁斯曾经在一所综合大学的行政部门工作。得益于一名教授的大力推荐，他后来到一家小型咨询公司任职。一开始他的职务是办公室行政经理，很快便被提升为公司的执行董事。布鲁斯在大学工作时就表现出彩，对工作一丝不苟，极其注重细节。他在做任何决定之前，都会确保手边已经搜集到了所有相关的信息，这是大学工作所看重的品质。但当他进入咨询公司后，发现两者的工作环境天差地别。在学校里，任何提案都必须经过委员会审议，流程非常缓慢，决策者有足够的时间进行研究或辩论。

这家小型咨询公司的动作就快多了。每个合伙人都认为自己有决策权，他们共同掌管这家公司。但是，一个合伙人做出某个决定，另一个合伙人可能会提出截然相反的意见，他们会时不时开会以解决分歧或敲定某个议题。这些会议都是围绕异议进行的，会出现极其艰难而激烈的公开辩论。这些合伙人并不会待在办公室里盯着决策执行，他们常常因其他咨询任务离开公司，他们相信公司其他人会执行自己的决策。布鲁斯小心谨慎地接受了职位，决定建立更为精细的决策过程和更加清晰的职权划分，并且需要一个委员会体系来考量不同的提案。他花了六个月的时间对公司进行变革。而六个月过后，布鲁斯唯一取得的进展竟是说服每位合伙人允许他离开这家公司。合伙人们最终发现这个新的职位并不适合布鲁斯，他也不可能在这一职位上取得成功。所以，他们付给了布鲁斯全额离职金，后者很快转任一家医院的行政职位。在接下来的几年中，布鲁斯连续得到晋升，在员工与医生间享有极高的声誉。

这是布鲁斯本人的问题吗？为什么他在学校和医院都那么成功，但在咨询公司却遭遇失败？是咨询公司有问题吗？事实上，这家咨询公司此后也发展迅猛、生意兴隆。

以上一系列事件向我们说明了一件事情，那就是每个组织需要的领导能力都不一样。某些人与某些组织结合在一起，就是没办法取得预想的效果。虽然双方都必须对这种失败承担一定的责任，然而在积累的经验越来越多之后，人们会逐渐清楚哪一种公司适合哪一种人。每个人都拥有独特的能力、信念和经验，而不同的组织也会有不同的文化氛围与人才需求。虽然在某些方面个人或组织都有可能为对方做出一些调整，但唯有人们以本性工作时，才能如鱼得水。

成败的关键

在研究初期，我们的研究重心在于寻找卓越领导者必须具备的通用能力上。换句话说，我们研究卓越领导者通常都会在"哪些事情"上表现优异。此外，我们也寻找那些如果做得不好就会导致失败的能力。当然，一定有某些行为可以将领导者推向成功；同样，也必定有某些因素可以将领导者拖向失败。然而，在研究的过程中，种种迹象显示，不管我们发现了什么"规律"，必定会遇到"例外"。我们发现，导致领导失败的种种原因高度相似，而将领导者引向成功的原因却千差万别。事实上，我们没有找出一套适用于所有人的成功理论，却发现了另外一个现象：卓越领导者各有不同的风格和方式。上述原本令人失望的研究结果后来成为领导力研究上的一项珍贵发现。卓越领导者是独特的，有些人具有某一类的特质，而另一些人则具有其他不同的特质。但并不是说，这19项能力素质在评估领导者的整体效能上的作用相同。恰恰相反，有的能力素质，如"鼓舞和激励他人取得高绩效"这一项，被证明为最强大的领导能力。对于这一发现启发，我们出版了另一本领导力专著《激励型领导者》（*The Inspiring Leader*）[1]。

我们在卓越领导者身上发现的共同点是：他们会在某些方面展现出极高的效能。如果成功必需的能力都是一样的，那么领导力发展部门的工作会来得简单一些，但遗憾的是，现实并非如此。实际上我们认为，当得知上述推断并不是这个世界运作的方式时，大部分人应该感到高兴，否则他们的工作将无聊透顶。

我们的研究为此带来了好消息：它强调"个性化"的概念，以及发展个人天赋会带来的强大力量。这让作者们大大松了一口气。虽然我们两人都希望自己具有某些优势，但我们的优势与对方显著不同，这对于进行研究以及著书大有裨益，一位作者的优点正好平衡了另外一位作者的不足之处。尽管多年来我们都努力改变自己，但某些能力仍然无法达到卓越的水平，毕竟那并非我们与生俱来的（这并不代表我们在这些技能上完全不在行，只是不能被称为卓越而已）。

领导力悖论

领导者既独特又彼此相像。他们独特，因为每个人都具备一组独特的能力素质组合，能与自己所服务的组织完美契合；他们又彼此相像，就如帐篷需要不只一根支柱才能撑起较大的空间，高效能领导者们也必须拥有不止一种优势。这两者叠加的结果是，领导者们看起来并不相像。这就像不同的汽车有截然不同的车身造型（SUV、轿车、皮卡车和豪华轿车），但几乎所有车辆都有四个轮子、一个动力源，以及电器设备和制动系统。领导者们也一样，外表看起来截然不同，但表面之下却有一些根本的相似之处。

发现你的天赋

一位心理学家曾说过，生活的秘密在于先发现自己是哪一种"乐器"，接着尽力学会弹奏它。木管乐器不见得比铜管乐器好，大提琴也不比定音鼓更高一等。每一种乐器都在某个方面有着出色的表现，而美妙的音乐依赖于不同乐器的独特贡献。有些人似乎要花一辈子的时间来了解自己到底是哪一种乐器，有些人则非常幸运地在人生早年间便已发现了这一点。

我们每个人都具备一些能力素质，而且是他人要花能大力气才能得到的。我们会被某些任务吸引，却会抵制另一些任务。我们很难弄清楚到底是因为自己的天赋而被这些事情吸引，还是因为在某事上有较好的表现而激励我们在此领域更努力地尝试。不管是哪一种理由，我们都不难发现，不同领导者之间存在明显的个人差异。他们都具备这样一种能力素质组合：一些优于他人的素质，加上一些还不错但称不上优秀的素质。少数领导者还可能在某些能力素质表现欠佳。

我们过去的同事，现就职于斯坦福大学的库尔特·杉荷兹（Kurt Sandholtz），曾对上千人进行过研究[2]。他的研究旨在找出一个人获得最佳职业生涯体验的"高光时刻"，或是达到个人职业生涯巅峰的方法。"高光时刻"代表人们认为自己在工作上做出突出的贡献，或者自己非常成功的那段时间。找出这些"高光时刻"可以帮助人们了解自己的天赋所在。基恩·达顿与保罗·汤普森首次在其著作中提出了上述核心理念："如果个人不了解自己独特的优势和兴趣所在，他们就缺少一个决定某项任务对他们是否有意义的准则。如果受到外部一点甜头的诱惑，或是无法承受组织压力，他们就容易接受不适合自己的工作。在这种情况下，他们没有一个准则来说服自己对一个看起来非常有吸引力的机会说'不'。因此，职业生涯中许多问题的答案，其实已存在于每个人的心中。"[3]

为了帮助人们发现他们的天赋，杉荷兹询问每位受访者："你做过的最棒的工作是什么？"在对每个人的回答进行分析研究后，他发现，每个人的"高光时刻"都有一些共同的特征。

首先，"高光时刻"的出现是由一个人的天赋或能力素质所决定的。"能力素质"，如同我们在第四章中提到的，指一个人最出色的技能或行为。其次，"高光时刻"能够凸显出一个人真正的激情所在，这些事情我们不见得十分擅长，却有充沛的动力去做。有些人喜欢边洗澡边唱歌，即使他们知道自己唱得乏善可陈。第三，"高光时刻"必然会为组织带来价值。当人们描述工作时，他们不会说："我非常擅长这项工作，我热爱它，但公司里没人在乎。"

能够满足"高光时刻"的工作都有两个基本要求：必须获得组织重视，且能为组织带来收益。用杉荷兹的话来说就是，大部分人提到的"高光时刻"通常都是运气而非计划的产物。相比于"完美规划了职业生涯中的每一个阶段"，他们更多地以"在正确的时间担任了正确的职位"来形容他们的最佳工作体验。

CPO 模型

为了增加个人"高光时刻"的频率，并且让这种"高光时刻"的"计划性"大过"运气"，杉荷兹与荣·卡特迪恩（Ron Cutadean）开发了一种模型来揭示促使"高光时刻"发生的关键因素。[4]我们改进了该模型并称之为 CPO 模型。其中，C 代表"能力素质"（competencies），P 代表"热情"（passion），O 则代表"组织需求"（organizational needs）。我们使用维恩图将之展示给大家。在图 6-1 中，我们用三个有交集的圆来直观地表示 CPO 模型。

能力素质（如一个人所擅长的行为或技能）、热情（如人们喜欢的活动），以及组织需求（如组织重视的行为结果）三者产生交集的地带，便是"高效领导区"（sweet spot）。

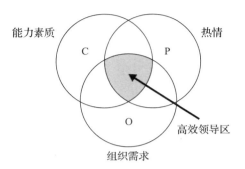

图 6-1　找到你的职业最佳位置

能力素质

能力素质指一个人表现极其优异的技能、能力与行为。我们研究优势的影响力时，曾将其定义为在绩效评估中排名 90 百分位或以上的行为。能力素质也有可能指你所拥有的一门知识或擅长的一项技能。想想你那些特长，其中一些是你能轻易掌握的，其他人可能需要花上多年的练习才能熟练掌握。这些能力包括日常交谈、写作、理解复杂问题、构建概念、倾听、辨别方向或是在压力下保持冷静。为了了解自己的能力素质所在，你可以问问自己：当人们谈及我的优势时，他们第一个提到的会是什么？过去我有哪些部分做得比较成功？我又有哪些能力素质优于他人？

热情

我们擅长某项技能，这并不代表我们对这项技能一定拥有热情。我可能有副好嗓子，但我可以认为唱歌没有前途，或是不愿在其他人面前表演。这时我具备能力素质，但不具备热情（我喜欢做、我想要做、做这件事会让我非常兴奋），结果导致这一素质得不到充分发展。热情与能力素质可以是完全独立的：一些人可能热衷于运动，但因为身体缺乏高度协调性，或者因为动作慢、体能弱，对此并不擅长。一般来说，人们对于能产生热情的任务都会抱有极大兴趣。他们倾向于认为，自己对此事的喜爱之情是与生俱来的。有些人似乎被自己抱有强烈热情的工作所限制，无法将目光拓展到其他工作上，有些人则认为兴趣会随时间的改变而改变。我们在人生某一段时间不屑一顾的事情，可能在另外一段时间里变得趣味盎然。

为了帮助你了解自己的热情所在，达顿与汤普森设计了以下一系列问题，你可以问问自己：[5]

- 我到底最喜欢做什么？
- 什么样的事情能够带给我最大的个人满足感？
- 哪些活动会引起我的兴趣，让我充满活力？什么时候我会投入到废寝忘"时"？
- 哪些活动是我日思夜想的，或想象自己在做的？

组织需求

CPO 模型中的字母 O 代表了"组织需求"。为了让领导者取得成功，或是让个人找到领导力的"高效领导区"，人们所具有的能力素质和对工作所有的热情必须为组织所重视。一般说来，组织重视的是对组织的成功能够产生直接影响的能力素质或热情。许多组织似乎只重视的少数几项能力素质或热情。当组织并未重视时，人们可以就它是否"应该"重视某些特定的素质进行讨论，但毋庸置疑的是："高效领导区"存在于能力素质、组织需求以及热情三者的交会处。

"高效领导区"的研究

位于"高效领导区"的领导者与组织内的其他人在绩效和态度上都有很大的不同。位于此区域的领导者会有以下的表现：

- 为组织带来更多价值。

- 位于组织内高绩效员工之列。

- 每周的工作时间通常比其他人更长。

- 不会一直骑驴找马、不断寻找下一份工作。

- 更投入，也更积极。

- 不断学习及发展新的技能。

- 在工作中享受乐趣……并且与他一起共事也非常有趣。

是什么阻碍了你找到自己的高效领导区？

1. 有能力素质和组织需求，但没有热情。在这种情形下（见图 6-2），
一个人具备某种能力素质，组织也有对这种素质的需求，但此人却对此工
作没有热情。这样的人通常会觉得工作无聊，觉得自己总是不上不下，甚
至有被限制在牢笼里的束缚感。在这种情况下，此人可能因长久从事一种
工作而心生倦怠，即使他拥有相当优秀的能力素质，但因为停留在这个职
位上太久了，以至于看不到任何挑战，对工作无法产生兴奋感。

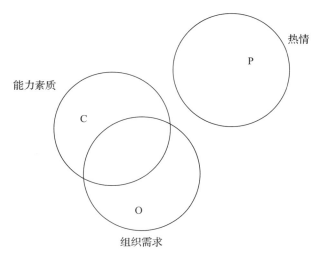

图 6-2　当缺乏热情时

2. **有热情和组织需求，但不具备能力素质。**在这种情形下（见图 6-3），领导者所在的组织需要这种能力素质，领导者本人也抱有相当程度的热情，但他并不具备相应的能力素质。热情和欲望永远无法弥补能力素质上的缺口。这样的人有的时候会被认为没有能力素质，但更多时候会被视为水平"一般"。通常这种情况是，组织需要某种特定的能力素质，而这样的人有强烈的欲望，想要尝试运用这种素质，却无法展现高于平均的水准。我们在研究中见过几个这样的案例。其中有一家钻油公司，急迫地需要具备技术能力的人才。在该组织内，有三类专业人才：地球物理学家、工程师和地质学家，他们都具备相当广博的专业知识与能力。如果领导者不具备相应的技术水平，跟不上专业人员的步伐，他们通常会被视为最糟糕的领导者。

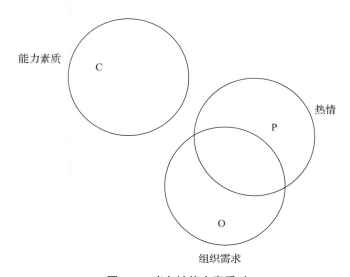

图 6-3　当欠缺能力素质时

3. **有能力素质和热情，但没有组织需求。**在这种情形下（见图 6-4），一位领导者具有适当的能力素质与热情，但组织并不需要他的能力素质与他抱有的热情。许多人都有一种非常有趣的看法：他们认为组织应该满足个人的需求与热情。我们指导过持有这种想法的员工，他们的反应通常都是："公司需要的东西我能提供，但公司似乎无法了解并欣赏我贡献技能的方式。"这就是一种不适配。并不是每个人都能在任何组织里有着令人满意的、保持高产出的职业生涯。通常，人们会在组织内获得一份工作，当他们发现自己的贡献不受重视时，便会反向施压，希望能改变组织，让自己专注的事情可以运作下去。他们认为，在组织里不能获得成功说明自身存在问题。实际上，这仅仅说明了"他们的贡献并非组织所需要的"。这些人会觉得自己是失败者，而不考虑自己与组织的契合度如何。我们常常看到这样的例子，一个人在某个组织内苦苦挣扎、过着悲惨的生活，但进入另外一个不同的组织后，却如鱼得水，获得认可并且成绩斐然。

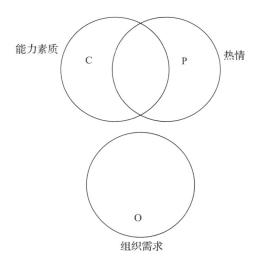

图 6-4　当组织没有需求时

CPO 模型的运用

当你的能力素质、热情与组织需求产生交集时，无论对个人还是组织来说，都将产生非常积极的效果。当个人推动他所擅长的任务时，他将以更大的能量和动力去做好要做的事。在这种情况下，组织方面也可以收获更好的工作绩效。研究发现，某些能力素质比另一些更有效率，更有可能为组织创造收益。在第四章中，我们介绍了关于区分性素质的研究，这19项区分性素质在提高整体领导效能方面更有效果。此外，它们也让领导者拥有了相当大的自由度，使他们可以在较宽广的范围内自由选择，发展自己的卓越优势。

组织需要的能力素质

当个人能力素质、热情和组织需求产生交集时，个人便有机会展示自己的卓越领导力。如果你在组织并不需要的某个方面展现出了超强的素质，这其实对提高领导力的整体效能并没有太大帮助。

想象你是一家高科技公司的小组成员，你的小组承担了一项不太令人愉快的任务——要裁掉公司一半以上的成员。每个人的业绩都被拿到台面上来讨论，优点和尚需改进的部分都被逐一评价，遣散名单都已经确定了，只剩下最后一个名额：有两个员工让你们很难取舍。大家对于这两个人的选择存在很大分歧。最后，某个坐在你旁边的家伙极力维护其中一人，他说："她钢琴弹得很好！"你的反应是什么？你可能会说："那又怎样？"钢琴弹得不错当然是种令人欣赏的技能，但除非这项技能符合组织需求，否则根本无法为工作带来益处。

在这一章中，我们尽量避免"制定"出一套卓越领导者必须具备的标准技能。我们的建议是在3~5个方面培养高水平的素质，这样可以在领导力帐篷的几个主要领域之间取得平衡。我们在第四章中对领导力帐篷模型曾做过详细阐释。

在研究各个公司的员工简历时，我们明显地看到，不同组织对于获得成功所必须具备的能力素质有不同的看法和要求。简历资料中可能会具体标注出一种、两种或者三种主要的特征，由此可以大致了解该组织所注重的某项关键素质。如果在这项关键能力素质上表现良好，将可以与组织其他成员产生更好的互动与合作。然而，你在这一项素质上表现"卓越"却无法保证大幅提升整体领导效能。其中的道理是：组织内每个人都在这项素质上做得很好，因此即使表现"卓越"，也不会让上级将你与他人区分开来。反之，若在这些关键的差异化素质上表现得不好，则会导致失败。此时，这些素质的"负面"力量反而比"正面"力量更强。要在组织内获得成功，必须要了解组织需要的关键能力素质有哪些，并且努力在这些能力素质上达到合适的水准。

与组织所重视的相契合

CPO 模型所传达的理念之一是：为在组织内获得成功，一个人必须将自己的能力素质与热情结合起来，并找到一个同时需要他的热情与能力素质的组织。就像人生而不同并表现各异，组织也各有特色，不存在两个完全一样的组织。就仿佛在茫茫人海之中寻觅与我们最适合的另一半，人也需要寻找与自己的能力素质与热情最契合的组织。许多人都试图调整自己的风格与期望，以期符合组织的需要。这当然有可能会取得成效。但这种行为更容易导致一个人遭受挫败，难以获得晋升的机会，进而对工作产生不满。找到一个适合自己的组织，通常能让人真正发挥出最大的潜能，创造卓越的表现。

本书作者之一最近拜访了一家大型银行，从该银行的领导评估资料中，我们可以很明显看出该公司属于"避免错误"/"客户导向"型的组织。其中80%的领导者身上都可以明显看到这两种特质。而如果你在一个"强调执行"的组织内工作，你就必须要有很强的执行力（例如在预算范围及预定时间内完成项目，不接受任何借口）。组织和个人间的不协调，会影响一个人在组织内成功的机会，每个人都需要一个能提供合理机会以取得成功的环境。

组织文化和高度重视的素质

基于对 22 个不同组织的研究，我们将可能被组织高度重视甚至能够
定义某个组织的能力素质分为 20 类。在大部分案例中，每个组织存在
2~3 项的特征，能够说明它所重视的能力素质。不过其中一项似乎占主导
地位。为了能够帮助读者了解自己所在的企业更重视哪些能力素质，我们
列出了一些较为常见的组织特征。你可以借此判断一下，组织真正重视的
方面与你个人的能力素质能否做到完美契合。

一、组织偏爱的行为

类型 1：彬彬有礼型组织

在这种组织里，领导者专注于营造一种慷慨体贴的组织环境，绝对不
会容忍对立冲突，重大严肃的问题通常会被藏到"地毯"下面。绩效评估
能免则免，要不就是以非常温和的方式进行。

一位作者回忆道："我与明尼苏达的某家公司合作时，我询问过一位
员工在该公司工作感觉如何。他的回答是：'我们的人都有着明尼苏达式
的优点'。我问他什么是'明尼苏达式的优点'。他解释说，所有的员工
都彼此尊敬，相处得非常愉快，你绝对不会听到任何有关其他员工的坏话
或负面评论。听他说完之后，我说：'这工作环境听起来真不错。'而这位
员工回答我说：'没错，但你永远也不知道其他人真正怎么看你。'"

这类组织的文化通常会鼓励每个员工都"扮演"好人的角色。

类型 2：公正坦率型组织

在这类组织中，领导者们通常"有话直说"。一般而言，这类组织非
常重视反馈，无论是对上级或是下属，反馈都可以畅行无阻。要想在这一
类组织中获得成功，你不但要善于接受其他人给予自己的反馈，也要能有
效地向他人提供反馈。

作者有一次曾听到这类组织里两位领导者的谈话，其中一位领导者评价自己的一位直接下属，说她不能有效地展示她自己的成果。另外一位领导者马上问道："你是否将这种看法反馈给她了呢？"他回答："没有。"那位领导者马上说："如果是这样的话，你的问题可能比她更大。"

类型 3：学习型组织

在一个学习型组织内，人们从不隐瞒错误，而是从中学习经验教训。这种组织非常重视员工技能的发展，员工也不断寻找各种不同的学习机会。通常这类组织也非常重视创新，员工常常会收集源自四面八方的反馈，并且设法更加深入地了解事情的运作规律以及原因。

类型 4：高度正直型组织

在讲究高度正直型组织里，领导者十分重视"做正确的事情"这一原则，非常强调诚实及职业道德。许多出于高尚理想而建立的志愿性组织都有这样的特质。人们具有强烈的意愿去推广组织的事业。通常在这类组织中，成员之间拥有极高的共识，知道什么事是恰当的，而什么事不恰当。

类型 5：公平型组织

组织内最常听到的抱怨便是关于晋升的不公，或是优先考虑那些关系好的老朋友，或是偏袒特定学校毕业的 MBA，或是维护一起打高尔夫球的玩伴。这些都会造成组织内许多员工的不满。

将"公平"视为关键优势的组织会设法扫除以上的偏见。领导者强烈希望公平待人，特别注意不让偏见主导自己的言行。这类组织的层级一般比较少，在薪资福利上会比较慷慨。这种追求公平的理念贯穿整个公司，促使组织对所有成员一视同仁，而不是给不同层级的员工不同的福利或特权。这一类组织会取消高管停车位和一些铺张浪费的开销，同时也不会倾向于雇用某些特定性别、种族、年龄或是教育背景的人。

类型 6：政治型组织

政治型组织通常也被称为"老男孩俱乐部"。在这类组织中，"政治利益"与"关系"是决定晋升或加薪的关键因素。等级制度在这里受到极大的尊重，人们遵循指挥命令系统。对于在这类组织内工作的人来说，前途如何有相当的可预测性。对于那些了解规则并懂得如何玩这场游戏的人，去这类组织可以算是非常好的选择。

类型 7：官僚式组织

官僚式组织有一套完整的行政流程及程序，并严格执行。许多（并非全部）政府组织及公用事业单位都是这种类型的组织。组织内部有明确的规范需要遵守。还有一些说明手册描述了必须做什么以及如何处理困难情况。流程和先例都须严格遵守。

类型 8：家族 / 社团型组织

这类组织强调的是，把具备大量共同点的人聚集在一起。重点是对人才的培养和指导。人们相信协作并付诸实践。组织经常使用一个比喻，即"我们是一个家庭"。

类型 9：高标准型组织

这类组织中的人员都必须遵守极高的行为标准。可能犯的最大错误，是做任何有损组织声誉的事情。成员之间也互相监督，以确保遵守极高的行为标准。

类型 10：娱乐 / 庆祝型组织

这类组织很享受庆祝成功的时刻。他们高度重视让工作变得有趣。经常公开表彰员工是这类组织的一大特色。

二、组织所看重的方面

类型 11：技术导向型组织

在技术导向型组织内，领导者具有渊博的知识，并且被认为在公司核心事务上拥有精湛的专业技术。你可能认为这类组织大概都是些高科技公司，但我们发现在建筑公司和涉及自然资源开发的公司内，这个特征也很常见。在技术导向型组织内，人们努力追求技术知识与专业才能。这类公司的一个特色便是：人们谈话的内容中夹杂了许多"代号"。新进员工通常需要有人翻译，才能了解他们在讲什么。在 HP 公司，最棒的技术专家被称为"灰胡子"（grey beards）。这些德高望重的人花了相当长的时间与精力，为公司创造出许多新颖且激动人心的科技突破。他们在组织内被视为英雄，受人景仰。

类型 12：卓越执行型组织

这类组织追求不断向前发展，达到目标，保证事情在预定时间及预算数字内精确地完成。这类组织的领导者喜欢具有挑战性的任务，他们享受肾上腺素上下波动的刺激感。空气中总是充满了无穷无尽的能量，人们情不自禁地早出晚归。这类组织会吸引及鼓励那些努力向上攀爬、立志夺取成功的人。组织设定的目标通常非常激进，不断挑战每一个人的能力极限。通常这些组织都会给予绩效优异者相当高额的奖励，并且持续淘汰公司绩效最差的那 10% 的员工。

类型 13：毫无差错型组织

在这类组织中，有个非常重要的原则，就是要"将事情做对"。卓越绩效、优良品质以及严格标准都是这类组织的特点。"执行新方案或采取新计划"似乎没有"惩罚错误"重要。因此，任何文档都会被要求事先检查 2~3 遍。任何展示报告都必须要事先演练一遍又一遍。每一栏的数字会算一遍再算一遍，以确保没有任何差错。这类组织的员工人数通常很多，他们最后往往都扮演着"警察"的角色，因为组织内强调的便是要"抓"出公司营运中可能的错误。

本书作者之一曾与一位客户讨论一份需要提交给董事长的报告，她在看完这份简报的内容之后说："我有一些建议。"我说："太好了，愿闻其详。"她进而说道："你必须再删减一点。"我乍听之下并不确定她所指为何。我问她："我需要删减哪一部分内容？"她回答道："不要问这么多问题，只要给董事长看事实就好了，将报告缩短一些。我们给董事长提供的信息越多，他反驳我们的概率就越高。"

类型 14：顾客导向型组织

领导者专注于满足顾客的需求，并且努力回应顾客的反馈。他们为了解每一位顾客而自豪，并且乐于与他们进行一对一的互动，解决他们的问题。顾客的利益通常被置于员工利益或股东利益之上。如果员工和顾客之间发生什么冲突，这类组织通常会认定顾客是对的，而员工是错的。

作者之一曾经应邀为一家此类公司建立一套评估工具。其中有些项目致力于评估员工有多想了解自己的顾客，其中包括：

- 是否愿意持续寻找信息，了解顾客潜在需求与未来需求？
- 是否能从顾客的角度看待业务，而非从公司的视角？
- 是否花费了足够的时间来了解顾客潜在需求，以及那些未被满足的需求？
- 是否能让其他人深入了解顾客？

该公司对领导力的主要评估方式便是考察上述各方面的表现。

类型 15：个人表彰型组织

这类组织将个人的努力和因此获得奖励的机会作为公司的重点。具有这类特点的组织会不断设法奖励那些努力奉献的员工。

类型 16：进取型组织

该类组织重视速度，总是抢先做事。传统的组织结构不再受到重视，组织鼓励人们的创业精神，其座右铭是"搞定它"通常也没有组织结构图。

类型 17：销售型组织

有些组织的动力来源于其收入。一切都围绕着销售和业务发展，这个视角在所有讨论和决策中占主导地位。最受高度重视的是那些能带来收入的人，也是组织的命脉所在。

类型 18：流程型组织

流程型组织强调效率。获得更高效率的方法就是全然照搬工作流程。建立关系和人际交往都是次要的，工作流程才是组织的核心。

三、外部现实

类型 19：虚拟组织

虚拟组织是一种新型的组织，现在正被逐渐普及。在这一类组织中，人们组合成为一个团队，但是彼此独立作业。团队可能会在一个租来的会议室里偶尔碰面，其他的沟通都是通过网络来完成。这样的组织尝试放大团体的力量，但同时每一个人又是各自独立的。

类型 20：初创组织

这些组织通常处于快速增长模式，角色和责任没有明确规定。人们要能主动看出需要做什么，并且会在没有被告知的情况下立即投入去做。组织内充满活力和兴奋，人们通常工作时间很长，也不试图平衡工作与生活。对于需要可预测性和组织结构的人来说，这类组织不是最好的地方。但对于那些喜欢兴奋和变化的人而言，它们是最理想的地方。

意义

对于领导者而言，了解自己的能力素质、热情所在以及组织所需，都是非常重要的。"高效领导区"指的是能力素质、热情以及组织需求三者的交集，此区域可以让个人和组织获得更高的成功概率。然而，我们很难在个人能力素质、热情及组织需求三者间取得一个完美的平衡。我们知道个人可以发展新的素质以符合组织的需求，我们也知道组织可能改变其文化，从而要求领导者具备另外一些不同的素质。

我们发现 CPO 模型是非常具有说服力的，但我们也发现，有些人会将其个人模型中缺乏交集的情况合理化。他们认为组织应该重视他们所做的事，抱怨组织对自己的需求所在没有足够的包容度。这些合理化解释并不能帮助组织或个人变得更加成功。对领导者而言，成功的关键之一便是寻找自己的"高效领导区"。每一个人都会有自己非常擅长、表现优异的领域，找到这样的领域，便能够让自己的贡献最大化。已故的基恩·达顿生前倾注他大部分的精力以研究人们如何在工作中获得成功。他发现成功的人总是将焦点放在自己能为组织做出贡献的部分。[6]

发展某种素质是需要时间的，组织可以用非凡的耐心帮助成员进行个人发展，但组织最终需要的是成绩，否则无法存活下去。当一个人能够贡献出组织所需的某项卓越能力素质，此时唯一需要的就只有热情了。这项因素的重要性常常被低估，但它却是整个模型中最重要的一部分。爱、欲望、动机、灵感以及热情，这些都是导致优秀领导者与卓越领导者之间存在巨大差别的原因。

第七章
必须修正致命弱点

马戏团里那位留着胡须的女士说:"每个人都会有些毛病。我的毛病呢,您一看便知。"

——理查德·尼德汉姆(Richard Needham)

当你开始接受自己的另一面时,成熟便悄然而至。

——茹丝·蒂芬尼·巴恩豪斯(Ruth Tiffany Barnhouse)

到目前为止,我们一直强调领导者要尽量放大个人优势。这可能让大家误以为,一个人的缺点永远不该成为个人发展计划的重点。如果大家有这样的认知,我们必须在此做出纠正。事实上,在许多情况下,我们关注缺点是绝对正确的举动。

从何处入手

我们注意到,当人们在尝试改善领导效能,或者更广义地说,为了提高所有事情的有效性时,都有着一套非常相似的改善计划。其步骤大致如此:

- 步骤 1:评估自己的优缺点。如果你在某方面可以达到普通或优秀的水平,那么你就不用担心这方面,直接跳到得分较低的方面即可。
- 步骤 2:确定哪个缺点是最需要关注的,通常这也是得分最低的哪一项。

- 步骤 3：制订一个改善计划，修正这个缺点。

事实上，在一些案例中，关注缺点是最好的改善方法。那些缺点即我们所谓的"致命弱点"。比如，在对 103 510 位领导者的区分性能力素质进行评估后，我们发现有29%的领导者具有至少一处潜在的致命弱点。所谓的潜在致命弱点是指领导者的某一素质处于第 10 百分位或更低。我们发现，平均而言，如果领导者有一个以上的致命弱点，领导者的整体领导效能会下滑到第 19 百分位。那些仅有一处潜在致命弱点的领导者，整体领导效能则在第 33 百分位；而有两处潜在致命弱点的则会降到第 25 百分位，三处则直接下滑到第 20 百分位。潜在致命弱点对整体领导效能有严重的负面影响。

然而要真正成为致命弱点，还必须满足第二个测试才行：这项能力素质不仅必须获得等于或低于第 10 百分位的分数，还必须对这个人当前的工作很重要。不同的职位有不同的要求，如果与你的工作无关，这项能力的得分就算很低，也没有必要将其定义为致命弱点。

致命弱点概述

假设图 7-1 是你的下属针对你的领导效能所做的一份评估。图中显示出他们对你各项领导力素质（A 项到 P 项）的认知程度。条形柱越长，代表你的效能越高。

由图 7-1 中可以看到，J 项代表的能力素质被下属认定为严重缺点。我们假设这项素质是"从错误中学习"。这一项因为得分太低而被认为是致命弱点。我们在研究中发现，领导者能力素质现状类似于图中呈现，如果在 J 项上有所改善，下属对他的领导效能认知就会大幅提升，而且会连带提升下属对该领导者其他能力的认知。如果这项致命弱点没有得到修正，便会影响下属对他的整体领导效能的认知。尽管难以证明，我们还是有理由相信，就算只有一项得分超低，也会给领导效能造成负面的光环效应。也就是说，领导者在某项能力素质上极差的表现会拉低人们对此人其他能力的认知。

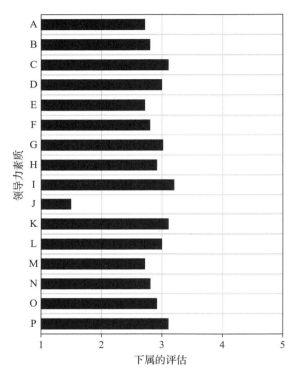

图7-1　多位评估者测评结果概述

我们的数据显示，当一位领导者在任何一项重要的领导力特质上被认为表现不佳，他都会付出高昂的代价。如果一项关键技能的得分处于倒数的1/10，那么与其他领导者相比，无论他的其他优势排名多高，其整体排名都将排在倒数的1/5之内。

弗雷德里克（Fredrick）是某家跨国制药公司研究部门的总监，一位杰出的化学家。他在研究流程的技术方面优于他人，但在待人接物方面表现得唐突、草率且鲁莽。他在会议上常会打断其他人讲话，也拒绝接受任何他人的想法或建议。

分子生物学、药学、临床科学等其他领域的专家认为，弗雷德里克从来没有认真倾听他们的意见。在收到广泛反馈与调查意见之后，弗雷德里克开始改变对待他人的方式。他在这点上的改进，让他的整体效能取得了大幅提升。由此我们可以得出这样一个结论：如果你有什么致命弱点，尽快修补！

致命弱点和优势的出现频率

研究发现，几乎所有领导者都可以归入 3~4 个类别，且每个类别人数大致相等。

（1）拥有一处或更多致命弱点的领导者——我们的数据显示有 29%的领导者属于此类别。

（2）无致命弱点亦无明显优势的领导者——大约 38% 的领导者属于此类别。

（3）拥有一项或多项优势的领导者——我们的数据表明有 33% 的领导者属于此类别。

（4）既有致命弱点，又在某方面有深厚的实力——只有 2% 的领导者同时具有显著优势和潜在的致命弱点。因为他们兼具两者，所以可能同时被归入两个类别。

具有致命弱点的后果

如果领导者具有致命弱点，其下属员工的敬业度、客户满意度、员工留动率和生产效率都是最低的。最重要的是，让他们继续担任领导角色的话，组织会付出高昂的代价。而从领导者个人角度来看，他们的职业发展受到严重限制，并且从工作中获得的乐趣也很少。

找出最常见的致命弱点

为了研究导致人们失败的原因，我们对两份研究结果进行了分析。这两个研究使用了完全不同的研究方法。在第一份研究中，我们首先整理了来自超过 450 名管理者的 360° 反馈资料。三年之后，我们发现其中有 31 位管理者因行为不当而被公司辞退。我们将这 31 位管理者的数据资料与数据库中其他人的研究数据进行比较，试图发现他们失败原因的一些蛛丝马迹，以避免以后再出现这样的结局。事实上，我们发现确实存在一系列的失败征兆。

在第二份研究中，我们分析了来自 11 000 位管理者的 360° 反馈资料，主要找出分布在绩效表现最差的 1% 和最差的 10% 的领导者。然后，我们试图找出低绩效领导者、平均绩效水平领导者和位于顶端（第 90 百分位及以上）的高绩效领导者之间的巨大差异。通过观察这两份研究结果，我们发现了一些反复出现的规律。最终结合这两个研究的结论，我们找出了导致领导者必然失败的 10 种致命弱点。

多重弱点

经过多年对领导者的研究，我们发现，任何一种单一行为都可能是导致领导者失败的致命原因，但有些弱点更普遍。此项研究的目的就是为了找出那些最常见、最值得注意的弱点，它们通常是三个或四个一起出现的。一个问题往往诱发其他问题，从而导致很多行为看似彼此间都存在联系。

导致领导力失败的 10 种致命弱点

以下是领导者最常出现的 10 种弱点，我们按照出现频率的降序排列。

弱点 1：领导者缺乏热情与活力，以至于无法激励下属

导致领导者失败的最常见因素是缺乏热情和活力。曾经有一位领导者

被描述为"有本事让整个房间毫无生气"。虽然我们也会时不时地感到精神不振，不得不打起精神应对工作，但我们所说的这类领导者的能量水平一直很低。他们大多数时间里都没有活力，而且也很被动。人们会觉得指派给他们的任何额外任务都是一个沉重的负担。

这类人就好像身穿救生衣的溺水者，勉强将头保持在水面以上。新计划、挑战和改变就好像一个个铅球，把他们拖入海底。很自然地，这类人拒绝任何新的且具有挑战性的任务。缺乏活力的领导者会影响到整个团队，包括上级和同事。这类领导者努力让团队保持一致、遵守工作规章、服从工作准则，这些都是好事。但这类领导者的出发点是避免更多的工作或是承担过多的职责，因此他们从不主动变革。

弱点 2：满足于平庸的绩效，而不是追求卓越的表现

这是领导者另一个常见的弱点，而且很可能导致其职业生涯就此终结。当领导者无法达成既定结果时，接下来很有可能将会有一场不愉快的谈话。每位领导者对这一点都很明白，但他们不清楚的是自己对平庸会有如此高的容忍度。有些领导者会找到某种方法为自己设定的低目标辩解，说服上级接受最低的预期。他们最喜欢说的一句话是："我相信'低预期，高产出'。"这类领导者认为，他们平庸的绩效表现是完全可以被接受的，因此也从来不寻找机会提升自身能力。

弱点 3：缺乏明确的愿景和方向

一些领导者认为，他们的工作是执行组织决策，至于策略、愿景和方向，是其他人应该操心的事。他们认为，他们的直接下属已经知道所有必要的信息，生产力得到充分发挥。下属们知道该做什么以及什么时候去做，无需告知他们为什么这么做。但这类领导者不知道的是，尽管无需告知下属为什么这么做，下属还是会迫切想要了解为什么组织要求做那些工作，以及他们的工作对组织的成功有何贡献。

就像一位徒步远行者谨慎前行，在没有出现岔道口之前，一切都显得很顺利。但如果没有明确的方向和远见，在每一个岔道口，成功的概率都会降低。

领导者在这方面的失败主要有两种情况。首先，领导者对未来没有清晰的展望，同时前进方向模糊；其次，领导者不愿意花时间就此与团队进行沟通和交流。

弱点 4：糟糕的判断和错误的决策导致信任危机

当领导者陷入信任危机时，他们要成功就会变得非常困难。导致信任危机的原因是多方面的：可能源于领导者糟糕的决定；也可能因为领导者不守信用，下属往往会觉得他们是被利用了，或者是被欺骗了。

盖洛德（Galford）和德拉普（Drapeau）创建了一个十分有效的信任公式[1]：

$$信任 = \frac{可信度 + 可靠度 + 亲密度}{个人利益}$$

这项公式包含了信任的所有因素，也解释了为什么信任会被轻易地腐蚀摧毁。可信度是指人们对领导者的技术能力和专业知识的相信程度，而可靠度揭示了领导者展示这些能力水平的一致性和可预测性，亲密度是指与下属间融洽、亲密的关系。（当下属感觉到冰冷、疏离时，信任就被削弱了。）最后，根据公式，以上三个因素还要除以领导的个人利益。如果领导者所做的决策是为了个人私利或个人荣誉，而不是为了组织的利益，那么下属对其的信任会直线下滑。

弱点 5：不擅长团队合作

大多数失败的领导者往往在同其他领导者合作方面存在问题。他们视工作为一场竞争，视其他领导者为竞争对手，而不是积极建立与同事的关系。他们避免和同事打交道，总是独来独往。缺乏合作精神往往导致此类领导者无法获得他人的帮助，或是因无法得到他人的提醒而缺乏远见，从而偏离轨道越走越远。

事实上，所有关于竞争与合作的研究都表明，竞争的影响力总是输给合作。原因何在？当今世界的成功依赖于信息和资源共享，而由于竞争排斥这些，会导致资源和信息的匮乏。竞争滋生怀疑，散播敌意的种子，最终挫败人们与他人分享信息和资源的意愿。因此，努力提高组织整体效能和努力击败内部竞争对手完全是两回事，二者不可兼得[2]。

弱点6：无法成为榜样（领导者不能以身作则）

选择与组织的价值观和文化相悖的道路，必然是失败之路。不幸的是，这样的例子随处可见。一方面，领导者宣布要控制费用开支；另一方面，他们自己却选择入住费用高昂的酒店，在高级餐厅用餐；或者有的领导公开称，人是最有价值的资产，应该得到最大限度的尊重，但转身却严厉斥责身旁的秘书，让人无法承受。更过分的是，这位领导者从未对员工为公司做出的贡献和付出的辛勤劳动表示感谢。

一般来说，组织往往愿意选择那些践行组织价值观的人作为领导者。街头帮派们选出的领头人往往是强势、无畏、具有攻击性的。而教会则会选取那些代表了教会价值观的人作为领袖——无私、怜悯、奉献以及内省。同样，我们希望商业领袖或政府部门的领导都代表了组织所宣扬的价值观；而当领导者无法做到这些时，最终只能导致失败的结局。

弱点7：无法自我提升，不能从错误中学习

有人曾经针对那些失败的高管们进行了一项非常有意思的调查。麦考（Morgan McCall，Jr.）和隆巴度（Michael Lombardo）曾撰写过一份研究报告，专门分析那些原本可以晋升到组织顶层但最终失败的高管们。研究者将这些失去晋升机会的人和那些获得公司高层职位的人相比较，他们的研究结果带给了我们一些相当有价值的启示。报告显示，这两种人所犯的

错误数量是差不多的，但未能晋升的这群人通常不会把错误或失败视为学习的机会。他们会隐藏这些错误或失败，也不会警告同事有关这些错误或失败可能造成的损失和影响。他们并没有立即采取行动进行修正，而是倾向于暗自隐瞒住这些错误或失败，而积弊通常会在多年以后爆发。[3]

能在组织内不断晋升的人则有完全不同的做法。他们会立即承认这些错误，并且警示同事可能出现的后果，同时尽力修正错误。之后，便将这事完全抛在脑后，继续拓展他们的职业生涯。我们的研究也证实了，无法从错误中学习是导致领导者失败的最大原因。关于这一点，我们只能推测可能的原因。无法由错误中学习是否代表着他因无法承受痛苦而不能或不愿意面对失败的事实？或是代表此人过于自傲，不愿意跨过情感的障碍，来接受"自己也可能犯错"的事实？或是他们真的不知道他们的作为可能会带来的失败后果有多严重（"这样的问题没什么大不了的，那一点也不重要"）？还是因为他们从来没有学会客观地分析自己的行为？

我们知道，每一个人失败的原因都不相同，但并没有太多人研究为什么"有些人可以从过去失败的经验中学习，但其他人似乎不断重复同样的错误"。

一位聪明过人、颇有成就的 CEO 有一个致命弱点。他对人过快地下结论，短短 20 分钟的面谈之后便开除了他认为能力不足的人。其他人则可能因为说过某句话或做过某件事就被他归类到"A 级"团队成员之中。即使后来证明，之前他判断的依据可能有误，他也丝毫不动摇这一想法。他提拔了某位主管作为财务副总监，虽然许多人都曾警告过这位 CEO，他所提拔的这个人常常会在背后中伤他人，而且总是阴险地玩政治游戏。更糟的是，这位财务副总监的言行举止跟这位 CEO 所想要塑造的组织文化是完全相反的——他希望营造开放、创新与信任的组织文化。这类草率的晋升决策持续蔓延到其他关键岗位，错误接连不断。最后，这位财务副总监在年底的董事会上将这位 CEO 赶下了台。许多人事后都说："我们曾试着警告他，但他从来不听。"

弱点 8：缺乏人际交往能力

这种失败有两个根源："有为"之罪和"不为"之罪。

"有为"之罪：在 50 年前，如果领导者做出伤人感情、漠不关心、恐吓、冷酷、傲慢甚至霸凌等行为时，或许可以得到谅解与包容，但在现如今的世界中，再没有这种事了。这样的领导者注定会失败。人们将这种行为统称为"人际交往无能"。这是领导者下台的主要因素。如人力资源专家常说的："我们因为人们的技术能力而雇用他们，却因为他们的人际能力不足而解雇他们。"

再多的才华或能力也不能弥补这项缺点。就算他才智过人、勤奋工作、商业敏锐度高和管理技能先进这几项能力组合起来，也无法弥补人际交往能力缺乏这一项弱势，它将无可避免地拖垮领导者。

"不为"之罪：我们常常会惊讶地发现，组织内竟然有这么多的中层管理者缺乏最基本的社交技能。这些基本的技能包括：

- 当你跟人们交谈时，直视他们的眼睛。
- 记住并称呼他人的名字。
- 与他人交谈时，通过说话或动作，让其他人知道你在听他们说话，并且了解他们想要表达的意思。
- 不要单方面主导对话，自己唱独角戏。
- 真诚地了解他人提出的想法和活动建议。
- 欣赏他人的笑话，并且尝试以幽默的方式与对方互动。
- 赞美他人辛勤工作以及为实现目标而做出的努力。
- 与他人见面和问候时，保持微笑。

许多志存高远的领导者都忽略了运用这些最基本的人际交往技能。另外，这些技能也可以作为一种交流平台，起到抛砖引玉的作用，让团队由此开展讨论，找出并解决问题，提供并接受回馈，进行有说服力的演讲展示，以及组织有效的工作团队会议等。

弱点 9：排斥新观点，无法引领变革或创新

领导者拒绝接受下属或同事提出的建议，固执己见并且排斥新的想法，是导致下属离开的主要起因，这种行为会产生两种负面结果。

第一种是对下属的影响。他们感到不被重视，想法不被欣赏，他们的贡献也没有获得充分的肯定。领导者不愿意考虑下属的新想法，这会让组织处于停滞状态。人员的发展严重受限，士气逐渐衰退。在这类领导者的工作团队中，下属的流动率只升不降。

第二种负面结果是：好的想法与解决方案无法获得采纳。组织的发展往往在某些环节卡住，无法前行。当好的想法一而再地被打压，员工便会放弃思考更好的方法来完成任务。组织会因拒绝来自多渠道的新点子而失去进步的机会。全面质量管理行动已经证实，改善管理流程最好的想法来自直接参与工作的人，而不是外部的专家。

许多顾问公司都已发展出一套成功的流程，通过与公司员工面谈、了解他们对于组织所面临的重要事项的看法，以及向他们了解可以解决问题的方法。这些意见被整理到一份报告中，由外部顾问向公司的高管报告，并因此收取高额的顾问服务费。其实，员工非常愿意直接告诉领导者同样的意见与看法——如果有人开口问他们的话。事实上，根据我们的访谈经验，许多员工通常会试着向上级传递这些信息，但没有人愿意倾听他们的声音。公司如果可以先从自己的员工身上寻找答案，不但可以提高公司员工的敬业度，获得改善流程的绝妙点子，而且可以省下大把的钞票。拒绝这样做也是领导力的一项致命弱点。

我们大多都曾与那些总是拒绝新想法或建议的领导者共事过。一家公司就将这些人描述为"恶劣的'不'先生"。组织内若存在这样的人，带给组织的损害将是难以估量的。不管是从他们扼杀的好点子的数量来看，还是从因为不断被拒而离开组织的优秀员工的人数来看，这类领导者的行为都会给组织造成极大的伤害。

比不断拒绝新点子的领导者还要恶劣的，便是那些假装倾听但什么行动也没有的领导者。"假装倾听"会让员工心中充满希望，但若领导者后来什么也没做，则会让员工的希望彻底破灭。领导者通常会被"自负"与"自满"这两个孪生恶魔所困扰。你总是认为自己的想法优于其他人，这就是一种自负的表现。不愿意倾听和采纳别人的意见，更是一种自负的表现。领导者会因为其他人提供了好点子而觉得受到威胁。或许他们过去都是成长于这种错误的假设之下——以为自己有一个经理或总监的头衔，就应该知道所有问题的答案；也以为所有关于变革的新想法都应该由自己提出。

拉尔夫（Ralph）是一家半导体公司研究部门的高管。部门内任何人若有一些具有革命性的想法或是超常规的建议时，他们都会去找拉尔夫。我们问拉尔夫为什么会这样，他给出的理由十分明确："我一向鼓励新点子。这些点子在初期都是非常脆弱、需要不断灌溉滋养的。因此我会向他们提出一大堆的问题，并且鼓励他们继续努力，除非我非常确定那个点子行不通。如果我认为它有一点可能成功的希望，我都会对它表示高度热忱。经过数年之后，我们可以看到公司实现了长足的进步，这便值得了。"

弱点 10：重心放在自身，而不是放在他人的发展之上

这类领导者高度关注自我，除此之外，他们将下属的发展视为可有可无的事。"帮助下属进步，"他们会这样想，"可以呀，但等到我有时间时再说吧。"这不是他们工作的核心部分。他们认为，没有花时间在发展下属这件事上，不会也不应该影响到他们自身的领导效能。

然而资料显示，不关心下属并且不能帮助他们发展的领导者，或者不能成为下属的教练或导师的领导者，极有可能失败。很明显，他们的注意力放在自身发展上，至于员工、部门、组织未来成功与否，他们丝毫不放在心上。

据我们了解，那些善于培养下属的领导者，他们会通过鼓励和支持员工的发展，最终提升员工的敬业度和投入度，而员工不断高涨的工作热情

又会直接改善团队的绩效表现。领导者因员工自身能力的提升可以给他们委派更具有挑战性的任务。这也给领导者节省了时间，提供了更好地管理和领导团队的机会。员工在工作中学习成长，逐渐对他们的工作以及上级形成更加积极的态度。通常，忽略员工发展的领导者把重心放在自己的职业生涯和自身成功上，他们甚至会"剽窃"整个团队的功劳。这会导致员工缺乏敬业精神，工作不上心，最终只会让完成预定目标变得越来越困难。

致命弱点的共同之处

当我们研究了这 10 种致命弱点之后，有三件事情凸显出来。

1. **每一种弱点都是非常明显的。**这对组织内任何人都是显而易见的，即使与这类领导者极少打交道的人也可以看得出来。每个靠近这类领导者的人都会感觉到这些行为的影响力（或是根本没有影响力），没有人例外。它们对组织影响非常大，因为领导者能在组织内引发巨大的连锁反应。

2. **这 10 种致命弱点大部分都属于"不为之罪"。**基本每种状况都是因为"缺乏做某件事的能力"造成的。例如不能发起活动、没有发现失败的原因、忽略明显的需求、没有设定高远的目标、缺乏主动性、无法想出新的点子、没有与其他人建立良好互动、没有动力落实工作等。以上这些大致可以归结为自满与无动于衷。他们的领导效能不足以"推动事情发生"，因此往往被认为缺乏温度并且乏善可陈。

3. **这 10 种致命弱点反映的都不是智商不足，而是情商或者人际能力方面的缺陷。**这些缺陷来自情绪或行为方面，很少是由知识或技术不足造成的。具有这些致命弱点的人，通常也缺乏启动或推动事情进行的能力。几乎在每一种情况中，只要领导者努力改变该项弱点，都会极大地提升整体效能。

我们中的某位作者曾与一位负责维修、建设、人事、公共关系以及采购的行政副总裁合作。此人的领导风格像暴君一样，专制独裁，严重缺乏人际交往能力。在他看来，只有他提出的点子才是好点子。组织里也没有人会提出改善建议，因为他们清楚自己的看法一定会被"毙掉"。他的下属通常都不会"自找麻烦"，结果这家公司严重缺乏创新力。

另一个引人深思的悲剧性结果是，此人对其五名下属造成了毁灭性的影响。没有一位下属获得晋升。这些下属被他的领导风格压得喘不过气来，他们变得对什么事都不上心，缺乏主动性，对其他来源的好想法也提不起兴趣。

这位副总裁被解雇之后，尽管后来的领导者有着截然不同的领导风格，但是在接下来的两年里，底下的总监仍然由于某些压力而离职或被解聘，他们一直都未从前任领导的阴影中走出来。这就是具有致命弱点的领导者所造成的可怕影响。另外，这个例子也表明，这些致命弱点通常会同时出现，从而使负面影响成倍增加。

为什么致命弱点如此难以自我察觉

因为大多数致命弱点都是"不为之罪"，我们很难在自己身上看到它们。所谓结果，就是没有结果，所以肇事者一无所见。有这些弱点的领导者不会寻求也意识不到从未发生的流程改进，或从未启动的项目。他们根本就没有让事情发生，更无法对没有发生过的事情进行反思。

当这些领导者拿到自己的低分时，他们通常会这样说："但是我什么都没做啊，不该得这么低的分。"他的同事们则心里暗想："没错。你什么都没做。这就是为什么你会得到这样的分数。"

对于致命弱点，其实有一些方法是可以被识别的，对每个人都适用。首先要找到一个"敢说真话的人"，也就是一个直言不讳的朋友。我们的数据证实，通常总有几个人能看到这些致命弱点。找到其中一个愿意说实话的人，告诉他们你真诚地希望得到他们的反馈。

如果你所在的公司提供 360°反馈项目，请主动参与。并提出请求，让一位教练跟你一起工作。越来越多的组织认识到，让领导者花时间与技术精湛、经验丰富的教练在一起探讨是有价值的。如果这没起作用的话，那就考虑聘请外部专业人士帮忙吧。

致命弱点能修正吗

有句俗语叫"老狗学不来新把戏"。但幸运的是，人类并非如此。我们最近分析了来自三个不同组织的 545 名领导者。在所有这些人中，18%（98 人）在一项或多项能力素质上得分非常低（低于第 10 个百分位）。但在 12~18 个月后，对这些人重新测试时，我们发现 98 人中的 71 人在他们原本得分较低的素质上有显著提高。图 7-2 总结了他们的进步。

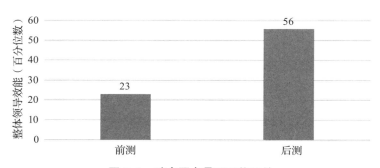

图 7-2   致命弱点是可以修正的

请注意他们作为一个整体所取得的巨大进步。他们的表现原本处于倒数 1/4 的位置，现在上升了 33 个百分点，已经超过了平均水平。

修正致命弱点

如果领导者具有一项以上的致命弱点，则必须要马上采取行动进行修正，让这些缺点变得"无关紧要"。或者设法让此人回到其原本作为个体为组织工作的位置，这样对团队造成的危害较小。（不过从长远来讲，这10种致命弱点也会阻碍"专业的个人贡献者"成为高效人士。）

人们是可以改掉这些弱点的。首先，组织必须让这个人知道他有某项致命弱点，并且对于其职业生涯会有严重的后果。如果这个人愿意改变，那么他通常可以为组织做出显著的贡献。

组织通常对这些人有相当大的投资，此时就更加考验该组织领导者们的基本信念，例如：

- 人真的可以被改变吗？
- 人真的很有价值吗？
- 组织有责任帮助一个愿意改变的人吗？
- 人真的拥有潜在的才能及能力吗？
- 组织投资帮助个人修正其领导力上的致命弱点，这值得吗？

我们认为组织应该提供一些相应途径，让领导者们可以找到修补不良领导行为的方法。这包括公司内外部的培养计划，或者由其他教练指导，持续不断地提供反馈帮助他改进。在本书第九章，我们会为力求进步的领导者提供数种有效的改进方式。本书第二部分则会为组织提供一些可以帮助领导者的办法。

对症下药：大剂量的反馈

大剂量的"反馈"。这是将360°反馈评估的作用发挥到极致。一旦某位领导者被认定具有上述某种致命弱点，组织应该明确告知这位领导者：他如果能够改变，无论组织还是他个人都将受益良多。

一个相当有效的策略是：首先告知这位领导者，12~18个月后会再进行一次360°反馈评估，了解下属对他的看法是否有改变，并且表明组织的期望，即那些"致命"的部分在这段时间能有所改善。设定对改变的明确期望和制造紧迫性，可以提高成功改掉这些致命弱点的概率。

为什么"反馈"有效

每个人的脑海中都有关于自己的一幅图画。这幅图画描绘了自己的模样、个性、价值观、整体的行为模式等。在多数情况下，具有某项致命弱点的领导者往往并未意识到自己有这个弱点。比方说，屡屡拒绝他人建议的领导者很可能将自己描述为一个充满自信的样子，同时拥有相当丰富的经验，足以判断哪些点子会成功，而哪些会失败。这样的领导者浑然不觉自己在拒绝所有人的意见。如此又怎么能期望他有所改变呢？

通过教练、团队讨论或 360°反馈（前提是大家都诚实作答）这三种方式他得到了反馈。这些反馈所承载的信息可能与领导者的自我认知相悖，从而让他陷入两难的境地，但同时也迫使他们采取一些改善行动。在面对这样的情形时，领导者有以下几种选择：

第一种，他可以完全否认这些反馈信息，但如果这些信息来自多个可靠的来源，并且没有掺杂个人恩怨，那么领导者对此就很难否认。

第二种，领导者可以选择改变自我认知。他可以对自己说："好吧，我想我可能有些自负，认为我自己的点子是唯一的好点子。"若此人拥有健康的心理和正常的性格，他会知道他此前的自我认知是不可接受且不合逻辑的。

第三种，他可以改变自己的行为。大部分人在面对这类"当头棒喝"时，最简单的方式便是改变自己的行为。这就是反馈的力量所在。

很明显，有些致命弱点会对某些职位有特别的影响。比方说，研发部门的管理者通常需要被大家认为拥有高超的技术能力，否则他很难存活下来。销售部门的管理者如果被大家认为缺乏很好的人际交往能力，那么他也没有办法保住这个职位。会计师事务所的合伙人，即使查账能力再强，如果无法为公司带来利润、无法发展客户关系，那么一切都是枉然。在这种情况下，这些缺点没有必要都转化成优点，但至少需要将这些行为从"负债"一栏移除，改善到平均水准才行。

对于反馈的不同反应

人们对于反馈的反应各不相同。我们所有人都知道这一点。以下这位学者的研究结果可以带给我们一些启示。哥伦比亚大学心理系主任托里·希金斯（Tory Higgins）因其在社会心理学领域的卓越研究贡献而享誉世界。他的研究结论是：人们会依照以下两种基本导向来调整自己的行为。第一种导向是朝向积极的结果，希金斯将此称为"促进导向"（promotion orientation）。这类人想让积极的事情发生。他们的焦点放在"成就"上。[4]

促进导向

希金斯在他的研究中发现，这一类人会受到正面反馈的鼓舞，这些正面信息会强化他们实现自己预期目标时的成就感。给出正面反馈则意味着其他人注意到了他们所做的事情。他们想产出一些东西或完成某个项目并取得了成功。正面反馈便是完成上述任务的奖励。用投资来比喻，这些人认为成功是"投资获利"。或许期间有些损失，但只要长期来看有利润可图，短期的小损失就是可以被接受的。

这类人会因为负面的反馈而大受打击，自尊也会受挫。他们打算做些事情的想法没有被肯定，或者他们所有的努力只是一场失败。负面的反馈正是他们最不想听到的话，因此对他们来说，这是沉重的打击。他们会因此退缩，并且由于各种批评而丧失信心。

防范导向

第二种人则是"防范导向"。他们的人生目标是"避免"负面结果的产生。他们一辈子都在努力避免失败。避免失败的方法是不断注意自己的言行举止，一旦有任何错误或失误的征兆，即刻调头。因此，如果你告诉他在他提供给高管的报告草稿中有什么错误，他一定会非常感激你的——因为这可以避免他在上级面前难堪。

如果我们以投资者来打比方，这群人追求的是"不要赔钱"。在他们眼中，股票价格如果没有跌落到投资成本以下，他们就成功了。只要没有赔钱，即使只赚到整体市场的平均收益也没有关系，甚至没有赚到什么钱也不要紧。

如何对"防范导向"的员工进行反馈

这类人会寻求任何可以让他避免错误的信息，也非常感激其他人提供这类信息。这些人非常欢迎他人提供负面反馈。

这也意味着，这类人不会迷恋所谓的正面反馈。对他们来说，那只是一些空洞而没有建设性的形容词。正面反馈无法帮助他们避开失败，因此没有什么价值。

我们建议，任何一种反馈只有根据个人情况"对症下药"，才会将其功效发挥到最大，如果无法做到这一点，那么非但不能"药到病除"，反而使个人深受其害，甚至加重"病情"。因此，我们要对症下药，首先应辨析每个人属于哪种特定导向。一定要特别注意，不同导向的人对同样的反馈可能会有着截然不同的反应。

"防范导向"的致命弱点

具有前述那些弱点的人，可能是"促进导向"类型的人，也可能是"防范导向"类型的人。"防范导向"类型的人通常对新点子缺乏开放的心态，因为他们认为新东西是有风险的，尝试新事物很有可能会失败。所以他们认为：要竭尽一切可能，推拒任何新思路或新方法。或者，就像某个爱开玩笑的人所说的："这是一个好主意，但它是一个新主意，因为它是一个新主意，所以我必须拒绝它。"

这种"防范导向"的人同时也希望与任何"责任"相分离，因为只有如此才可以让他们避免承担绩效不佳的负面结果。他们的立场是：不要与任何有可能失败的项目产生瓜葛。"在你面对有风险的项目时，永远记住要牵扯其他人进来，当项目真的失败时，你就可以怪到这些人头上。"他们终其一生都遵循这样的座右铭：重要的不是你赢了或输了，而是你如何找出一个人承担责任。他们希望在失败时永远有个替罪羊。

另外，这些人也不可能启动任何新活动或新计划。为什么？原因很简单：多做多错，少做少错，不做不错。因此，关键就在于尽可能做最少的事情，好好地存活下来！把头低下来，不要引起注意，不要自找麻烦，这就是成功！如果有人告诉我如何避免失败，我将一辈子感激不尽！

希金斯的研究让我们知道，人们为什么会对反馈有不同的反应，而且帮助领导者根据员工不同的性格导向提供不同形式的反馈。

另外一位社会心理学家卡罗尔·德韦克（Carol Dweck），曾在哥伦比亚大学工作，现任教于斯坦福大学。她以学生为研究对象，提出了一个与希金斯类似的架构。他对于反馈的研究有进一步的发现，但也同样提出了这个有趣的话题。

德韦克的研究显示，人们的言行可以划分为两类：一种是"改善"型，另一种是"验证"型。改善型的人会认为世界上充满了各种学习、成长的机会。他们欢迎各种困难和耗费时间的问题，因为这是提高他们的机会。错误被认为是一种有用的反馈。[5]

而验证型的人则将人生视为一个验证过程，他们不断地向其他人证明自己，尤其是那些拥有权力的人。因此，困难或耗费时间的问题变成了一种威胁——因为这显示出他们并不如其他人所想象那么能干。这些人容易在困难的任务前退缩，尽挑些容易完成的任务。这些人形成了无助和依赖的行为。

我们发现这两个研究有相当高的一致性。改善型的人具有"促进导向"那类人的某些特征；同样，在验证型的人身上，也可以找到"防范导向"的成分。德韦克的研究重点在于区分个人所收到的反馈类型正确与否。但就组织而言，反馈是否恰当，德韦克并未做出具体说明。

德韦克总结道，任何空泛、笼统或是被简单解读为赞美的反馈都是错误的。如果父母出自善意告诉孩子："你真聪明"或是"你真有天赋"，但是当这个孩子在一周后为老师出了一个他无法解答的问题而苦恼时，他心里会做何感想呢？或是经理称赞某位员工聪明而且才华横溢，但现在她需要写一份报告却什么都写不出来，那这位员工又会怎么想呢？

此外，想想如果父母这样告诉孩子："你这么努力学习乘法表，妈妈真的很高兴！"或是"你能想出不同的方法来搜集报告的资料，这想法真的太有创意了，再加上你一直以来不断的努力，我相信你一定会完成一份很棒的报告[6]。"

或者，如果领导者这么告诉下属："我要表扬你努力工作，以及出色地克服项目中的种种困难。你的进步反映出你的努力。"这样的方式是否会有所不同呢？

这两种方法之间的差异看似非常细微。但是事实上，这两种方法截然不同。第一种将重心放在"个人"及其与生俱来的"能力"之上；第二种则关注他在面对问题时所采取的"步骤"或"方法"之上。这种方法的关注点是个人的努力、方法的创新、克服困难的能力，或是做到专心致志、不受外界的干扰等。这种方法的好处在于，以后当这个人遇到挑战或在项目执行中遇到问题时，他的思维方式会有所不同。他们不会有这样的疑问："我的父母或老板过去称赞我有能力，这会不会是在骗我？"

相反，接受第二种反馈模式的思考流程变成："或许我努力的还不够？""也许我并没有发挥创意，寻找到更加有效的解决方法？""我需要更努力一点，才能克服系统上已有的障碍。"简单来说，这种方式的注意力放在"解决问题的流程"，而不是这个人"本身的智力或能力"。

这两项针对反馈进行的研究，让我们更加了解不同的人对于同一反馈可能有的不同反应，同时带给我们启示，找到更好的模式来提供适当的反馈。首先，我们必须先了解这个人的个性特质，到底正面反馈比较有效，还是负面反馈比较适当。其次，不管这个人是哪一种导向类型，将你的反馈重心放在他做的事情或采用的方法上，而不是针对他本人。这两项研究结果大大加强了我们对提供反馈和接受反馈的理解，并且可以更有效地帮助领导者克服致命弱点。

修正致命弱点的步骤

修正一项致命弱点需要以下五步。

第一步：获取准确的反馈，并面对现实

从你信任的人那里获取诚实且准确的反馈。

第二步：接受它对你职业的影响

你要接受自己具有致命弱点这个事实，同时也要明白，即便这个弱点尚未对你造成阻碍，它终有一天会给你的职业带来致命的伤害。除非你认知到这个弱点会给你带来极为负面的影响，否则一切都不会被改变。

第三步：制订一个具体且可衡量的改进计划

一旦人们对问题有了足够的了解，下一步就是制订一个改进计划。这个计划要列出相应的目标和行动，要让其他人从这些目标和行动中看出你有明显的改变。在制订计划时，一个主要问题是人们通常会从一个一般性的概念入手。但如果真的要改变，你的计划必须要具体。

第四步：寻求他人的帮助和参与

人们通常不会告诉别人自己的改进计划。他们只是默默地修正自己的致命弱点，不想寻求别人的帮助。有时候他们会因为自己有致命弱点而感觉难堪，他们认为告诉别人自己正设法改变而且需要帮助是软弱的表现。但事实上，其他人很可能早就知道这个问题了。把别人的帮助纳入你的计划，你会从他们的鼓励和建议中感受到支持，并获得动力。

第五步：奖励进步

改进过程中很重要也很容易被忽略的一点是，有了进步或达成了最终目标时，要适当地奖励自己。

定期检查

定期检查有一个很大的好处，那就是我们能够发现察觉不到的小问题。早点揪出这些问题，它们是很容易搞定的。

我们认为，每个领导者都应该给自己的领导力做定期检查。所有人都会从中受益。大约 1/3 的人会发现某个行为正在阻碍他们的发展，只有把这个行为找出来才能修正它。另外 2/3 的人则会从这个过程中得到一些启示，让自己做得更好。

最后，我们邀请读者来考虑这样一种情形：首先记住大约 1/3 的领导者都有致命弱点，然后想象一下，你正在参加管理层的会议。请看看你的左边，再看看你的右边。老掉牙的笑话又来了，如果你认为这两位同事都没什么严重的缺点，那么统计学告诉我们，有很大可能你就是那个有致命弱点的人。

第八章
提升领导力的新途径

夜里想得千条路，明朝依旧卖豆腐。

——中国俗语

人生有很多选择，也有很多条路可走。其中一条路很轻松。但是轻松
是它唯一的好处。

——佚名

18 世纪到 19 世纪中期，交战双方的套路都是由一列列的士兵直接向
敌人冲去，而另一方也会采取同样的战术。尽管直面大炮及步枪的结果是
极高的伤亡率，但这种模式却一直被沿用至美国独立战争时期。在这场战
争中，美军采用了完全不一样的打法。在与英军作战时，美国士兵或躲在
树后，或趴在地上匍匐前进，避免成为靶子。我们在这一章中，也改变了
战术，向读者提供一种全新的方法来提升领导力。我们放弃了之前一直被
大多数人使用的"正面进攻法"（frontal assault），转而使用一种完全不同
的方法来解决我们所面临的问题。

寻找领导力发展的新途径

假使你现在想要努力改善你的专业和技术专长，以提升你的领导效
能。请试着针对你想要改善的目标拟出一套行动方案，将你想要改善的行
动一一写下来。接着，将你的计划与表 8-1 进行比较，找出其他人制订的

行动计划与你的有何区别。

表 8-1　行动计划范例

某人的行动计划	
行动编号	改进技术及专业特长的行动
1	到当地大学报名夜间课程
2	参加更多的专业会议与研讨会
3	阅读学术期刊及专业期刊
4	扩大人际网络，认识更多的专业人才，并针对特定话题寻求指导与经验分享
5	阅读技术及专业领域内的最新书籍
6	加入任务小组，拓展现有的知识和技能
7	寻找可以增加知识深度的培训课程

表 8-1 给出了一个典型的线性计划表，这是在"现在"的绩效表现与"希望达成"的绩效表现之间描绘出的一条直线发展路径。这就是典型的"正面进攻"。大多数人的行为模式，倾向于找出问题或困难、埋头苦干并全力以赴。这非常符合大多数人的逻辑和习惯。尤其在一个人的绩效很差且需要被大幅改变的情况下，这个计划会收效不错。

在最近的一次会议上，我们与各公司员工发展部门的多位专家展开讨论。我们问与会代表行动计划为线性模式的个人占多大比例。他们的回答是："几乎所有的行动方案都是以线性逻辑来考量的。"接着，我们又问，这种线性计划在什么时候效果最佳。同样，所有与会人员的答案相当一致："对于现有绩效比较差、需要被大幅改善的员工而言，这种线性计划的作用最大。"但是，对于那些现有绩效表现已很优秀、想要绩效更进一步的人，又该如何去做呢？对于把绩效从"糟糕"提高到"优秀"，这种方法卓有成效。如果想从"优秀"转变为"卓越"呢？同样的方法还会有效吗？

珍妮·拉森（Jane Larson）是一家大型石油公司探勘部门的项目经理。她的职业生涯可谓是顺风顺水，但最近两年，她发现自己的职业发展停滞不前。6个月前，她参加了一个360°反馈计划，对她的一系列能力素质进行了评估。她非常惊讶地发现，她在技术专长一项的得分竟然低于组织平均值。在这个组织中，技术专长是最重要、最受重视的能力。这项评估结果对珍妮来说是一大警示，她认为自己必须做出改变。虽然她觉得自己现有的水准也不差，但她还是决定重新花时间去拓宽对相关领域的了解。

此后，她参加技术研讨会，大量阅读专业期刊，并且与大学合作开展独立的项目研究。为了搞清楚这些工作对她是否有帮助，她与经理进行了关于职业生涯的讨论。在讨论中，她提到了为磨炼技能和增加专业知识所做出的一切努力。经理对于她的努力非常高兴，但接着珍妮问了一个非常关键的问题："您认为这些努力可以让别人对我的专业知识水平有更高的评价吗？"经理停顿了一下，然后谨慎地说出了他的答案："珍妮，除非你能在会议中大胆地将你的想法说出来，并且将你的知识与其他人分享，否则我不认为你的努力会改变别人的看法。问题不在于你知道多少，而在于你怎么运用你所知道的知识！"

以上的例子证明了"线性行动计划"有时是无法奏效的（见图8-1）。事实上，珍妮并不需要再参加额外的课程、阅读更多专业期刊或是进行更多研究。她的问题是没有将专业知识与其他人分享。别人只是根据珍妮在他们面前的一举一行来对她做出判断，而不是依据她脑袋中储藏的知识。如果她不与其他人进行分享，其他人是没有办法知道她的专业知识水准是高还是低的。

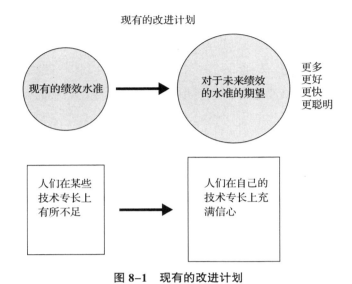

现有的改进计划

图 8-1　现有的改进计划

非线性的发展途径

目前，几乎所有的发展计划都是线性的（因为"线性"是主流的逻辑思考模式），因此我们希望能找出其他可行的途径。在我们的方法中，我们逐一分析 19 项区分性能力素质，并分析每项能力素质与其他 18 项能力素质（包括与之相对应的一系列行为）之间的关系。当某个人在某项特定行为上表现出较高水平时，我们会关注其他同样获得高分的行为。然后我们发现，那些在某一项区分性能力素质上表现不佳的领导者，在一些伴随素质或行为上得分也不理想。

我们将这些相关的行为称为"伴随素质"（competency companion），因为这些能力素质似乎都是"绑"在一起的。本着福尔摩斯的探索精神，我们相信这些伴随素质会让我们找到另一种发展重要领导技能的方法，并且改善其他人对于你的某些关键能力素质的认知。

图 8-2 中的两种伴随素质都与技术专长有关。被认为有丰富技术性专

长的领导者，通常也会被认为人际交往能力强，并且给"卓越"定的标准非常高。同样，那些被认为缺乏技术专长的领导者，通常也会被认为缺乏人际交往能力，而且要求和标准都较低。

如果你从这样的分析中推断，拥有卓越人际交往能力必然具有丰富的技术专长，那你就错了。两个事件"一起发生"并不代表两者互为因果。但许多科学都是依赖"A 和 B 一起发生"的事实来推论"A 为因，B 为果"，或是两者互为因果，或是"A 和 B 都受到了同一个因素 C 的影响"。

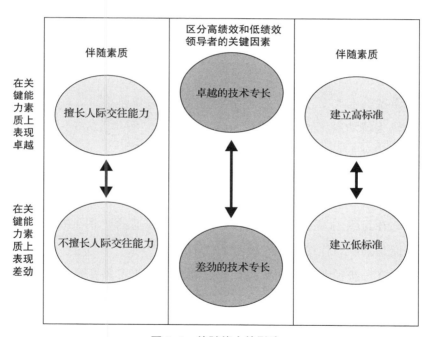

图 8-2　伴随能力的影响

在某大学的统计学课上，一位教授为了向学生解释清楚该学科的目的，尤其是相关系数的用途，他选择用自然界中的一个现象作为例证。他说："蟋蟀叫声的频率与温度有很高的相关性。"全场停了一会儿，一位学生举手说道："彼得森教授，您的意思是，温度越高，蟋蟀会叫得越频繁吗？"这位教授面无表情地回答："不，我一直是假设蟋蟀叫得越频繁，室外的温度才升得越高。"

大部分人对蟋蟀叫声的频率与温度之间的联系都能很自然地解释清楚。这种关系通过简单的实验就可以很容易地被证明。然而，在许多情况下，当两件事情一起发生时，连它们的机制都不是那么清晰可见。我们只能说它们一起发生，然后根据已有的知识或经验进行因果关系的推测。

人际关系与技术专长的内在联系

回到我们之前的例子上，即"技术专长与人际交往能力是绑在一起的"，对此我们倒是可以给出一些解释。罗伯特·凯利（Robert Kelly）在贝尔实验室进行的一项革命性研究有力地支持了这个结论。这项研究主要观察科学家的生产率。在研究了各个领域的上百位科学家之后，研究人员发现，较为成功的工程师（他们将这种人称为"明星"）并不是那些智商较高或学识渊博的人。凯利写道："我们的资料显示，一个明星与普通科学家在认知、个人、心理、社会或是环境因素上都没有显著的差异。"[1]他们发现，这些明星与其他人不同的地方，在于他们以"不同"的方式工作。他们在组织内发展出稳固的人际网络，跟普通的"非明星"科学家相比，他们与别人合作的方式有根本上的不同。

为了进一步说明其中的不同，我们列出了贝尔实验室研究的明星们具有的一些有效人际交往能力：

- 帮助同事解决问题。
- 帮助他人完成任务。
- 将成功归功于他人。
- 愿意倾听他人意见。
- 不会将自己的看法强加于他人。
- 顾及同事的个人需求。

- 善用同事所具备的技能。

- 安静工作，不多夸耀。

- 将团队的目标置于个人目标之上。[2]

对于那些在技术型组织内工作的人来说，还有另外一个理由可以解释为什么人际交往能力与技术专长存在着内在联系——这与"明星式"沟通技巧的使用有关，也就是以高超的沟通技巧来讨论技术性话题。

我们观察到，技术水平最高的人会自信地用通俗用语来解释复杂的想法，而不会使用一大堆的行话或术语。而没有安全感的科学家则害怕暴露这样一个事实，即他们的专业水准并不像其他人所认为的那样高超。要被认定为具有很高的技术水平，一个人必须能够有效地与不同的团体交流他们的专业理论。

人际交往能力与技术专长不能兼备会怎么样

最近，本书的一位作者与一位大学校长共进晚餐。作者问他在日常工作中发现了哪些有趣的事。他答道："嗯，我今天炒了一位教授的鱿鱼。"餐桌上某个人问道："为什么？他违反了某项规定吗？还是能力不足？"这位校长说："不，他并不是能力不足，事实上，他在那个领域相当抢手。但问题是，他每次在工作会议上都跟同事争辩得面红耳赤。他没有办法跟其他人好好相处，给他所在的那个系制造了很多摩擦，结果导致一事无成。"在这个例子里，这位教授因为缺乏人际交往能力而使得他空有技术专长而无用武之地。在这种情形下，没有人会注意到他的技术专长有多强。

另一个例子来自一家化工企业，我们与这家公司实验室的主管共事。他们分工明确，高度专业化，雇用了全球最顶尖的科学家。公司实验室的生产率都在严格的监控之中。为了更好地理解这个团队中的一些问题，我们访问了公司里的多位科学家。在对一位顶尖科学家进行访谈时，提问者请他就公司内的"技术评议会"谈谈自己的想法（在此会议中，每位科学家都要在其他科学家面前进行报告，介绍自己最近的研究进展）。

提问者问道："技术评议会对你有帮助吗？"

这位科学家回答："一点帮助也没有。"

提问者又问："为什么？"

"因为当科学家在报告新的研究计划时，他们不是为了寻求他人的建议，只是想炫耀自己知道多少事情。有好多次我听到某些科学家谈到一些研究方案，而这些方案是我们之前早已讨论过行不通的，因为我们已经做过实验，总是失败。但我们不会帮这些白痴，而是端坐在椅子上，内心暗自嘲笑，因为我们知道他们注定会失败。让他们继续在这条道上走下去好了。他们的愚蠢只会让我显得技高一筹，并且让我有机会拿到更多的奖金。"实验室中的科学家为了得到公司的肯定和各种奖励及晋升的机会，将彼此视为竞争对手。

在这个例子中，我们再度看到，缺乏有效的人际交往能力所导致的结果，已经让人们对这个实验室的技术专长产生了严重怀疑。我们推测这种"高科学技能、低人际效率"的文化会让这家公司每年多产生至少几百万美元的成本。如果这些科学家在一个高绩效且人际关系融洽的环境中工作，那么他们能创造的价值可能要多几十亿美元。

拥有高水平的人际交往能力并不能使一个人变得更加聪明，但可以帮助个人有效地分享知识、对他人产生直接的影响、交流心得体会，并且与他人建立合作互信的关系。

拥有高标准与技术专长的内在联系

同样，拥有高要求和高标准也没有办法让一个人变得更聪明，但如果你回想一下我们在第三章中介绍的罗森伯格的研究成果，便会发现其中的逻辑所在。在罗森伯格的研究中，我们发现以下的形容词往往被人们联想在一起：

- 科学的。

- 坚持不懈的。

- 有技巧的。

- 有创意的。

- 智慧的。

因此，我们认为：在大部分人的认知中，技术专长的特征（科学的、智慧的）与高水准的卓越标准（坚持不懈的、有技巧的）存在着一定的内在联系。如果我看到你显示出第一组的特征，那么我会认为你同样也拥有第二组特征。

因此，我可以通过为每项活动设定高标准，以此巧妙地提升他人对于我的技术专长的认知。当然，一个技术专长低的人永远不可能将"卓越标准"加到某个团队或同事身上。同样，领导者如果常说"嗯，我并不在乎是不是能够如期完成"或是"这个项目随便做做就好了，不必太认真"，我们绝对不会认为这种人会有什么了不起的技术资格或能力。

什么是伴随素质

伴随素质也可称为"行为伙伴"（behavioral buddies），它们是好朋友，到哪儿都会在一起。领导者若在 19 项关键区分性能力素质的某一项上有特别好的表现，那么他也会在伴随能力上有不错的表现。反之亦然，当人们在某些区分性能力素质上表现不好时，他们在那些伴随素质上的表现也不会好。这些伴随素质是我们通过分析成千上万名领导者的数据发现的。不是直觉，也不是逻辑，纯粹是对大型数据集中分析得出的结果。为了验证这些伴随行为，我们又对不同的项目进行了大量的数据收集和分析。需要再次强调的是，我们并不是暗示一个行为引发了另外一个行为。

我们会在本章稍后提供一些分析，探讨产生这些联系的原因。

伴随素质为领导者发展区分性行为提供了绝佳的提示。人们首先需要评估自己在每一项区分性行为上的水平，然后再评估每一项伴随素质的表现。他们可以由以往的经历来分析，回顾自己是否曾经因为某一伴随素质的差劲表现，影响了别人对某项区分性行为的认知。接着，他们需要问自己："如果我改善了伴随素质 A，区分性素质 B 是否也会得到提高呢？或者至少能提高他人对于我的素质 B 的认知？"回顾过去的经验，找出能够说明两种行为存在联系的例子，然后进行分析研究，可以帮助人们识别出伴随素质，并可能借此将区分性行为提高到卓越的水平。

伴随素质的作用机制

为什么伴随素质会让某些行为的改善更显著？当这些素质与其伴随素质得到的都是正面评价时，这种影响更加明显。造成这种影响的作用机制有多种，我们相信以下列出的六种作用机制，最能解释伴随素质这种现象：

1. 素质与伴随素质在人们的认知中是相伴而生的。罗森伯格等人的研究（见第三章）发现，某些特征在大部分人心中是相伴而生的。如果你有行为 A，其他人会假设你一定也有行为 B；如果他们知道你没有行为 B，他们便会质疑你是否真的拥有行为 A。因此，对于伴随素质为什么会有如此大的影响力，第一个解释便是：在人们的认知中，某些特征是同时出现的；改善其中一个，会有助于提升其他人对于另外一个特征的正面看法。

2. **伴随素质能让你的另一项素质表现得更充分**。让我们想想人际交往能力与技术专长的关系。看起来，拥有好的人际交往能力可以有效地帮助自己与他人分享已有知识、说服他人接受新的立场，以及通过积极互动解决问题等。我们相信改善人际交往能力并不能让技术专长有所增加，也无法让一个人变得更聪明。然而，一个有良好人际交往能力的人可能会选择为同事提供更多的指导与经验分享，这就可能会连带增加其他人对其技术专长的认知。在这种情况下，人际交往能力对技术专长的影响主要是因为：该技能增进了工作伙伴间对于技术知识的分享与交流，因而增强了其他人对于此人技术专长的认知。当珍妮在某个会议中自信地表达了自己的意见之后，其他人就开始认为她是一个非常聪明而且有能力的人，因此对她的技术专长的认知也跟着发生了很大的改观。

3. 在某种行为上达到高水平，会连带提升另外一种相关行为的水平。举例来说，与"发展他人"联系最紧密的伴随素质便是"自我发展的能力和兴趣"。如果领导者本身没有很好的职业生涯规划，那么他们也很难为员工的自我发展规划提供实质性的帮助。如果人们感到自己的职业生涯一直停滞不前，没有明确的努力方向，他们也很难对他人提供有效的帮助。然而，如果领导者开始学习如何发展自己的职业生涯，那么以后对于有类似需求的员工，他便可以向他们传授宝贵的经验。

4. 某一能力素质是另一素质的构成要素或是核心要素。我们观察到的最有趣的伴随素质与"正直"相关。这种伴随行为是"对他人的关心与照顾"。简单来说，被人视为高度正直的人，通常也会被认为是真正能关心和体贴他人的人；被认为品行不端的人，通常也缺乏对他人的同理心。在广义的"正直"能力中，"对他人的体贴"是相当重要的一个因素。一个喜欢占他人便宜的人绝对不会被认为是个正直的人。

5. 伴随素质会改变我们的行为方式。我们在研究中发现，个人的沟通能力与此人受到信任的程度有很密切的关系。一般说来，当人们想要改善自己的沟通能力时，他们会将焦点放在信息本身与信息传递的过程上（即说话的内容及说话的方式）。研究显示，如果人们信任一位领导者，那么这位领导者不需要具备世界级的演说水平。人们对他的信任会让他所说的话更容易被接受。相反，如果没有了信任，即使是口若悬河也难以让人们接受他所要传递的内容。

6. 发展某项伴随素质能改变一个人。大部分人都有类似的体验：在某项技能有了显著提升之后，通常会出现一些有趣的副作用。学习打高尔夫球会提升一个人的信心，定期的运动锻炼会起到减压的效果，专注于实现某个远大的目标将会将所有的沮丧一扫而空。强化某一项素质将可以改变一个人的观点、态度以及对人生的看法。

伴随素质的实例

我们在研究中发现，每一项能力素质大约都有 8~14 种伴随素质。受本书篇幅所限，我们无法列出所有的伴随素质。针对 19 项区分性能力素质的各种伴随素质，我们举出若干实例以供参考。我们将这些伴随素质依照领导力模型中的五个群组进行归纳整合。

品格——支撑领导力帐篷的中心支柱

提升诚信正直。当我们说某个人品行不端时，在我们的心中，会认为此人有意占其他人的便宜。

然而，许多品质方面出现问题的人，并不都是这样的。

西恩是一个开朗而诚实的外国年轻人。他是一个虔诚的宗教人士，目前在美国读书，即将毕业。他的家庭在他的家乡非常有名。曾有多位投资人跟他接触，向他提供相当优厚的薪水邀请他回去，条件是他要向家乡人推销某个投资计划并说服他们加入其中。负责与西恩接洽的那位先生也是一名虔诚的宗教人士，每周固定去教堂做礼拜，因此西恩认定对方是一位诚实而正直的人，这项投资应该没什么问题。他信任这些人，因此没有详细地询问或仔细地考察这项投资的可行性。西恩凭着家庭的名声与信誉，成功地招揽到上百万美元的投资。很快第一笔资金到了，并打到了每位投资人账上。又过不久，西恩被告知这个投资项目失败了，他因此背上了沉重的负担。

许多人曾有过与西恩类似的经历。他们并不是故意要欺骗其他人，但最后却因为诸多原因使得自己的信用被大打折扣。他们信任另外一个人，但没有更谨慎地确认此人的承诺是否能兑现。我们观察"诚信正直"的伴随素质时发现，在诚信正直项得分较高的领导者，通常在"果敢自信"上得分也较高；而在"诚信正直"项得分较低的领导者，通常在"果敢自信"上得分也较低。诚信正直得分很高的领导者大步前进，处理困难，直面冲突有话直说，同时能够正视困难和挑战。

个人能力——支撑领导力帐篷的第二根支柱

做一个更好的问题解决者。 如果一个人想要提升自己解决问题的能力，该怎么做呢？显然，要么直接改善这项能力，要么改变他人对自己这项能力的看法——双管齐下的话，成效更为显著。在我们对"问题分析与解决"的伴随素质进行研究后发现，联系最为紧密的便是"积极主动"。被认定为优秀的问题解决者与具有高度分析能力的人，通常也会被认为是表现最为积极主动的人。而在他人眼中，问题解决能力不佳的领导者，通常也被认为没有什么主动性。

罗伯特·凯利将"积极主动"视为区分贝尔实验室里的"明星"与其他人的关键因素。[2] 他以两个校招的新人亨利和莱依为例说明他的观点，他们两位的背景非常相似：都是在某知名大学平均成绩达到3.8分的学生、拥有在计算机公司出色的暑期实习经历以及教授的强力推荐。

亨利把自己关在办公室中，好像在撰写专题论文或是准备律师考试一样。他搜集了相当多的期刊报告，让自己了解业界最新的动态和想法。他开始学习使用一些他认为可能有帮助的国外软件。他只有在上洗手间或必须参加的工作会议时才会现身。但他那时脑子里通常还在想着："我要怎么样做才可以向我的同事证明我是聪明的呢？"

莱依则是每个下午花三个小时进行她的项目。每天不管剩下多少时间，她都会跟同事聊聊自己的想法，也关心同事手上的项目。如果同事需要帮助或是面临时间不够的压力，她都会自愿帮忙。尽管莱依对职场文化来说还是个新手，但她的同事都非常欣赏她乐于助人的态度，尤其是某些问题可能与莱依毫无关系。凯利继续描述莱依的行为：

- 她发现某位同事的软件无法正常运行时，她回想起自己曾在大学课上学过某种新的程序工具，于是她将这个工具推荐给同事，并在同事继续完成大型项目时，帮助同事修复原有软件的问题。

- 当新的软件必须要安装到每个人的计算机中时，一般人总是在不断尝试中摸索出正确的方法，完成安装。莱依曾在实习期间安装过这类软件，并且认为一个人学会后帮所有人安装才是比较合理的方法，因此她自愿为大家安装。虽然她最后花了两个星期才安装完，而不是原先预想的四天，但她仍然坚持下去，最终完成了安装任务。

- 一位同事原本计划要安排通宵测试，但临时要参加一位家庭成员的葬礼。当主管召集大家想出替代办法时，大家都低头看着地板不出声。当主管要随机将任务安排下去时，莱依自愿接下了这个任务。她事后回忆说道："我知道，让团队接受你是最重要的一件事，而最好的办法就是在他们需要时提供帮助。"

莱依正朝着贝尔实验室所谓的"明星"迈进。这跟技术专长的高低没有关系，重点在于"积极主动"的能力。凯利写道："能力水平一般的人大约占了团队成员的60%~80%，这些人都不了解积极主动的奥妙所在。他们绝大部分都会为了积极主动而积极主动，但却不懂得在他人需要时提供帮助，也不会关心自己工作说明书之外的项目。愤世嫉俗的普通员工甚至会将那种行为视为巴结老板和讨好同事的作为。"

各位读者或许会很惊讶，我们在前面提到的那位亨利先生自认为是非常积极主动的。他告诉研究人员："我搜集了最新的技术信息，并且学习最新的软件工具，这些让我可以在工作上取得最好的成绩。这些是我要学习的，其他人并没有告诉我要这样做。"莱依了解而亨利不了解的事实是：只有某些特定行为才能够为自己赢得"积极主动"的印象标签。[3]

如何提升发展自我的成效？ 所有领导者取得成功的关键之一便是"发

展自我"的能力。领导者常常认为自己晋升到一定层级后就不需要再学习了。他们觉得这像从学校毕业一样理所当然。人生中有段时间要学习，接下来的时间便是真正做事了。我们的研究指出，持续自我发展在保持个人卓越地位方面非常重要，那些拥有自我发展能力的人，往往被视为诚信正直的人。乍看之下，似乎看不出两者之间有什么联系。为什么自我发展会跟正直或诚信有关系呢？

让我们一起看一项关于帮助他人戒除酒瘾及药瘾的相关研究。这类研究的主要障碍之一便是要让这些人承认自己有酒瘾或药瘾问题。处于酒精中毒早期阶段的人必然会否认。刚开始前来咨询的酒精中毒者，当被问到为什么会来这里时，他的回答是："因为我老婆认为我有酗酒的问题。"咨询人员会告诉他："你回去继续喝酒吧，如果你自己不认为自己有问题，我是没有办法帮助你的。"在大部分案例中，当事人通常是最后一个意识到自己是有问题的人。你常常听到这一类例子，这些酗酒或药物上瘾的人一定要经历过最坏的状况才会如梦初醒，承认自己的确有问题。治疗这类症状的机构常用这样一种自我介绍的方式，为了让这些人承认自己有问题，他们会要求前来咨询的人如此自我介绍："我叫约翰，我有酗酒的问题。"

能够体现"发展自我"与"诚信正直"间存在着内在联系的一个显著特征便是"诚实"。善于发展自我的人有能力如实地评估自己的优缺点，承认自己在 A 行为上有优于他人的表现，但在 B 行为上可能不如他人。记住，某些人的问题在于对自己的优势缺乏信心，他们不认为自己的那些能力有什么了不起。不善于自我发展的人会以一种较不客观的方式为自己的表现寻找诸多借口，将其合理化。他们会在自己表现差劲时欺骗自己说表现得不错。他们对于其他人的反馈会选择性地遗忘。他们会反驳其他人的说法，认为他们这样说是因为不了解他的工作，或是嫉妒他的能力。对自己诚实这件事还分许多层次，有些人能够接受他人的反馈，但仍然拒绝诚实面对自己做得好的地方，以及需要改进的方面。对自己绝对诚实，并且坚决拒绝自我欺骗，这是一位卓越领导者所必须具备的关键能力之一。

我要如何才能更具创新能力？ 我们在分析"创新"的伴随素质时，发现一个有趣的现象：一位有创意的领导者通常都善于从成功与失败的经验中学习。这种关联性乍看之下似乎也不太可能成立。大部分人将创新视为能够产生新点子，并且将这些点子付诸行动的能力。另外，学习则是一种吸收新信息、识别新模式、了解因果关系的能力，这些能力最终化为一种新的行为。

我们认为，那些没有创新性的人可能会丧失部分学习能力。他们不会注意到环境四周散发出的新信息，他们会在原地合理化而不去改变自己的言行，他们不会因环境的改变而调整自己的行为。善于学习的人会仔细观察周围环境的变化，并且了解事情是如何发生的，对于各种因果关系都保持高度的好奇心。增加创意的一个关键便在于增强学习的能力。

关注结果——支撑领导力帐篷的第三根支柱

帮助他人取得优异成绩。 设定挑战性的目标的能力是激励他人实现卓越绩效的重要部分。我们在研究中发现，设定挑战性的目标是19项区分性能力素质之一。这种行为说起来容易，要做到可不是那么简单。有些人推荐了一种较为简单的方法：设定你认为合理的目标，然后难度乘上两倍就对了。结果，许多领导者会放弃，因为他们无法要求他人完成一个自己也认为极不合理且难以实现的任务。要设定高远的目标，第一个步骤便是要相信人具有潜力。

我们发现，能够有效设定挑战性的目标的领导者，同时也能有效地承担风险。看起来，愿意挑战现状并承担风险的领导者，通常也有能力说服他的团队成员实现更为"不可能"的目标。如果凡事讲求安全，仔细分析可行性，并永远希望迈着合理的步伐前进，这样的人永远无法有效地设定挑战性的目标。

你要如何让他人增强责任感？ 通常，父母会受不了孩子忘记写作业、考试前不用功或对学习提不起兴趣，没有努力提高自己的成绩。父母常会说："我的小孩为什么就不能更有责任心？"这句话隐藏的含义是：如果人们能有负责的态度，就会有相应的负责任表现。

最近，我的女儿在学校过得很糟，我以父亲的身份跟她进行了一次讨论，并要她说出自己存在什么问题。她说："我很沮丧。"她的理由是："如果我沮丧，我就无法专心做功课。"很明显，她缺乏鼓励。在我看来，她大部分的"失意"来自于学校考试成绩不好。我要她自我挑战，试着在这种失意的心情下努力学习。我知道她要想成功渡过难关，需要的不只是一场激励人心的谈话而已，所以我给她安排了一位家教老师，一个礼拜来家里几次，帮她复习功课。家教老师在学习方面给她提出了建议，并且友好地对她进行了支持与鼓励。很快，她的成绩开始突飞猛进。当她成绩进步时，沮丧的心情便一扫而空。她开始变得更加自信，相信自己能够成功，同时对自己的行为表现出更高的责任心。她不会再一天到晚跟朋友出去闲逛，她会告诉朋友说："抱歉，我有功课要做。"

有时候态度比行动更重要，但在更多的时候，行动必须置于态度之上。能让领导者有卓越绩效的一项关键区分性能力素质便是"为结果负责"。通常人们在自我改善时，会将重点放在态度的改善上。人们相信，一个人只有态度发生转变，具有更强的责任心，才会有更多负责任的行为出现。"为结果负责"的伴随素质之一是"采取行动，创造成果"。我们的研究指出，被认定能为结果负责的人，通常也会被认定为一个愿意采取行动、创造成果的人。如果人们开始行动，便可以向其他人清楚地表达出自己的态度。想要说服其他人接受你是负责任的，最好的方法便是你自己采取行动。

如何才能提升其他人的生产率？ 要提升生产率，最常使用到的能力素质之一便是"关注结果"。其内涵是：让所有人将焦点都放在目标任务上，为完成任务努力工作，创造成果。当领导者想要改善自己"关注结果"的能力时，他们便会强调实现结果的驱动力或推动力。如果做得太过头，领导者便成了员工眼中不断鞭策、时时检查、百般苛求，最终激怒员工的"恶霸"。这种行为在短期内或许有效，但长期来看，没有哪个人愿意为一个凶恶苛刻的老板工作。

于是我们又发现了一项不太容易察觉的伴随素质。能够做到有效关注结果的领导者，通常也能有效地给予他人反馈，并提供指导。领导者若只会催促员工做得更好，此举即使让他们将焦点放在了结果上，却也没有办法在实现结果的路上向他们提供任何帮助。

为员工提供反馈是一件困难且耗费时间的事，而且多数情况下难以做好。一位员工在谈及无人给他反馈的情况时，如此说道："我完全不知道自己是在向升任公司老总之路迈进，还是可能被贬为看门人。给我点反馈吧。"为什么大部分绩效不佳的员工获知自己的绩效评估为"不令人满意"时都会大感意外？原因就是大多数领导者都不喜欢给予反馈。他们不给出明确的信息，总是通过肢体语言或面部表情传递信号。他们认为员工会对这些暗示做出反应。有些人觉得没有给员工一个肯定的微笑，员工就应该知道自己做得不是很好了！坐下来，与员工面对面地进行交流，并坦诚地向他们提供反馈是一件非常费时的事，而且这在情感上对领导者来说也比较困难，但领导者如果能将反馈这件事做好，将有更大的收获。

一位领导者曾运用以下方法来提供反馈：每当她发现员工的问题所在，便会安排一次会面，与此人进行面谈，并这样说道："从现在开始，我们每四个月会有一次绩效评估，我希望在那时候给你一个肯定的评价，但如果现在打分，我可能不会给你这样的分数。让我解释一下，并且让我们一起看看是不是在真正的绩效评估之前还有补救的方法。"接着，她便会坦然告知对方自己对他的绩效表现存在的某些顾虑，并与他一同想出解决办法，看看如何改进或修补那些问题。

反馈需要重视时效性，最好在问题发生后不久就马上进行沟通。好的教练会提供大量的反馈。他们会站在界线外高声喊叫，或示意暂停以便及时地就问题进行明确反馈。领导者必须要学会提供反馈。

人际交往能力——支撑领导力帐篷的第四根支柱

高效领导力不是高大上的想法、宏伟的计划或精心制定的战略。领导力就是行为，是领导者与人的联系。展现领导力的行为要能被组织内的同事们听到、看到、感受到。

还有什么能比一场好的演说更有力量？ 谈到有效沟通，大部分人都会将注意力放在信息是"如何"传递出去的。我们发现一个非常有趣的现象：与"有效沟通"高度相关的伴随素质是"让他人参与进来"。换句话说，那些被视为能够有效沟通的人，通常都会请其他人表达自己的想法和意见，鼓励对方提出不同的方案及新看法，并确认对方与自己最终达成一致的观点。而在沟通能力上得分较低的领导者只会把注意力集中于如何将自己的信息传递出去。他们会根据自己准备的陈述内容发表演说，但忽略了询问听众是否同意他们的看法。

让管理者发展下属的关键是什么？ 最近我们参加了一场关于员工发展的会议，与会专家来自几家不同的公司。在会上我们提出了这样一个问题："让管理者发展下属的关键是什么？"与会者提供了相当多的建议，我们在此列出其中一些：

- 教会管理者如何指导他人。
- 以如何进行一场发展他人的对话为主题，开展有关行为建模的技能培训。
- 清楚地描绘员工的发展路径。
- 让绩效评估方式和绩效改善流程更具发展性而非评判性。
- 为员工提供一个参照模型，帮助他们了解如何发展职业生涯。
- 奖励为员工发展做出贡献的管理者。

接着，我们询问有多少家公司采纳了上述建议并付诸实践。大部分公司都指出，他们采用了其中的一些方法，包括对领导者们进行培训、教练辅导，向他们提供模型以及进行奖励等，但领导者们所在的组织觉得这些还不够。我们在研究中发现，能够有效发展他人的领导者，通常也对自我发展非常感兴趣，不善于发展他人的领导者对于发展自己也缺乏兴致。根据这项研究，我们建议，若要让管理者对于发展他人拥有高度兴趣，最好的办法便是确保这些管理者自身拥有一个完善的自我发展计划。

这点在以下实例中也得到了证实。我们曾给一家大型食品公司的管理者和有突出贡献的个人提供训练课程，指导他们如何设计个人的发展计划。在评估这些个人发展计划的有效性时，我们发现，对于个人发展计划有兴趣的管理者同样对帮助直接下属制订有效的个人计划怀有浓厚的兴趣。

想象一下，对于一个自认为已经走到职业发展尽头，并且对自己的未来感到有些茫然的管理者，你能期望他为下属制订职业生涯规划吗？他可能会吃力地吐出适当的字眼，但内心深处的真实想法则是："我为什么要给你一些职业规划上的忠告？如果你得到晋升，你会落到跟我一样的境地，没有任何发展前途。在这家公司根本没有未来可言。"

若要组织内更多的人专注于个人的发展，一个好的解决方案便是确认组织内的管理者与领导者是否有一个明确的职业生涯发展计划以及相应的发展机会。如果领导者得到了发展，他们便会有样学样，进而以同样的方式发展下属。

你要如何打造一个卓越团队？我们分析"团队协作"这项伴随素质时，发现"拥有足以信任的关系"与好的"团队协作"之间具有相当高的关联性。这是非常合理的，大部分关系都需要以信任为基础，缺乏信任的团队将会因冲突和成员间的竞争而遭遇困境。那些轻易获得信任的领导者通常具有以下特点：

1. 考虑他人的感受。善用信任的一个关键行为，便是加倍关注自己的言行举止对其他人可能产生的影响。通常在工作截止期限到来前或小组内产生问题时，最容易显现出这种"缺乏"体贴与关心的特质。显而易见，当所有的事情顺利进行时，大家都表现得友好体贴，但要真正做到关心体贴、为他人考虑，就必须能够在"完成工作"与"敏感察觉别人的需求与困难"之间取得平衡。

2. **心胸开阔，待人友好。** 如果领导者心胸开阔，待人友好，他会比那些鲁莽而态度轻蔑的领导者更容易赢取他人的信任。被视为容易相处的人同时也会被视为值得信赖的人。领导者若能努力赢得他人对其地位的认可，而不是强迫性地命令他人接受，将会更容易建立起信任。

3. **不将他人视为竞争对手。** 人们从接受学校教育开始一直到大学毕业，总是处在与他人不断竞争的过程当中。分数曲线让学生将其他人统统视为竞争对手，因为其他人的分数一旦上升，势必会影响自己的排名。当新进员工开始工作时，公司内也会发生同样的情形，尤其是在那些初级工作岗位上。例如，咨询公司会雇用上百位 MBA，并且告诉他们在一两年内会有一半的人被公司淘汰，只有 1/10 的人有机会成为合伙人。

对于领导者而言，职业生涯的一个关键转变便是不再将公司其他人视为竞争对手，而是将他们看作团队中的一名成员。但是，如果将其他人的成就归功到自己身上，或因其他成员获得成就而感到威胁，这些都会扼杀"信任"。领导者若能在团队成员犯错时提供支持，并且接受失败这个结果，而非将整个团队的失败归罪到某位团队成员的表现上，这种对事不对人的做法将更易赢得下属的信任。

4. **其他人对领导者的能力及知识有足够的信心。** 专业知识赢得信任。相信领导者有能力完成复杂困难的目标是建立信任的关键。除了要表现出友善与体贴的行为之外，能够展现出足以令人信任的能力，以及做出正确决策的能力，也是建立信任的关键。

5. **认真倾听他人。** 我们也注意到一个有趣的现象，那就是"倾听"与信任也有相当密切的联系。有些人认为，用"说话"的方式可以建立信任，而我们的研究发现则显示，倾听他人的看法、表达出对他人意见的浓厚兴趣也能够建立起信任感。

6. **坦诚率直。** 信任的一个重要因素便是"诚实"。要建立信任的关系，对人坦诚是非常重要的一点。光拣些人们想要听的话说，或是隐瞒事情的真相，这些行为都会侵蚀他人对你的信任。有时候，某些信息是机密的，无法与他人分享，坦诚率直的领导者便会直接指出这一点，告诉对方那些特定信息是不能公开的。

如何激励他人？ 当人们想到"激励他人达成更高的绩效标准"这件事时，常常会想到将员工们锁在会议室里，管理者对他们进行一场振奋人心的演说，或是挥舞着旗子，带领员工们冲锋陷阵。"激励他人"的伴随素质是什么？对此我们也无法给出明确的答案。[4] 当我们收集到的资料不断增多，我们对于"激励"的认识也发生了很大改变。被评定为"高效激励他人"的领导者通常在以下三个方面得分较高。首先，他们坦然地接受"领导者"这个角色。在他们的理解中，无论他们是否愿意，都应成为行为典范。此外，他们也支持变革，积极主动，在各项事宜上充当先锋。其次，领导者具备的另一个能力是了解和掌控自己的情绪。人的行为在很大程度上是由情绪控制的。因此，领导者应该意识到，他们的情绪对其他人具有很强的感染力。其他人会因为领导者的喜好备受鼓舞或是感到受挫。

第三方面则包含六种具体的行为，善于激励的领导者会通过这些行为达到自己的目标。这六种行为依次为：设定挑战性的目标、提供明确的方向和愿景、与他人有效沟通、发展他人、鼓励团队协作，以及鼓励创新。此外，我们发现，善于激励他人的领导者会对合作对象表现出充分的信任。

这类领导者对团队成员非常有信心，相信他们能取得卓越的成就，也相信他们会努力工作，跟进每一个任务，并且为了实现目标竭尽所能。他们对于其他人有正面的期待，不会事事监督，而是会常常鼓励他们发挥潜能，做到最好。对成员有高期待，本身就是对他们的鼓舞。

想要全面了解更多关于激励员工的信息，读者可以参考我们的另一部专著《激励型领导者》（*The Inspiring Leader*）[5]。

引领组织变革——支撑领导力帐篷的最后一根支柱

有些人认为，管理和领导之间的主要区别在于，领导者认识到变革的重要性，而管理者则更满足于保持现状。

我们的研究证实，高层管理人员与中层及中层以下的管理人员之间在能力上存在一个主要区别，这个区别与引领组织变革的行为群组有关。

要让他人做出改变，有什么有效的方法吗？ 在研究"引领组织变革"的伴随素质时，我们发现，"善于发起变革"的领导者通常也会被认为"愿意承担风险"，并且愿意"挑战现状"。当领导者因不能全心全意支持变革而无法做出某些改变时，下属也会有样学样。若领导者首先拥有某种受人推崇的能力，并以身作则，那么在整个组织中推广这项能力就变得简单多了。事实上，一些变革推动者认为，除非领导者的行为与组织的文化价值是一致的，否则组织的文化几乎不可能被改变。在组织中有效引领变革的领导者，同时也愿意挑战那些拒绝任何变革举动的人。

大卫·科恩斯（David Kearns）在担任施乐（Xerox）公司总裁期间，尝试要在整个公司引进全面质量管理计划。有两位副总裁对该计划多有批评。这两位都在自己的岗位上有不错的表现，但科恩斯需要不停告诫他们要加入到整体变革当中。如果科恩斯继续姑息这两位持不同意见者，不采取任何行动，就相当于发出这样的信息：质量变革行动并没有那么重要。他决定解雇这两人，让所有人知道，他们是因为没有支持质量管理计划而遭到解雇的。

我要如何让其他人接受新的战略路径？ 出色的战略家相信逻辑，也相信谨慎的分析。他们当中许多人认为，通过全面的分析与缜密的逻辑思维，他们能够在几乎所有争论中获胜，并且能够解决所有问题。他们通常还认为，只要策略是具有逻辑性的，其他人就一定能接受——他们自己就是因此接受某些策略的，所以其他人也应该会有同样的表现。

我们发现，在"战略视角"与"自信"之间有一个非常有趣的联系。被认为具有出色战略观点的领导者，通常也会被评定为"高度自信"。这种关系看起来似乎是：为了要让别人信任你，你应对自己具有充分的信心。自我怀疑、犹豫不决、举棋不定，或是过度内向等都可能让一个经过分析验证的，具有逻辑性的战略计划走上末路。鼓励他人接受新的战略和方向，有两个重要议题是相关的：

首先，最有效的工具便是情感的运用。让他人对新的方向和战略计划抱有高度的热忱和激情，这是领导者应该具备的一项关键能力。一方面，成员应了解计划背后的逻辑性；另一方面，他们也应清楚战略计划的价值和影响力。

其次，领导者应确保他们的行动方案与新方向的一致性。他们应以身作则，并且小心行事，保证他们的言行举止与大方向一致。比如当公司风向转变，开始强调成本控制时，领导者应仔细检查日常的个人开销，杜绝超支，确保自己的榜样作用。

领导力发展的新方法

伴随素质的研究提供了一个独特的视角，让我们可以从新的角度来思考领导者如何改变。现有的各种方法多在鼓励人们使用线性的发展计划，虽然线性计划也具有一定成效，但那只针对现有绩效表现较差的领导者。线性计划可以帮助这些领导者的绩效表现由"糟糕"上升为"优秀"。然而，此书的重点是要帮助领导者从"优秀"上升到"卓越"。伴随素质的研究向领导者们展示了新的发展路径图，告诉他们如何到达最终目的地。该路径图提供了新的解决方案，而这些方案大多数是反直觉的。

这些新的方案在研究中一一得到了证实。统计数据显示，主行为与伴随行为是高度相关的。于是我们寻找一种行为影响另一种行为的原因。一般来说，领导者越想尝试在某些特定能力素质上实现卓越的绩效表现，就越难找到一个真正有效的改善方法。当领导者在某一能力素质上的绩效已有不错的表现时，使用线性的思考方式是没有用的，因为线性发展无法由

"优秀"的水准再往上提升。然而,非线性的方法则提供了另一种可行的路径:想要在能力素质 A 上实现卓越的绩效水平,我需要在 B 和 C 两项能力素质上实现高绩效水平。

我们尝试找到一个完整的伴随素质组合,以此协助领导者发展优势。根据我们的经验,领导者通常会发现自己在 1~2 项伴随行为上表现不佳。一旦在此弱项上有明显的进步,他的整体效能便会得到显著的提升。一位领导者曾对此发表过这样的评论:"我需要提高效能的伴随行为就像是一个疼痛的大拇指一样,如此明显地困住我,成为我的拖累。"领导者通常会自己挖掘出其中的道理,了解某些伴随行为的糟糕表现为什么会影响他们本来试图提升至卓越水准的素质。伴随素质所提供的另类见解是非常具有说服力的。我们以帐篷来比拟领导效能,这种方式可以让人理解,伴随行为将会如何影响他人对你的整体领导效能的认知。

最后再次强调,对于高效能领导者来说,帐篷的延展空间很大。而伴随行为则代表了那些目前不存在、短了一截或位置安放错误的"帐篷支柱"。通过提高每种伴随行为的领导效能,帐篷就可以被撑得更高,整体领导效能就会得到极大的提升。而那些曾亲身体验过这种方法的人对此大加赞赏,这种方法对他们由"优秀"迈向"卓越"帮助巨大。

验证伴随行为的影响力

我们在最初的研究中提出了这样的理论,即具有致命弱点的领导者可以用线性方法改善自己的领导力,但如果想打造优势就需要不同的方法了(比如非线性方法)。本章我们提供了很多伴随行为的实例。我们想要回答的问题是:"伴随行为真的这么有效吗?"

我们是在对多个数据集的成千上万名领导者进行研究时发现伴随行为的。对于我们的假设,我们有充分的信心,即改善伴随行为会反过来提升某些特定能力素质。但我们最初的数据是基于相关性而非实验结果得出的。

进行前测和后测后得出的数据为我们提供了一个机会。我们可以借此验证伴随行为对特定素质的提升究竟有多大影响。

为了确定伴随行为的影响，我们研究了882名领导者的数据。这些领导者都参加了"卓越领导者360°反馈评估"及研讨会。每个参与者都针对某一特定素质制订了改善计划。通过对比前测结果和后测结果，我们发现157名领导者"鼓舞和激励他人"的能力有了显著提高。许多人认为"鼓舞和激励他人"的能力是天生的，无法后天习得。我们的看法是，有些具体行为能够提升人们激励他人的能力，只要领导者对这些行为有深刻的认识，就能在激励他人方面做得更好。

从图8-3中我们可以看到，与前测数据相比，后测数据显示领导者们鼓舞和激励他人的能力有了显著提高。提升幅度为40个百分位，从第33个百分位上升到第73个百分位。这是一个巨大的转变，从排名后1/3上升到排名前1/3，甚至更靠前。

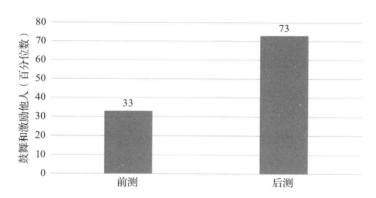

图8-3　157位领导者在"鼓舞和激励他人"方面的评估结果

是什么造成了如此重大的转变

以上实验中的每位领导者在参加前测之后，都得到了我们与之共享的一项研究成果，即某些特定的伴随行为与"鼓舞和激励他人"的能力是相关的。我们之所以选择"鼓舞和激励他人"，是因为这是一种很难提升的能力素质。想象一下，你接到一项任务，要变得更善于激励和鼓舞别人。你怎么办？很多人还没开始就想放弃了。在我们对伴随行为的研究中，我们确定了 10 种行为。改善这些伴随行为，就能让领导者们变得更善于鼓舞他人。相比之下，这些伴随行为更直接也更容易操作。比如，我们发现，善于鼓舞他人的领导者也非常善于跟人沟通交流，而且他们会把信息及时告知自己的团队成员。更有效地鼓舞他人可能看起来很难，但更有效地沟通对大多数人来说似乎就简单多了。于是每个领导者都根据自己的个人情况，选择了 2~3 种他们最有意愿付诸行动去改善的伴随行为。

图 8-4 中，我们给出了伴随行为的前测得分与后测得分的对比结果。图中的伴随行为是按照前测和后测变化程度大小进行排序的，所有变化从统计学角度来讲都非常显著。这一研究结果表明，通过改善这些伴随行为，"鼓舞和激励他人"的能力也会相应得到提升。请格外注意这一点，即每一种伴随行为都发生了统计学意义上的显著变化。

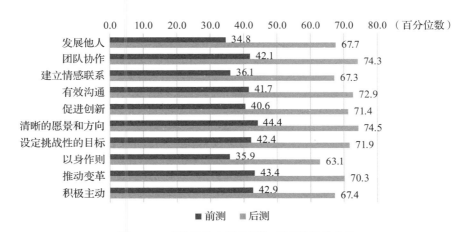

图 8-4　对伴随能力的前测和后测结果的变化

这一结果给了我们很大的信心，证明我们最初的研究是正确的。打造优势的方法是利用伴随行为来提升想要改善的目标素质。由此，领导力优势才得以形成。

基于实证的领导力发展理论

本章及本书中所介绍的其他研究，共同证实了基于优势的方法具备有效性，也具有重要价值。这些研究也证明伴随行为是有效的。领导力发展项目如果不使用这一方法，领导者个人将不知从何处入手来打造优势，参与这些项目的领导者压根不知道该采取什么行动。这些项目的关注点都在弱项上，最多能让领导者们的表现从"糟糕"提升至"良好"，但他们错过了能为组织和个人都创造最大价值的方法。我们知道这种方法有用。我们也知道，使用了这种方法的领导者们已经看到了它的价值，并且能够迅速而有效地采取具体行动，让自己的领导力得到提升。

第九章
个体如何自我发展

纵观全美，无论在企业里还是政府部门内，数以百万计的高层管理者都以为，因为自己身居高位，所以有了一群追随者。这绝非事实。身居高位只是让他们有了下属，下属能否成为追随者，取决于高管们能否像领导者那样行事。

——约翰·加德纳（John Gardner）

长久以来的问题

说到领导力，总有些人免不了要问这样的问题："领导者不都是天生的吗？"有位管理者问道："我真的能把自己变成一个更好的领导者吗？"也有年轻的大学生这样问："我具备成为领导者的潜质吗？"这样的问题不断被提出。提出问题者都是颇有见识之人，且出发点都是好的。因此，我们觉得有必要再一次解答他们关切的问题。

一方面，领导者是天生的

首先，我们得承认，一般人认为"领导者是天生的"确有根据。管理大师德鲁克在《管理的实践》（*The Practice of Management*）一书中曾提到："领导力是无法教授或习得的。"[1] 长久以来，有大量有关领导者个性品质的研究强有力地证明，一个人的个性品质在一生中不会发生太大的改变。其他研究者则分析了父母对其子女的深刻影响，以及他们在塑造子女主动承担责任、发展领导能力等方面扮演的角色。这些品格在一生中都不会有太大的改变。

加州大学伯克利分校的心理学家哈里森·高夫（Harrison Gough）曾经提到，他发明的加州人格量表（California psychological inventory）中的"支配"（dominance）子量表是选择领导者的有效工具，其他心理测验也被成功地应用在领导者的筛选上。领导能力通常会在小学、中学以及大学阶段就逐渐展露出来。对工业领域以及军队一些领导者的长期研究也表明，这些关键品质会在人生早期显现出来，并且此后几乎维持不变。

最具效力的测定工具要算传记量表测试（biographical inventory tests）。人们会被问到一系列有关他们人生早期所发生的事（比如"你是否曾在学校担任过队长、学生会主席或在小时候做过什么样的'生意'？"）。因为过去是预测未来最好的指标，通过分析一个人的过去可以很好地预测其未来的行为，而领导者的行为模式通常在人生早期就已建立。

此外，也有研究显示，领导力与某些生理特征也有一定的相关性（例如身材较高的人，通常被认为具有较强的领导能力）；体内的化学物质也会影响到领导力（例如男性荷尔蒙的多少与领导地位的高低有关系），这样你就可以理解为什么大家总会问领导力是不是天生的了。

另一方面，领导者可以后天培养

虽然心理测试或童年经历可以用来预测人们未来的领导潜力，但很明显，还是有相当一部分领导者的成功不能归因于此。到目前为止，没有人能找出一个因素，可以一以贯之地预测谁会是成功的领导者。我们的身边有相当多"大器晚成"的例子，在他们的人生早期或许没有迹象显示他们会成为杰出的领导者，但后来的事实却出人所料。林肯和杜鲁门就是这样的代表。

另外一点是：组织文化各有不同，如果将恰当的人与恰当的组织搭配在一起，他们成为杰出领导者的概率会更高。始于硅谷的高科技产业让许多在传统组织中可能没有机会出头的人也获得了成功。

关于领导力的一些长期研究表明，有超过 1/3 的大学毕业生，过去曾被预测无法晋升到很高的领导职位，但后来却做到了。这证明了努力工作、坚持不懈，以及不屈不挠（或许再加上点运气），是可以让人成功的。

我们的结论

因此，我们认为，正确答案介乎这两种极端之间。詹姆斯·库泽斯和巴里·波斯纳曾写道："如果我们不承认，在领导力方面，有些人确实比其他人有更高的成功概率，那么我们就是不够诚实。但这并不表示普通的管理者不可能成为卓越的领导者。"[2]

赫伯·西蒙（Herb Simon）也曾写过："当一个人天生具有某些优势（例如智力、活力以及与其下属互动交流的能力等），再加上大量的练习、学习和经验，将那些天资发展成娴熟的技能，我们确实可以说这个优秀的领导者是天生的。"[3]

我们的想法与以上观点相似。毫无疑问，有些人来到世界上便被赋予了一些优于他人的自信心或聪明才智，这明显是一种优势。但是对于这一群人来说，即使被赋予了这种得天独厚的优势，也仅有一小部分人能够真正成为卓越的领导者，取得非凡的成就。这其中的差别在于后天是否努力、深入思考、勤勉好学，以及是否愿意突破个人舒适区，接受挑战与磨炼。

因此，卓越领导者现如今的成就大部分都是个人努力的结果。如果你赞同这种说法，即当我们说到领导力，我们指的不是某个人，而是由某个组织中的很多人展现出来的一系列行为，那么就比较容易接受"每个人在领导力上都可以有更好的表现"这样的说法。稍作折中后，我们将对此问题的看法整理如下：

- 有些人天生即具有某些明显的优势，但是……

- 几乎所有人在通过针对性的领导力发展活动后，都能成长为更好的领导者。
- 大部分领导者是后天培养出来的，而不是天生的。

个人如何自我提升

《结果导向的领导力》一书中提到了 14 种方法，帮助人们改善他们的领导成绩。[4] 在本书中，我们的重点放在提升领导者所需要的素质与技能上。接下来我们提出 25 项建议，可以帮助各位读者提升一些特质或行为，它们对达成结果至关重要。切记，你在任何一项建议上所做的改善都会对很多其他能力产生正面的影响。你的努力绝不可能只孤立地作用在一种特质或能力之上。某一方面得到改善，其他许多方面也必然会跟着提升。

建议 1：下定决心成为一名卓越领导者

这其实是两个决定。第一，大部分人都不会把领导者跟生活中其他角色画上等号。在青年时代，一个人可能会想成为医生、律师、分子生物学家或是摇滚乐手，但你一定没听过有人说："我长大后要成为领导者。"我们将领导者视为另外某种角色的附属品。但有一天这种情形可能会发生改变。对于组织内的人而言，第一个决定便是要明确在组织中"成为领导者"是否是重要的，是否值得你持续地努力。第二个决定就是要成为卓越领导者，而不是一个平凡无奇的领导者。这关系到你是否下定决心做到超越一般或普通水准，在组织中真正做到与众不同。

这种决定的积极一面是它并不会是零和博弈。每个人都可以树立成为卓越领导者的目标，而一个人的领导效能提高也绝对不会影响另外一个人的成功。在这样的博弈中，每个人都可以获得最后的胜利：一个人的胜利也可以带动其他人。要成为一个高效能领导者，需要全身心地投入到目标的实现当中，并且做到心无旁骛、坚定不移。

建议 2：发展并展现出高尚的个人品格

领导者常常需要在两个看似相反的力量间艰难地寻求平衡。领导者必须要愿意担任引领者的角色。这意味着领导者必须要召开会议、传达命令、推动工作、识别人才、平息异议等，同时也必须拒绝那些不合理的预算需求，或是必须解雇一位绩效不佳的好朋友。作为一位领导者，你必须愿意担负起掌控一切的责任，并确认团队运行顺畅。

我们曾经观察过一位刚被任命的大学校长，他希望能与过去的同事保持密切关系，并不希望这些老关系有变化。因此这位新校长保持着过去的行为举止与谈话方式（包括抱怨学校的行政效率等）。几个礼拜后，很明显，这位校长不能胜任他的新岗位，因为他实际上并未适应角色的转变，没有主动承担"校长"这一角色的职责。

这样的情形同样存在于政府部门或企业内。一位领导者必须要愿意扮演他所在岗位的角色，包括这个角色被赋予、被期待的各种表现与作为。

与要求"扮演好领导角色"相反的力量在于，组织内的基层员工非常讨厌高层的傲慢自大。他们不喜欢领导者总是摆出一副优越感、高傲或不尊重别人的态度。这两股力量中间的界限是非常微妙的，领导者必须谨慎把握其中的尺度。

因此，我们对所有领导者的建议是：保持谦卑的态度。善于自嘲，不要夸耀自己的权力。谦卑的态度会让你平易近人，也更容易与员工建立融洽的关系。领导者需要找到可以反观自己言行举止的镜子，这面镜子可能是组织内部的导师，或是一位值得信任的同事或下属，也可以是一份360°反馈报告。不管是哪一种，领导者都必须要时时了解他人如何看待自己的品行，以及自己是否真正为他人所信赖。如果没有信任，你绝对不可能对团队施加什么影响力。

此外，你也必须谨慎地做出承诺，一旦说到便要做到。同时也必须注意不要说大话，不要过度承诺。一定会有人问："人们真的可以改变自己的品格吗？""我要怎样才可以改变我的个人品格？"答案可能会让读者大吃一惊。之前，我们都相信存在着以下的关系链：

品格→态度→行为

但事实上，行为才是起始点。人们会让自己的态度匹配行为，最终让自己的品格与自己的行为趋于一致。因此，参加一个效果显著的旨在提高人际交往能力的技能培养项目，将对参与者的态度产生决定性影响。当人们学到一种新的行为并且加以练习之后，他们的态度会发生相当奇妙的变化，最后品格也会随之改变：

行为→态度→品格

建议3：发展新技能，增加发展性的经历

对大多数领导者而言，能够获得的有关领导力提升的资源还是有很多的。有的可以直接从组织内获得，由组织提供费用支持或赞助，有的可以从当地大学得到，还有一些机构会发放这方面的学习和培训资料。对领导者而言，关键是要勇敢地走出自己的舒适区，去做一些真正让自己得到发展的事情。领导者必须要舍得在自己身上进行投资，许多发展活动都需要他们在工作之外投入更多的时间和精力。

本书作者之一与一位"自我发展"的传奇人物非常熟悉。他们每年会固定聚会一次，大家的第一个问题通常是："迪克，你今年又玩了什么新玩意？"每年迪克都会进行自我学习的新探险，从"疗愈"到企业再造论坛等，无奇不有。每一项活动都为迪克的品格或知识领域提供新的维度。虽然一般人可能不会选择他所选择的学习项目，但他给我们的启发是：不妨规律地要求自己"每年花时间学一项新技能"。

参加你的组织提供的任何一项发展计划，或是报名由当地大学开设的课程，甚至加入由咨询公司开设的训练项目。持续发展自己，不管是在大众面前进行演讲的能力，还是撰写精准的企业报告的能力。我们要再次重

申，你每学习、每使用一项新的技能，都会带动其他技能一起得到提升。

建议 4：寻找一位教练

许多组织都会雇用专业教练与组织内的主要管理者一同工作。他们发现，邀请一位有能力的专家型教练为高层提供客观而具建设性的反馈，是一项非常值得的投资。人们在组织内的位置越高，就越难听到关于自己的真实情况。因此，随着领导者们在组织中的地位越来越重要，就越突显出这一类教练的价值。

值得一提的是，许多国际级的运动员都会花钱请一位教练跟他们一起练习。一流的网球选手及高尔夫球选手也会聘请私人教练。在专业运动队伍中，运动员也会接受球队特别聘请的教练，持续提供专业的指导。在橄榄球队中，还为进攻、防守或特别任务小组的球员聘请不同的教练，有的甚至还有专门的"四分卫教练"。

有些高管会建立他们的"私人董事会"，主要针对个人职业规划或个人绩效表现提供一些反馈。

教练辅导已经慢慢成为一种趋势，部分原因是大部分高管都不擅长给其他人提供建设性的反馈或对此感觉到不舒服。最有效的方式是由教练与领导者定期讨论如何迈向成功，并且共同拟订接下来的行动步骤。这样的流程可以增强领导者对此行动的强烈责任感，并且将各种计划落实到具体的行动上。

建议 5：识别自己的优势

德鲁克主张："自我发展是让你把已经擅长的事情做到更好，同时也让你不必担心自己做不好的地方。"[5] 为了达成这样的目标，德鲁克建议：

- 将你过去两三年的主要贡献列出来。
- 明确组织希望你做到的事情，以及你所负责的范围。

- 明确哪些事是你无法做到的，哪些又是你可以做到的。
- 寻求一个苛刻的任务，让你有机会做到与众不同。[6]

德鲁克凭借自身的智慧和洞察力，提出了对领导者们非常有益的建议。很少有领导者会花时间记录自己在过去几年做出的主要贡献。但若要了解你的优势所在，有什么比过去的成绩更能说明问题呢？过去的成就也揭示了未来你在哪些方面会继续做出突出的贡献。将你的成就一一列出，也可以让你看看自己在"关注结果"一项上表现如何。每一位领导者，或是每一位认真思索领导力的人都应该列出自己对组织的贡献。如果你没办法做到这一点，那么你就必须要慎重考虑，自己是不是有"缺乏行动力"的致命弱点。

一系列针对组织的研究发现，人们往往不清楚其他人对他们有什么样的期望，尤其是不了解同事或老板希望他们个人有什么样的表现。我们认为，将重点放在优势的扩展上，绝对要比努力弥补缺点来得有意义，而且更有实质的效果。

我们想用每一位读者都曾有过的亲身体验来说明这一点。回想你的高中及大学时代。假设你非常精通数学和其他量化学科，你在代数、三角函数和微积分科目上都有非常棒的成绩。但另一方面，语法与作文对你来说就非常吃力了。你一点也不喜欢研究语文，而且你学得也不好。你决定要采取一些行动，让自己迈上"优秀学生"之路。你会选择什么样的路径呢？你会埋头苦干，苦学语文？还是从数学开始，并立志在这一领域获得辉煌的成绩呢？

首先，你在哪个方面内驱力最强？在我们看来，你对数学的热情让你更容易在这方面表现突出；你喜欢与这个领域相关的所有基础课程与活动。你的思考过程会下意识地偏向量化分析。

第二，你觉得自己在哪个方面能持续得到奖励？同样，我们认为你在从事与量化分析有关的一切活动时，得到正面回馈的概率会高于与语言相关的一切活动。很少有人会因为你的语法或作文得了个普通的分数就对你赞誉有加。

接下来，你认为自己最容易有大幅进步的是在哪一个领域？根据一般常理来推断，你也许会说，一个人应该是在他最弱的部分才最有可能获得进步——但那只是可进步的空间，并不代表你实际能做到的程度。而且，每个学科都有很高的天花板，不管你现在是多么优秀的学生，你在所有的学科上都有很大的成长空间。

最后，哪一条路径最能让你建立起个人声誉？在某件事上有杰出的表现，将会对你的其他能力产生一种"光环效应"。这种效应有时会夸张到可笑的地步，比如有些电影明星被问及关于导弹防御系统的高见，还有人会引用某位诺贝尔物理学奖得主就人工智能议题发表的看法。这些做法虽然可笑，但也情有可原。为什么？因为他在某一领域中的知识如此渊博，思维如此活跃，以至于我们认定，这些天赋也会"溢"出并蔓延到其他领域。无管如何，在"某件事"上有优异的表现绝对会塑造出一种形象，让他人认为此人在"许多事"甚至"所有事"上都会有出色表现。

信心和能力素质：为什么专注优势更能建立自信

为什么将重心放在优势上会比较容易入手？信心在一个人提升能力的过程中至关重要。我们常常看到，有些人只要能力达到一定的水平，就被认为具有某种能力。在一个"安全"的环境中，他们能够做一场有效的演讲。然而，在一群高管或顾客面前，他们拒绝进行演讲。他们不是不知道该怎么做，也不是没有能力做，他们只是缺乏"在更具挑战性的情况下尝试"的信心。

我们认为优势可以建立信心。信心就像是面团中的酵母一样，一旦被发酵，其他部分也会跟着膨胀起来。因此，由优势入手更容易让人产生信心。

为了验证这一判断，我们进行了一项研究，让一些领导者使用 10 项

指标给自己的自信心打分。然后，我们将他们的打分与卓越领导者 360°
反馈评估结果进行关联。我们匹配了 693 个由所有评估者对总体效能进
行评估的案例，以及 623 个由被评估者的上级对其总体效能进行评级的
案例。总体领导效能指的是，评估领导效能的 49 种不同行为的总体平均
值。图 9-1 是研究结果。可以看到，随着领导者自信心的增强，他人对其
领导效能的评价也有了显著的改善。不但被评估者的同行和下属对其评价
提高，其顶头上级对其领导效能的评估也是如此（所有评估者：F=4.032，
Sig.003；上级：F=2.936，Sig.020）。

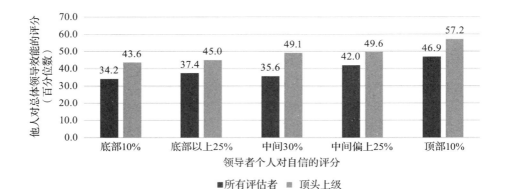

图 9-1 领导者个人的自信评估对比他人对其领导效能的评估

以上研究的数据似乎说明，如果一位领导者的自信程度比较低，那么
他人对其领导效能的评价也会相对较低。领导者如果高度自信，他的领导
效能也更接近总体平均水平。

为什么发展优势会更容易成功？

多种因素共同作用的结果导致我们将重心放在发展优势上会比修补弱
势更容易成功。

- 我们注意到，人们比较喜欢做自己喜欢及擅长的事情。因此，人们
  一开始愿意去尝试的一定是自己的优势而不是劣势。

- 优势行为会自然而然地产生，而个人所不擅长的行为不会。劣势往往让人感觉力有不逮、笨拙而不适。
- "扩展优势"要比"修补缺点"更容易获得他人正面的奖励与赞赏。
- 新技能的应用将会导致另外一些能力的产生，给人带来意想不到的回报。比方说，领导者加强倾听技能，并且知道只去倾听是不够的——关键在于"倾听的同时给予恰当的关注及反馈"。管理者这样做了之后，会连带产生如下的效果：

    — 领导者与其他成员的关系又进了一步。

    — 他们将会担负更具挑战性的任务，一部分是由于其他人给予了自己更多的尊敬与关注度。

    — 领导者对于团队的信任，以及帮助人们学习的举动，可以让人有突飞猛进的绩效表现。

    — 他们会坚持其他人要不断改善绩效的观点。

    — 顾客满意度增加，因为重要顾客也感受到了来自组织高层的、对顾客服务更高一级的关注度。

建议 6：识别你的缺点，想办法让这些缺点变得无关紧要

这一点是德鲁克的概念和哲学。没有人是无所不能的，通过授权、使用外部资源与重新分配任务可以让你的缺点变得对工作无足轻重。

确定哪些事是你可以做的，哪些是不能做的，这一点非常有价值。最明显的成就便是可以确定你在组织中的角色，让你发挥特定的优势，并找其他人修补你的缺点。

建议 7：修补致命弱点

如果你认为你具有某一项或某些"致命弱点"（我们在第七章中曾提到），那么你必须马上开始采取行动进行修正，尤其是对你的过往经历进行反思。

- 你可以从过去的经验中学到什么？
- 说得更明确一点，你可以从那些没有做好的事情中学到什么？
- 你做了什么不同的事导致了那样的结果？
- 如何做才可以避免重蹈覆辙？

建议 8：拓宽你的任务范围

在针对领导者发展计划所进行的研究中，安娜·维勒利（Anna Valerio）的结论是：最重要也是对工作最具影响力的领导力发展计划，就是拓宽现有任务的职责范围。这可以通过晋升的方式实现。你也可以在任务中加入更多的职责、更多的预算或人力来扩大任务的范围。关键在于，新的任务要比过去的任务范围更广，而且要有区别。最重要的是你的责任也增加了。[7]

拓宽任务的范围，可以由组织的高管主动指派，也可以自己想办法实现。争取调岗的机会也是扩大任务深度与广度的一种方式。执行新的程序或启动新的项目同样可以达到目的。

这种方式将提供非常好的机会，磨炼你"关注结果"这方面的技能。为了进一步展示这种技能，领导者必须愿意接受一些特殊项目，可能需要独立工作或是与一个小团体合作。这个项目由公司某个部门或公司全体负责。这样，领导者可以学习到更多有关组织整体运作的知识，并能在组织内获得更高的可见度。

建议 9：向榜样学习

通过谨慎的观察，领导者可以增强对于商业的敏感度，并且增进自己的人际往来能力。有时候，作为行为模范的人们会自愿提供指导，他们会乐意提供咨询与建议。仅通过观察或倾听就可以学习到许多知识。你可以看看孩子的学习方式。他们看到大人用汤匙或叉子吃东西，便会模仿大人的行为。社会学习理论指出，这种靠观察学习的能力在我们青少年时代功不可没，但我们成人后也并不会遗失这种能力。事实上，许多知识都是在非正式的情况下无意中学到的，我们只是突然发现自己的行为在某些方面有向他人靠拢的趋势。

有时候，我们会在观察他人的行为中学习到"不要做哪些事"，但从榜样行为中学习到"做正确的事情"对我们的帮助会更大。因此，向榜样学习，尤其是关注他们处理困难情境的方法，对我们来说是很重要的。

在与领导者的访谈中，他们总是会告诉我们哪些高管给予他们相当大的影响或给他们留下了深刻的印象。通常，这些高管会以个性化的方式来表达他的兴趣与鼓励。他们会冒险将一些具有挑战性的任务交给那些自认还没有准备好的人。在某些情况下，高管会邀请被培养的领导者一起拜访一位重要客户，或是参加重要的行业会议。在这些交谈中，我们明显地感受到这些领导者对于那些堪称行为模范的高管有着深深的敬佩与喜爱之情。

建议 10：从错误或负面经验中学习

我们之前曾提到，一项导致职业生涯不断发生触礁现象的致命弱点就是无法"从错误中学习"。各项研究明确表示，"从错误中学习"是一种非常有成效的自我发展工具。这一类的错误或负面经验可能是遇到一个难缠的老板，或是接收到来自下属的苛刻反馈。然而，这些对于一个愿意学习的人来说是提供了绝佳的发展机会，善加利用便会受益匪浅。以健康的心态面对错误与负面经验，将对绩效的改善与提升有相当大的帮助。错误也可以视为学习过程的一部分。有些人可能不同意这种观点，不过著名的篮球教练约翰·伍登（John Wooden）曾说过这样的话："犯错最多的队伍将赢得最后的胜利。"

建议 11：给予并接受建设性的反馈，并且学习以健康的心态接纳这些反馈

大部分组织都不太善于提供反馈，不管是哪一层级的员工或管理者。想要别人给予你有价值的反馈，通常自己应该本着诚恳的态度去主动要求。

学习与发展的过程都离不开反馈的支持。在领导者对自己的看法与下属对他的看法之间，通常存在着很大的差距。弥补这个缺口的最好方法便是提供反馈。阻碍组织内反馈的原因非常多。好消息是，当我在听到一些与自我认知不相一致的信息时，我会改变自己的"行为"，而不是改变对自己的"看法"，这是反馈的巨大力量。

下属是提供反馈的最佳人选，当你邀请下属给出反馈时，这样的互动可以创造出更稳固的工作关系。要将反馈视为了解他人对你的认知的重要方式，并且首先思索反馈的意义所在。你必须要认定提供反馈的人的动机都是正面的。不断请他人提供反馈，这是让你不断进步的不二法门。

我们一次又一次见证了领导者利用来自直接下属、同事和上级的360°反馈信息，不断地提升自我能力。从反馈信息中，他们确认了今后要发展的优势，了解了亟待解决的问题以及处理问题的方式，然后便采取适当的方法不断提高自身能力。而我们最大的贡献就是不干扰领导者所做的事。

建议 12：从工作经验中学习

领导者在着手推进每一个项目前，如果他了解预期达成的结果，以及时间进度，将会对项目大有帮助。领导者可以将实际取得的进展与预先的目标做比较。如此，每一项活动或每一个项目都会成为学习的宝贵机会。领导者可以找出原因，了解实际结果为什么会比预期结果还要好，或是为什么开支会超出预算，或是为什么会遇到其他部门的阻碍等。自我发展的

一个重要部分，便是找出一套让你从经验中学习的机制。

我们可以通过运动的例子进行说明。大部分橄榄球比赛都在周末进行，运动员在星期一观看录像带，接受评论。为什么呢？教练希望球员可以从他们的经验中学习。很幸运，通过反复观看录像，他们可以从不同的角度来观察并分析比赛。领导者必须要建立一个强力的反馈流程，这将有助于改善每一次"实战"的绩效水平。

建议 13：弄清组织现在所面临的现实状况

好的发展计划应该能够同时提升一个人的品格、知识和行为三部分。此处主要着重于知识。一项重要的领导力发展活动便是帮助领导者"跳出画面看画"，以旁观者的身份谨慎、敏锐地审视自己所处的角色。接下来，想象着用不同身份去观察自己，如竞争对手、供应商或顾客等。你要清楚地掌握行业趋势，并且了解你的组织是否顺应趋势的发展。对于产业相关技术也要有一定的熟悉度。

高效领导者的一项关键能力便是坦然面对事实。如果你不愿意正视现在所处的境地，那么你很难带领你的组织继续前进。对你自己要特别坦诚，并且鼓励其他人做到同样坦诚，这是让你了解组织真实情况的最佳方式。

建议 14：学会战略思考

我们常常听到高管这样抱怨自己的下属：他们的思考完全停留在战术层次，就是没办法上升到战略层次。对许多人来说，战略思考看起来像是个"谜"，他们也找不出什么方法来让自己获得那种神秘的能力。事实上，有不少关于战略思考的好书，可以帮助人们了解战略的基础知识。它们就如同一张地图一样，帮助你充分理解组织所做的每种战略选择，并且慢慢习惯融入更具战略性的讨论之中。[8]

建议 15：用故事来与他人沟通

学习用讲述故事的方式来传递重要信息，让其他人通过那些故事与你产生情感上的关联。故事有助于降低问题的复杂度，使其简单易懂。它们也容易被记住，并且可以让听者产生更强的共鸣。理解组织文化的最佳方式，就是倾听流传在组织内的那些故事。因此，你可以搜集那些重要的故事和轶事，并运用在内部的对话之中。接着，运用讲故事的技能作为传达重要信息的最佳途径。以适当的例子和故事来清楚地阐释你想要传达的重要观点。

建议 16：将活力注入每时每刻

关于领导力，其中一个需要理解的关键点是：领导者必须要将激情、热情与活力带入到每件事情中。他们需要点燃其他人的热情，促使他们不断向前迈进。我们都知道有些人是强有力的"能量吸收器"，当他们在场时，会将会议室中的能量统统吸走。这种人很少会被认定为领导者，因为领导者与他们的作风完全相反。领导者需要撷取、放大他人的热情，最好的方法是先将你个人的热情投入到每一次讨论或活动中。看看你自己的录像带，听听你说话的方式，你是为项目注入能量，还是吸走其他人的能量？

建议 17：留出专门的时间培养他人

一种颇有力量的个人发展方式便是参与到下属或任何从你的指导中受益人的发展中。我们在前面曾经提到，杰出领导力的一个关键便是"达成优异成果"的能力。除此之外，领导者还要能在组织内建立不断改善绩效的能力，以此创造长期稳定的绩效成果。

收获之道讲究"种瓜得瓜，种豆得豆"。同样，对于一个依靠员工的努力获得高产能以及不断创新的组织来说，他们必须持续播种，即要投入时间与精力甚至经费训练一线员工。

有些领导者轻视员工的发展，认为这与他们真正的工作扯不上关系。现如今大家的工作负荷重，要再多花时间去培养人似乎是不可能的事。然而，抽时间培养员工是领导者非常重要的行为，不仅因为它使培训者受益匪浅，也因为它会对领导者产生非常大的影响力。发展他人能使你从一个独立贡献的专家转变为一个创造组织能力、培养人才的真正的领导者。

建议 18：将你的团队凝聚在一起

优秀的组织几乎都会有强有力的顶级团队，其成员彼此之间互相欣赏，也由衷地希望彼此能够成功。一个坚强而有凝聚力的团队将会成为组织不断进步的利器。许多组织致力于团队建设活动，努力改善团队成员的工作关系，让团队有了更高的生产效率。但其中常被忽略的一点是：好的团队建设是领导者最佳的学习活动。首先，关于领导者的行为与绩效，团队拥有第一手资料。其次，他们能向领导者提供最有价值的反馈，让这些领导者清楚地知道自己具有哪些优势，又在哪些方面需要改进。因此，一次好的团队建设活动是领导者所能执行的最有力量、最正面的发展活动。

建议 19：建立个人“仪表板”，监控领导效能

大多数组织内都没有一个有效的衡量指标来评估整体领导效能。你怎么知道自己做到什么程度算是好？有什么客观的衡量指标可以来证实这一点吗？如果这种衡量指标现在不存在，那么你可以主动开发一个衡量指标——这可是个极为不错的想法。这个衡量指标会因为组织或职责需求的不同而发生改变，但一些常见的衡量指标应该包括：

- 员工留任数据。
- 顾客满意指标。
- 生产效率指标（例如：完成指定活动所需的成本或时间）。

- 对比绩效与预算之间的差距。
- 组织氛围调查结果。

建立起自己的领导力监控"仪表板"，以此监控你自己的领导效能，以后你便可以每周一次或每月一次固定查看你的"成绩单"，检验你作为一个领导者的效能到底如何。

我们曾经参观过空军基地，并与基地的指挥官进行了一次会谈。他对于基地建立起来的管理信息系统非常自豪，并示范了这一系统可以提供的各种信息。这位将军可以使用 846 种绩效指标，范围从燃料耗用指标到生产效率指标等不一而足。大部分的领导者可能会满足现有的少数几个指标，但如果没有某些信息系统，领导者就像是在黑暗中摸索前进一样。

建议 20：策划并实施变革活动

发起恰当的变革是提高领导效能的一种有效发展活动，它需要仔细设计，落实执行，让变革真正发生。这种变革可能很简单，如启用一个新的报告系统、一个新的工作流程，或是新的组织结构。不管变革是什么，一项完整而具有成效的发展流程应该包括参与变革的策划、预测变革可能的结果，接着执行这项变革，最后评估执行成果。再将最后结果与预期结果做比较，并找出造成两者差异的原因，这才是真正的学习和发展方法。如同马基雅维利所说："没有什么比开创一种新的秩序更难以实现了，成功充满变数，管理上也更危险。"几个世纪之后，一位著名的心理学家库尔特·勒温（Kurt Lewin）也观察到："如果你要真正了解一个组织，最好的方法是在组织内引发一场变革。"

建议 21：成为老师或讲师

一般的学习发展计划大约有八成都是通过现场的课堂教学来完成的。在大部分的情况下，组织会从外部的供应商那里采购一套课程，或是由内部人员设计一套培训计划。组织通常会有培训部门，但大部分的发展计划都由组织内特别挑选的管理者来教授。这些讲师会依照以下标准来筛选：

- 同事、下属或上级的敬重程度。
- 被认定为具有高潜力的人才。
- 口才出众，演讲引人入胜。
- 以身作则，能够示范发展培训计划中提到的领导或管理原则。

接受训练成为内部讲师，对组织内的其他成员进行培养，可以让讲师本身的能力实质性地提升。没有什么比教导这件事更能加深你对已知知识的印象。

除了个人的成长之外，成为讲师也可以让自己结识组织内许多之前未接触过的成员。讲师可以了解到组织现在面临着什么样的挑战以及人们是如何面对这些挑战的。依据我们的观察，许多经由组织筛选在培训之后成为讲师的一线管理者，他们本身的资历因"讲师"这一项而进一步得到提升，自身能力也有了飞速发展。斯图尔特·弗里德曼（Stewart Friedman）是福特汽车领导力发展中心的负责人，他写道："每个计划都会需要非常多的讲师，从我们的计划中，毕业的学生都会成为管理者的讲师，这种方法让学员与讲师之间互惠互利，共同进步，提高自身领导能力。领导力讲师的概念并不是我们独创的，但我们非常强调这一点，学习必须要从公司的顶层开始才会有效。"[9]

建议 22：研究高绩效者，并让其他人复制他们的卓越行为

在每个组织中，都会有一些人能够琢磨出最佳的方式来完成同样的工作。不管是客户服务代表、业务人员、工厂人员、领班还是公司副总裁，都存在这种情况。但令人称奇的是，似乎没有组织将这些高绩效的员工找出来，并且花时间研究他们做了什么、是怎样办到这一点的。一旦掌握了其中的关键之处，组织就可以要求其他人效仿他们的做法，那么组织绩效

便可以得到大幅度的提升。

更有效的做法是在与你共事的同伴中找出这么一位高绩效者，通过观察和询问，找出哪些行为使他与普通绩效者产生差别，他的哪些行为值得借鉴，以此来提高自己的绩效表现。

建议 23：在社区中担任志愿者

理想的领导者是一个人格健全的人。弗里德曼写道："在福特，我们正在进行一项新的领导力研究，试图拓宽领导力的边界。我们尝试着将领导力纳入人生中的方方面面，称之为'全方位领导'。这跟目前所有的领导力模式都有很大的不同，因为领导力完全融入你生命中的每个方面：公司工作、家庭生活以及社区。全方位领导是让人在生活中的方方面面都成为领导者。"[10]

很明显，人们的工作、家庭、宗教活动，以及社区服务不像以往那样孤立存在、没有任何交集。过去鲜明的界线，现在已经慢慢模糊。人们努力实现工作和生活的平衡，一个普遍的做法是让它们交织在一起，而非清楚地划分彼此的界限，互不干扰。如果你能在生活中的每一个点滴处都不忘练习领导力技能，那么你的领导力必将日臻完善。组织将从中获利，社区将得到改善，家庭关系也会更加融洽。

建议 24：练习清晰地表达你对公司与团队的愿景

领导者将自己对未来的愿景向团队描述后，他们往往认为团队充分理解并深刻内化了。然而随着时间流逝，领导者突然发现团队成员会不断提出各种问题："我们的战略是什么？我不知道我们到底要往哪里去？"领导者必须不断地就这些复杂的问题与员工进行沟通，不厌其烦，一遍又一遍。当这些讨论牵涉到长期的努力时，情况更是如此；如果有些人冷眼等着看领导者的行为是否和他过去所说的话相一致，就更需要反复重申这些愿景。

许多结婚时间很长，或是某段感情持续很久的人，都会认为不需要向对方表达感情或是承诺，因为你假设在"没有进一步的信息出现之前，以前所表达的感情都还是有效的"。随着时间的流逝，在相处过程中所说所做的一切却让对方产生了质疑："为什么他跟过去说的都不一样了？"仅仅是"时间"这一因素就足以侵蚀誓言的清晰程度与意义，正因如此，重复是非常有必要的。

同样的情形也会发生在组织里。没错，我们的领导者说过他们重视信任和公开坦诚，但看看拉尔夫在工作会议上问那个问题时，大家的反应是什么。或是，组织中开始传出某种谣言，让人开始怀疑之前的信息是不是已经不算数了？因此，关于公司的价值观、愿景、使命与战略等诸如此类的信息都必须向员工再三重复。到底要沟通几次？有些人说，某些信息要沟通七次以上，员工才会将此话当真。事实上，每个人面临的情况可能不一样，所需的次数也可能有很大的差异，视沟通的主题以及发生的状况而定。然而，不可否认的一点是：必须不断重复信息。我们建议你经常练习向同事或下属重复这些必要的信息。

建议 25：为下一份工作提前做准备，预先思考你可能需要的技能

许多领导者没有提前为下一个任务或角色做准备。精通棋艺的人通常会看到两三步之后的棋局发展，一个智慧的领导者也应该将眼光放长远，看到未来自己可能扮演什么样的角色，并为这些角色所需的技能提前做准备。未来是否需要更多的技术专长，或是战略思维能力，以及不同领域的商业敏感度？不管未来的需求是什么，都应确认这些技能并努力提高，而且越早越好。

小结

有人认为所有的发展都是自我发展。据估计，人们所学的80%都是在工作期间以正式或非正式的方式获得的。不管课堂教学有多么大的作用，永远也比不上在实践中积累知识。人们能从经验中学到多少，全看个人的努力程度。不管比例高低，我们很明显地看到，领导者可以通过自我发展向前迈进一大步。他们不该坐等组织来为他们规划这些发展计划。

本章中提到的25项建议可以让领导者自己着手发展领导能力，而无需依赖组织促进你发展。你可以主动采取有力的步骤，沿着成为卓越领导者的路径提升自身的能力。

The New Extraordinary Leader
Turning Good Managers into Great Leaders

第二部分

组织在建设领导梯队中
的作用

现在，我们将目光从如何发展个体的领导力转向组织，对组织在培养领导者的过程中所发挥的作用进行考查。就组织层面如何培养领导者的迫切性，麦肯锡咨询公司曾经发布如下调研报告[1]：

受访的 500 位高管在列出人力资本方面最高的三个优先事项时，都将领导力发展包含其中，视其为当下和未来的优先事项。将近 2/3 的受访者认为，领导力发展是他们的头号要务。英国一所商学院组织的调研表明，只有 7% 的高级经理认为他所在的公司能够有效地培养具备全球视野的领导者；大约 30% 的美国公司承认，由于缺乏具备足够能力的领导者，对海外商业机会的探索已经失败了。

撰写后续六章的动力

我们和其他机构对组织中的高管们进行了数不清的调研，得出如下四个一致的结论，促使我们撰写了本书的这一部分：

（1）高层管理人员始终将领导力发展视为他们最为关心的三大问题之一。

（2）几乎没有高层领导者认为，其所在组织在领导梯队中有着充足的人才储备，能够满足未来数十年组织发展的需要。

（3）在培养未来领导人方面，高层领导们很少对组织目前所采取的举措感到满意。

（4）大约 60% 的一线领导者没有接受过正式的领导力或者管理培训。

尽管如此，普遍的共识是，组织的成功很大程度上有赖于领导团队的有效性。是的，技术可能会给组织带来优势，卓越运营也会给组织有所帮助。但归根结底，事实证明，领导效能是组织成功最为强大的驱动力。

我们认为，无论是从领导力发展的规模，还是其覆盖的范围，组织没有充分认识并着手解决现有的差距。我们将公司分为三组，第一组包括 60% 的大中型公司，在过去的 5 年中，为培养自己的领导者，它们已经做了不少工作。第二组包含 20% 的公司，它们从来没做过正式的领导者培养项目。而最后一组是另外 20% 的公司，在过去的一年中，它们什么都没有做。

如果我们将目光锁定在后两组公司上，似乎是可以理解的，因为它们一直以来什么都没做，或在过去的一年内毫无动作。但是事实上，我们同样担心第一组，也就是那 60% 已经做了工作的公司。为什么？是因为它们的培养项目常常只覆盖了现有和潜在领导者群体中极少数的一部分人。正因如此，领导梯队没有充足的人才储备，高层管理人员对现有的领导力发展举措感到失望，上述公司都有这个问题。

这是可以解决的问题吗？

是的，但更多地投入资金并不能解决这个问题，我们已经看到很多组织所费不赀却毫无成效。而其他的组织花钱不多却带来了真正的成功。

我们相信，对于任何人力资源领域从业者，特别是那些负责设计实施领导力发展活动的同事，以下的分析会有所帮助。后续的各章提供了一个概念化的模型，确保所有必要的内容都包含其中。

如果你不是人力资源专业人士。学习后面的几章内容与你有关吗？通过了解组织为了建设领导力梯队所采取相应举措，每位领导者都会从中受益：

- 为他们理解组织正在采取的行动提供了相应的理由。
- 告诉他们应该采取什么样的行动，支持组织的领导力发展项目。
- 保证他们能够帮助所在组织对领导力发展的措施进行微调和改进。
- 向他们提供工具，使其培养直接下属的工作更为有效。

我们的经验和研究表明，一项有着高产出的领导力发展工作需要具备必不可少的六项要素。当组织围绕这些要素将努力落实到位，就能确保取得巨大的成功。可是，需要牢记的是，组织不能在其中挑挑拣拣，最终的成功有赖于六项要素同时得以落地实施。

第十章
依据组织所需，定制领导力发展项目

唯一明智的人是裁缝。每次见面时，他总要把我的尺寸重新量一番。

——萧伯纳

本章的一个核心观点是任何两家公司都是各不相同的，每家公司的领导力发展项目都需要进行定制，才能满足其需求。虽然，这并不意味着一家公司的项目中的要素不能与另外一家公司的要素相似。但是，不应该将一家公司的项目进行复制后，就直接粘贴到另一家公司，并期待着在 A 公司行之有效的方法到了 B 公司同样可行。"定制"（bespeak）这一说法在英国广为使用，用来描述专为特定的人或特定的场合制作的东西。但最常用来描述为某人量身定制一套服装。我们认为这个词描绘了设计一个领导力发展项目的理想过程。

全球范围内的领导力现状

从宏观的视角入手，在更为广阔的外部环境中正在发生的什么样的变化，会影响到领导力发展这一具体的决策？整个世界即将面临卓有成效的高层领导者严重匮乏的现象。为什么会这样？犹如一场风暴，几股强力汇聚在一起，造成了这一严峻的局面。

1.最近的金融衰退延缓了退休的速度。高管仍然留任，淤塞在组织的高层职位上。正如一位观察者所指出的，玻璃天花板已被"灰色天花板"所取代，婴儿潮一代的高管们牢牢地把持着高管职位。然而，与此同时，许多组织的高管团队有一半的成员即将退休，或在未来五年内退休。大坝随时可能崩溃。

2. 公司已经削减了被认为是不必要的投资。为了实现盈利目标，公司一直以精益的心态进行运营。它们减少了以前有助于实现培养目标的轮岗任务。已经放弃了诸如"双人领导"（two in the box）之类的发展职位。尽管派驻海外有助于领导力发展，其价值已得到证明，但这种外派任务还是减少了。

3. 只有 1/3 的企业开展了领导力发展项目。根据美国管理协会（AMA）人才管理部、企业生产力研究所（The Institute for Corporate Productivity）和《培训》（*Training*）杂志于 2011 年联合发起的一项研究，自 2010 年以来，拥有全球领导力发展项目的公司比例一直保持稳定。然而，在接受调查的 1 750 家企业中，只有 1/3 的企业表示目前拥有全球领导力发展项目。[1]

在拥有高绩效的企业中，有 58% 的企业表示拥有某种形式的全球领导力发展项目，而在相对低绩效的企业中，只有 34% 的企业表示拥有全球领导力发展项目。

业务节奏变得越来越快，受其影响，上述因素变得更为复杂。从 2019 年开始，每年将有约 400 万名高管退休。这既是好消息，又是坏消息。泄洪的闸门已经打开，大批高管职位将出现空缺。

可是，高管也深感忧虑，他们担心是否打开了人才流入的闸门，以及他们的下一代领导者是否已经得到了必需的培养并为接班做好了准备。以下是对高管的调研结论：

- 德勤公司（Deloitte）的报告显示，80% 的受访者认为领导力是组织的重中之重，但只有 41% 的受访者表示，他们认为组织已经准备好满足领导力的要求。[2]

- 根据肯·布兰佳公司（Ken Blanchard Company）的年度企业问卷调查，高管们表示组织存在技能上的差距，首要举措是提高一线和中层管理人员的技能。[3]

分析你的组织

你的组织有何与众不同之处？在第六章中，我们界定了 20 类不同组织的能力素质。我们并不妄言任何一家公司都是这样或那样的。事实上，我们认为大多数组织都是几种文化的组合。但这只是一个起点。它描述了组织的 DNA，以及将组织黏合在一起的因素。确认你的组织文化属于 20 类中的哪几种，可能会为你的领导力发展决策提供有益的洞察。

此外，对现有的组织架构进行检视也会有所帮助。如果你画出结构图，它会是高而窄的吗？还是层级较少的扁平组织？流程是否定义明确？

组织的战略是什么？对领导力发展项目最令人担忧的批评之一就是它与公司战略脱节。就像黑夜中静静驶过的船只，它们对彼此似乎都视而不见。请思考领导力发展对组织战略的积极影响。

有关组织现有领导力，可以得到哪些数据？是否有可能对绩效考核进行回顾，以便了解其模式和主题？是否有任何 360° 反馈数据？

组织都在做些什么

尊重历史

无论你做什么，都要有一定的来龙去脉。我们建议你从与在组织中工作了几年的人交谈开始。在培养领导者方面，组织过去做了哪些被证明是成功的事情？过去是否有任何举措？作为一个整体，当前领导团队的优势是什么？是否存在需要弥补的严重缺陷？

这些活动可能包括：

- 针对特定主题的发展计划，如教练或项目管理
- 针对一小部分被认为有潜力担任高级管理职位的员工的高潜计划
- 针对妇女或少数族裔等群体的专门计划，高管团队希望这些群体为担任管理职位做好更充分的准备

• 学费报销计划，鼓励员工利用当地大专院校的课程。

在人们的眼中，最好是在过去的基础上再接再厉，而不是仅仅因为你不是最初的发起人就放弃这些活动。

目标应该是什么

对于某些领导力发展项目来说，目标是在项目结束时分发的行动表上获得"5分"。更好的目标可以包括：

• **提升整个领导团队的个人绩效，用一些可衡量的指标设定目标。**一位汽车行业的高管要求领导力发展部门在一年内将360°反馈评估得分提高15个百分点。

• **激励每位领导者为自己设计一份个人发展计划。**当制订好计划并得到领导层的关注时，发展就更有可能实现。设定一个期望，即每位领导者，无论级别高低或任期长短，都能制订一份积极进取的个人发展计划。

• **实现特定的业务成果。**员工敬业度或创新就是一个例子。一家企业在年度员工调查中发现员工整体敬业度得分较低，这促使其高管团队向管理层提出挑战，要求他们在下一年的调研中将公司在这个维度的得分至少提高10个百分点。

• **增加面向未来的领导梯队中的领导者人数。**一家企业早先将发展目标人群确定为公司前40名高管。鉴于该公司有140 000多名员工，新任首席执行官认为这一数字需要达到4 000人。

• **大幅提高内部晋升的人数。**大多数组织通常会从外部招聘1/3的高管职位。考虑将这一比例降至1/5。虽然外部招聘对增加外部视角或者满足对全新技能组合的需求很有价值，但数据清晰地表明，外部招聘的失败率远远高于内部晋升。

- **变革企业文化。**许多德高望重的专家都曾说过："企业文化会把战略当午餐吃掉。"然而，企业文化很容易落伍，甚至变得停滞不前。在影响文化变革的众多方案中，领导力发展是最为有效、最经济，也是最可控的方案之一。如果说文化描述的是"我们在这里的生活方式"，那么变革文化最直接的途径之一就是发展领导力。

- **提高员工敬业度。**领导力的质量是决定员工敬业度的最重要因素。想象一下，如果公司发出信号，坚持要求每位员工都应为优秀的领导者工作，其长期效果会是怎样。想象一下，如果实行对领导者不当行为的零容忍政策，会产生怎样的影响。

- **让所有高管都参与到同事的发展中来。**如果期望每个人都对所有同事——无论是上级、下属还是他们身边的每一个人——的发展感兴趣并提供帮助，会是怎样的局面呢？

创建能力素质模型

在第三章，我们用了很长的篇幅来理解能力素质模型背后的理念，并介绍了组织过去是如何创建能力素质模型的，以及我们对创建能力素质模型的理想方式的看法：

大多数能力素质模型都是采用如下方式创建出来的：由几组高管就什么是卓越领导者发表意见，然后集思广益汇总而成。在其他情况下，则根据某位高管的意见自行决定。第三种方法是让几组管理者对一副卡片进行分类排序，每张卡片上印有各种各样的领导力行为。随后再将结果统计汇总，让参与者们达成普遍共识。

我们认为，最有效的方法是采用更加实证和科学的方法。分析组织中最有成效的领导者们的行为，这样能得出对卓越领导行为更为有效的理解。

更科学的三步统计法包括以下内容：

（1）收集大量描述行为、特质和特征的条目。将这些条目应用到跨不同公司、跨文化和跨地域的大量个体身上。在我们的案例中，我们从2 000个描述行为表现开始，这些描述行为表现曾被用于各种360°评估或多评估者测评当中。

（2）采用严格的统计技术，在所有条目中找出那些能最有效地识别个体差异的条目，这些条目将在所有条目上获得最高总分的个体与那些得分较低的个体区别开来。

（3）从这组条目中，选出那些与重要业务成果（如员工敬业度、员工流动率、客户满意度、生产效率、创新能力和盈利能力）相关性最高的条目。

这种创建能力素质模型的实证方法取代了众说纷纭的看法、强势领导者的意见，或根据看法与确凿证据对卡片进行排序的方法。

定制适合组织文化的能力素质模型

将领导力发展更好地融入组织文化的方法之一，就是定制能力素质模型。我们在提出这个话题时有些犹豫，因为内部委员会经常会设计一些定制的能力素质模型，而这些模型对领导力发展既没有帮助，又没有预测性和实用性。但是，如果方法得当，定制领导力能力素质模型以更好地适应独特的企业文化是非常有帮助的。

1. 命名。能力素质的名称是有意义的。例如，第二次世界大战期间，在欧洲那些与纳粹合作的人被称为"collaborators"。在欧洲的一些组织中，将一种能力称为"协作与团队合作"（collaboration and teamwork）会给它带来负面的含义。在组织中，有些名称比其他名称更为人所知。有些组织更喜欢"执行力"，而不是"结果导向"。精心选择能力素质的名称可以使能力素质模型更准确地适应企业文化。

2. 识别独特的能力素质。我们创建了许多定制的能力素质模型，并对他人创建的能力素质模型进行了审核。我们知道，不同组织所选择的能力素质有 80% 是相同的。无论哪个组织都有一套稳定的领导力素质，对员工的领导能力产生巨大的、可衡量的影响。然而，在大多数组织中，由于工作性质、组织运作方式或文化属性等原因，会出现一些独特的能力素质。对这些能力进行评估往往至关重要。

几年前，我们为某个组织定制了能力素质模型。在设计一个定制化模型时，我们喜欢分析他们收集上来的过去任何 360° 反馈数据，在其中我们找寻差异化素质条目。我们还采访高管和其他高潜领导者。在这些访谈中，我们反复听到与公司创立有关的故事。这些故事涉及一群人冒着巨大风险挑战既有标准。在差异化分析中，我们注意到数据中出现了一些关注勇气和挑战现状的条目。我们为该组织创建了一种能力素质，我们称之为"勇气"。模型中的这一能力强化了该组织所看重的特质。

3. 外表和感受。你是否曾走进一家让你感觉非常舒适的公司，感觉就像在自己家里一样？反之，你有没有进过一个让你感觉冷冰冰、不受欢迎的组织？定制一个能力素质模型，让它具有适合的外观、感受和让人感到有归属感的语言。模型的语言、外观和感受可以使领导力发展成为企业文化中一个关键性要件。

4. 紧密连接公司价值观。最近，我们的一位客户分析了他们的领导力素质和公司价值观是否一致。他们试图评估自己的素质是否与印在办公楼墙上的公司价值观相匹配。最近，公司正式采纳了重视多样性这一新价值观。而目前的能力素质模型并没有对其进行衡量。他们很快要求增加一项聚焦重视多样性的能力素质。

5. 有抱负的素质。在大多数情况下，能力素质模型关注组织中卓越领导者所展示出的行为。许多组织开始提出这样的问题：未来我们需要哪些能力素质？将理想的素质纳入能力素质模型，有助于领导者学习未来所需的技能。

选择将发展的重心放在关键业务杠杆和活动上

能力素质模型旨在定义在所有职能领域和长远发展中管理业务的人员必须实施的重要行为。除了能力之外，还有一些关键的业务杠杆，它们在很大程度上决定着企业在短期和长期的成败。

例如，更加强调寻求某种规模或类型的客户，减少对本地客户的依赖，更多地向全球市场进行渗透，或采用并部署一种新技术。这些并不是领导力素质，但是领导力发展流程可以识别并帮助参与者更好地实施这些行动。这些行动是成功的驱动力量。

理想的领导力发展解决方案的要素

一个成功的职场领导力发展系统有着如下几项关键要素：

1. **简单、非官僚化的方法。** 系统越复杂，失败的可能性就越大。如果流程的操作范围过于宽泛，也会失败。

2. **由高管团队直接负责领导力梯队。** 评估一个人的领导才能和潜力太重要了，不能交给任何一个人。任何一个领导者都不应该成就或毁掉另一个人的职业生涯。这就是为什么管理团队应该集体负责通往高级管理岗位的领导力梯队建设，这就为每一位有抱负的领导者提供了不止一位教练。

3. **管理者要更多地参与下属的发展。** 有些组织会聘请外部顾问与领导者一起工作，并建立一套程序，让领导者能够得到有关其绩效的坦诚反馈。我们经常发现，在过去几年中，这些关键人物是第一次收到这种坦诚、具体的绩效反馈。在我们采访的领导者中，至少有 2/3 的人表示，他们希望得到比目前更多的辅导和反馈。管理人员需要接受培训，以提供更多反馈，并以积极、建设性的方式提供反馈。管理人员的参与是领导力发展取得成功的关键因素之一。

4. 科学创建的能力素质模型，可预测未来的成功，并有助于领导者的发展。顾名思义，绩效评估通常是对过去的回顾，主要关注过去的行为，而不考虑新工作或未来的要求。而能力素质虽然与管理者今天取得良好业绩的能力高度相关，也要选择那些能预测未来和追求更高层次的有效业绩的能力素质。

5. 领导梯队的多重入口。让更多的人参与到领导力发展的过程中，是保持领导梯队充实的关键之一。允许员工提名自己参与领导力发展项目是增加输入的一种方法。为组织内所有级别的人员提供发展机会，让处于职业生涯早期阶段的领导者参与进来，也是确保输入充足的一种方法。

6. 创建重视发展的文化。自我发展不能成为长长待办事项中的最后一件事。必须将其提升到更高的优先级，并得到各级管理层的支持。高层领导需要树立榜样，认真对待发展计划，并对每个人的进步寄予期望。

7. 尽早开始领导力发展。不从发展中获益的行为不仅耗费时间，而且往往会使不良习惯根深蒂固。让领导者在职业生涯早期就接触到最佳实践，要比纠正他们在"不进则退"的过程中学到的坏习惯容易得多。理想情况下，发展是一种终身习惯，由一整套学习技能所驱动。

8. 继续强调内部晋升。有证据表明，内部晋升比外部招聘更有效。

我们需要在领导力培养的艺术中加入科学的元素

人们写下了大量的废话，其中包括"管理者正确地做事；领导者做正确的事"等毫无意义的说法，或"领导者就是找到方向、走在前方并指引他人前行的人"，然后就开始走下坡路了。这些陈词滥调和不切实际的想法肆意泛滥、永无止境。

如果我们要真正推动领导力的实践，那就要相信自己必须采用如同推动医疗改革一样的基本举措。1972 年，大卫·艾迪（David Eddy）医生开始了一场为医学实践带来更多科学性的运动。据客观的观察者估计，医生的工作只有 15% 是有科学依据的。艾迪医生曾是一名执业的心脏病专家，他决定重返校园，获得应用数学和统计学学位，并带头将这一数字提升到更高水平。[4]

一些医生将他们的想法和治疗方法传授给同事，对医学产生了深远影响。其中有些观点是正确的，但也有很多是错误的。例如，一位产科医生坚信，一旦妇女通过剖腹产分娩了孩子，她就再也不能以传统方式生产了。他在妇产科研讨会上讲课，多年来一直在灌输这种观点。与此相反的例子不胜枚举，而且这种观点也没有任何科学依据，但这种说法却一直持续了下来。

那么，作为领导力发展的实践者，我们所做的工作中有多少是建立在良好的科学基础之上的呢？

在过去的几十年里，我们将多评估者测评或 360° 反馈评估作为领导力发展的核心工具。为什么会这样？很容易回答："因为它有效。"但除此之外，它还为我们提供了一个稳定、可量化的衡量工具，使我们有办法衡量和监控进展。它使我们能够比较各种领导力发展方法及其效果。它为组织提供了一种衡量当前领导团队健康状况的手段。它还提供了一个更强大的诊断工具，帮助领导者制订自己的计划，从而成为更好的领导者。像这样的工具带来了更强的改变动力。

我们在领导力发展方面的机遇，就是通过创造更好的方法来衡量领导力行为的现状以及它们给我们带来的变化，从而为我们的工作带来更多的科学性。这样，我们就能将科学带入领导力发展的艺术中，这使我们能够将科学融入领导力发展的艺术，并消除那些填补空白的垃圾内容，因为在没有良好科学支撑的情况下，它们总会存在。

作为一个旁观者，医学界的好消息是统计数字有了显著改善。据估计，目前基于严谨科学的医疗实践所占比例高达 25%。（我们希望这不会让您在下一次去看医生时有太多的犹豫。）

我们作为组织的领导者，在各方面都要不断寻求科学的持续发展和进步。

结论

这一切都归结于优先事项和对其进行投入。德勤公司旗下专注于人力资本管理研究机构 Bersin by Deloitte 的首席执行官兼创始人乔什·贝新（Josh Bersin）指出，许多公司在这方面投入不足。他指出，一些"高影响力"的公司平均每年每人花费 3 500 美元来培养中层领导者。贝新写道："我们从这份报告和其他有关领导力的研究中获得的所有数据都表明，领导力发展几乎始终是第一大问题，在这方面投入较多的公司往往比投入较少的公司表现更好。"[5]

最近，我们向一个小组询问了他们参加领导力发展项目的经历。在描述这段经历时，他们断断续续地说："我们停下工作，去参加领导力发展项目；一旦我们完成了，我们就离开领导力发展项目，重新开始工作。"他们所描述的是两个互不关联的世界。这种缺乏联系的情况不仅损害了领导力发展项目的有效性，而且也无法为他们的工作带来额外的益处。越多的领导者和员工视领导力发展为他们工作的一部分，项目越有效，影响也就越大。

第十一章
明确规模和范围

要想对一个组织产生影响，你必须让至少 1/3 的领导者参与其中。

——彼得·德鲁克（Peter Drucker）

组织必须了解领导力发展项目的目标人群，这点至关重要。它为邀请对象、活动预算和项目总的边界定出标准，也同时设定了期望值。

备选方案

当组织设计领导者培养计划时，其面临着几个关键决策。我们的举措重点聚焦在以下几类人：

1. 高层管理人员。支持这样做的理由是他们的影响范围更广，影响时间也更久。

2. 高潜后备人选。投资于公司的未来，将公司认为最有可能在将来担任关键领导岗位的人员选为培养对象是合乎逻辑的。我们将在本章后面讨论高潜项目的特殊挑战。

3. 业绩不佳者。组织应该尽一切努力帮助他们的职业生涯重回正轨。

4. 所有高管和管理层。支持这种做法的理由是，它对整个组织的影响是显而易见的，它使每个员工都有机会为杰出的老板工作。

5. 一线管理者，包括主管和团队领导者。支持这种做法的论点是，这可以让领导力培养从更早的时间开始，并在整个组织中培育更好的领导力实践。

6. **特殊群体或关键需求者。**支持这种方法的理由是，组织可能需要某种类型的管理者。例如，为全球化做好准备的领导者，或者组织需要更加注重创新的领导者。

7. **个人贡献者。**在组织各个层级的优秀专业人员队伍中，往往会出现领导者。有效领导者所需的技能与个人贡献者并无明显区别。在这一群体中培养领导力技能，能给组织带来巨大的先机。

我们的观点

我们有自己的观点。我们坚决支持更具包容性的领导力发展方法。我们的论点可以总结如下：

（1）每位员工都应该有机会为卓越的领导者工作。目前，员工普遍认为只有一半的领导者是卓有成效的。

（2）无论每位领导者多么高效，他们都可以提升自己的绩效表现，从而提高组织的绩效。

（3）在组织的各个层级都存在领导力。许多没有经理或主管头衔的人也在承担重要的领导工作。

（4）有才华的个人贡献者通常是选拔未来领导者的人才库。

（5）组织经常抱怨他们的领导梯队中人才储备不足。解决这个问题的唯一办法是增加为领导岗位做好准备的人数。[1]

扩大范围的必要性

我们看到太多大型组织有着数以千计的经理、总监和高管，但每年仅向不到 30 个人提供正式的发展机会。许多高管都很欣慰，甚至自满，认为他们已经有了领导力发展计划。尽管这显然无视了这样的事实：绝大部分的管理者没有得到发展的机会。

另一个问题是，一旦领导者参与了领导力发展计划，有些人就会认为他们已经得到了改进，不再需要额外的发展。在每个组织中都存在的事实是，领导者面临的挑战不断变化。直接下属会变化，竞争对手会变化，个人的职责也会变化，领导者成功所需的技能更会随时间变化。正如我们知道要经常去医生那里定期检查我们的健康一样，领导者需要定期检查他们的领导效能，以保持他们最佳的效能状态。

一位备受尊敬的商业专家认为，如果要影响组织的整体文化和绩效，你需要影响至少 1/3 的管理者，最好是 2/3。而据我们观察，在大多数组织的整体领导力发展工作中，这是最大的不足之处。

这与"群体免疫"的情况很像。只有在极高比例的成员接种疫苗之后，动物群体才能对传染病产生免疫力。同样的情况也适用于人类社区。最近，在罗马尼亚爆发麻疹疫情，原因是有 5% 的儿童未接种疫苗。即便只有那么少的一部分社区成员没有免疫能力，社区中那些未接种疫苗的成员都会再次面临被感染的风险，下一代整体上也会受到威胁。

不称职的领导者带来的风险

我们的研究证实，领导力行为极具传染性。它从上级领导层层向下传递。一名高管如果行为不当，就会成为反面教材，会污染受其影响的同事。不良行为会成为其他人效仿的样板。更糟糕的是，许多员工错失了与卓越管理者一起工作的机会。最终，组织的绩效因此受到影响。

为了说明这一点，我们进行了一项涉及 65 000 多名领导者的研究项目，研究领导效能对下属员工敬业度的影响。根据我们进行的其他研究，我们知道不称职的领导者的行为会导致员工满意度低下。但是，如果同一组织中一名一线主管上面有一个非常不称职的领导者，那么这名主管的直接下属也会感到不满，敬业度会下降。更高级领导者的行为会影响下面两级员工的敬业度。图 11-1 显示无论领导者在组织中的级别如何，其行为都会产生影响。如果一个组织拥有一位高效的高管，那么该领导者的直接下属将会高度敬业。相信组织成功只需要一部分领导者卓有成效的观点是错误的。

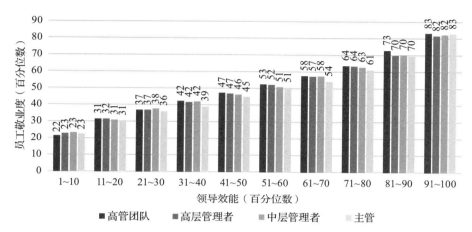

图 11-1　组织中不同层级管理者的领导效能对直接下属敬业度的影响

不同层级的领导者都可以提升他人或拖累他们，出色的组织需要在各个层级和岗位上都有卓越领导者。

组织应该何时开始做领导力发展?

在一个人的职业生涯中，组织应该多早开始提供领导力发展的机会呢？我们认为大多数组织都开始得太晚了。我们分析了几家客户组织的数据，震惊地发现它们为 60 岁及以上的领导者提供的发展机会要比为 30 岁以下的领导者提供的还要多。

我们公司支持的数百个领导力发展项目的参与者的平均年龄为 42 岁。如果主管们平均是在接近 30 岁时才被任命到这个岗位的，这意味着在接受任何正式的领导力和管理培训之前，大多数主管都已经工作了近 10 年。

我们的结论是，这表明大多数组织错过了帮助更多领导者事业成功的机会，错过了给公司的员工提供更好的全面管理，并帮助组织实现更高水平成功的机会。

投资年轻领导者的好处

我们的一位作者最近与一家硅谷知名软件公司的领导力发展项目负责人进行了交谈，该公司是我们的长期客户。该公司在识别顶级人才并为这个高潜群体提供持续发展方面做得非常出色，此外我们还为他们的高管团队提供服务。

"那么，"我问这位负责人，"如果再做一次，你会做哪些不同的工作？"他毫不犹豫地回答："我们会在人们职业生涯的早期就开始做领导力发展。"自从那次对话以来，我们对这个说法进行了深思熟虑。为什么我们不在人们的职业生涯早期就开始呢？这会有所不同吗？公司投资在年轻领导者的发展上是否会有更高的回报？风险又如何呢？

在一篇发表于《哈佛商业评论》的文章里[2]，我们讨论了在一个人职业生涯早期进行领导力培训的重要性。我们分析了约 17 000 名领导者的数据，其中有关于他们参与公司领导力发展项目时的年龄的精确数据。毫不奇怪的是，所有参与者的平均年龄为 42 岁。一半的参与者年龄在 36~49 岁。不到 5% 的参与者年龄低于 27 岁，只有 10% 的参与者年龄低于 30 岁。

在管理者较年轻时开始正式的领导力发展培训，而不是等管理者有了近 10 年的领导经验后才开始这项有价值的工作，认真考虑一下这么做的益处吧。先前的研究已经显示，如果没有公司赞助的正式项目，只有不到 10% 的领导者会自发地制订个人发展计划。思考一下，领导者能在更高效的状态下为公司做出额外九年的贡献，这会带来什么样的影响。

以下是一些结论：

1. **更年轻时，也更容易学习领导力原则。** 大多数读者都能理解相比年老时，在年轻时学习技能的优势。如果你去一个网球俱乐部，观察那些在青少年时接受过优秀指导的年轻球员，然后去一个普通的公共球场，观察那些没有接受过指导的年轻人，差异是显而易见的。如果我们想要专业的领导者，为什么不开始寻找那些有兴趣成为高效领导者的人，并帮助他们加速进步呢？关于任何领域专业表现的研究，在音乐、高尔夫、国际象棋等领域，都证实了专家有以下经历：

- 从小就开始培养的。
- 有人指导他们。
- 练习了 10 000 小时（相比之下，大多数人可能只练习了 2 000 小时）。

2. Y 和 Z 世代是有能力进行领导的。 组织对才华出众的领导者有着很高的需求。与其从其他公司挖人才，难道不能更明智地利用公司内部的人才吗？在大多数组织中，未来 5~10 年内大量的领导者将会退休。我们对 X 世代、Y 世代和千禧一代的研究表明，这些年轻员工和他们的前辈一样专注于产出良好成果，而且他们更愿意寻求并采纳同事的反馈意见。以下是一些数据：

- 人们对最年轻一代的一个刻板印象是这代人更关注他们自己，而不是公司的目标。而在分析了这些不同群体的数据后，我们了解到 Y 世代在结果导向方面得分最高。
- 有时人们会刻板地将 Y 世代视为以自我为中心的一代。然而，在团队协作的领导力素质上，他们的得分位于第 60 百分位，而年龄较大的每代人得分都较低。
- 也许没有人会感到意外，Y 世代在创新方面获得了最高的得分。
- 最后一点令人惊讶的是，Y 世代在实践自我发展这一维度上得分极高。在这方面，他们位于第 64 百分位，而"婴儿潮一代"只位于第 52 百分位。这与某些人对年轻一代会自以为是的印象相矛盾。

像这样的计划是否存在风险？持反对意见的人会认为，经过培训的个人可能会离开，公司将会损失在他们身上的投资。这是对的。然而，组织仍会因为雇用期间此人的绩效提高而获益。当有才华的人觉得自己在不断发展和进步时，他们离职的可能性会减小。

通过多次进行的 360° 反馈评估，我们发现，参加发展计划的大多数领导者在每一项领导力素质上都得到了更高的分数，这是令人信服的证据。在大多数情况下，这些变化在统计上是显著的，这表明它们不仅仅是偶然事件。回报也是显而易见的，这令人非常欣慰。如果高管团队还没做到大力地支持领导力发展工作，那现在有了确凿的证据，可以向他们证实这项投资的价值。

高潜项目的挑战

对于许多公司来说，识别高潜员工是高度优先的任务。公司认为这些人有能力晋升到组织中的高级岗位。组织依赖于他们的成长，并最终依靠他们做出最重要的战略决策。总而言之，他们是最为出色、最有能力、最有动力的员工。因此，公司自然会培养他们担当重任，晋升到责任重大同时拥有很大权力的岗位上。

但是，如果公司不清楚自己在寻找什么，会怎么样呢？这些人都有潜力成为 CXO 级别的高管吗？还是更适合比当前职级再高一两个级别的岗位呢？但是，如果组织采用了错误的标准衡量潜力呢？或者更糟糕的是，如果你在识别人上出了错呢？

我们分析了来自三家备受尊敬的大型组织的数据，结果如下：

1. 超过 40% 的个人可能并不适合参加高潜项目。通过收集来自三家组织的 1 964 名员工的信息（这些组织已经将这些个人确定为高潜人选），我们使用了 360° 反馈报告评估了他们的领导能力，其中包括来自他们的直接上级、同事、直接下属，在某些情况下，还包括来自两个层级以下的与他们共事过的前同事或员工的反馈。平均而言，每位领导者都从 13 位评估者那里获得了反馈。

我们发现，这些"高潜人员"中有 12% 的人得分位于后 1/4，而 42%

的人在整体领导效能得分上低于平均水平。这与他们本该属于的前 5% 相去甚远。

2. **这些人似乎主要是基于当前绩效，而不是长期潜力而被选出来的。** 事实上，我们发现，这些人在所有三家组织中都具备三个共同特征：

- 技术专长。在引起人们的注意和被重视方面，拥有专业知识背景很有益。当你是对特定领域有着理解和经验的少数几个人之一时，你对组织是有价值的。

- 积极主动，结果导向。当被他人期待能达成目标并取得成果时，他们会得到高层领导的积极评价。我们询问了 85 000 多名管理者，对于他们直接下属的成功而言什么是最重要的，他们首选的答案是"结果导向"。

- 始终信守承诺。当这些人说"会完成"时，你可以坚信他们的确能够完成任务。这带来了对他们的信任，也让大家不会过度关注他某些不那么出色的技能。

3. **确实，预测未来最好的方式是回顾过去的表现。** 但是应该将过去的哪些表现统计在内呢？显然，最好回顾最近的绩效，而不是几十年前的。比起在完全不同的岗位上的绩效，过往绩效只应在类似角色中才更重要。是否应该更加重视获得的晋升次数，而不是其他绩效指标？

4. **在被误判为高潜员工的人群中，一贯缺失的技能是缺少战略视角以及鼓舞和激励他人的能力。** 战略视角是组织中最高层领导者和中层管理者的最大区别，鼓舞和激励他人的能力紧随其后。一个人要在比当前岗位高两级或以上的职位上成功，这两项素质必须兼备。一个显然的担忧是，组织可能很容易陷入一种误解，觉得它们拥有充沛的未来领导者储备，而实际上，它们可能只有未来所需人才的一小部分。

从个人的角度来看，另一个担忧是，当员工被告知（或者自己想明白）他们是公司高潜计划的一部分时，他们可能会变得自满，并认为自己被晋升的可能性很高，实际上并非如此。事实上，当他们是非常出色的个体贡献者时，他们可能会被引上一条不那么理想的职业道路。

总之，公司需要考虑范围广泛的一系列特质，才能识别出那些未来的领导者。被认定为"高潜"的人要具备求知欲，是狂热的学习者，也要具备必备的技术知识和技能，渴望晋升到更高的职位，并且对承担责任和拥有权力感到自如。如果缺乏这些品质，那么他们可能就没有准备好就任更高层的领导岗位（尽管他们作为个体贡献者可能非常有价值）。

对于那些目前已在高潜计划中，但实际上并不适合的人来说，他们并非注定会失败，失去之前的一切。如果这些个体渴望在组织中担任更高层的职位，那么他们就要获取很多领导力技能。然而，至关重要的是帮助这些领导者明白他们迫切需要发展技能和获取新的思维方式。

我们真正关心的是，目前在很多组织的高潜计划中，许多参与者实际上并不适合。我们最担心的是，组织可能不明智地投入了它们在领导力发展上的资源，同时错过了其他更有潜力的候选人。那些领导力技能差的人可以得到发展，但这要求他们自身和他们的组织正视他们的不足。准确的评估可以帮助组织和高潜候选人了解他们当前的能力，并认识到主力阵容所需的技能不一定等同于使他们进入高潜人员名单的技能。

结论

组织渴求卓越领导者。如果只是组织顶层的少数几个人成为卓越领导者，或者只有一些明星效仿者散布在组织当中，这种渴望是不会得到满足的。只从众多员工中挑选出一群"高潜"领导者也很少能满足这种渴望，为那些领导者设计的补救计划通常也没有用处。要使继任梯队中人才济济，需要公司中相当一部分领导者参与其中。

第十二章
确保得到高管支持

> 领导力中最珍贵的礼物是一个希望你成功的老板。
>
> ——琼·塔弗（Jon Taffe）

确保高级管理者的支持

在职业生涯早期，本书的一位作者曾在一家组织中工作，该组织在他之前没有进行过任何领导力发展的工作。当他开始引入相应举措时，他对CEO说："我们需要您对这个新举措的支持。"CEO很快回答说："我会给你支持。"然而，随着时间的推移，很明显，两位对"支持"的理解有很大的不同。对于领导这些新举措的作者来说，"支持"意味着：

- 财务支持。
- 出席项目启动会议，欢迎学员，并亲自为这一项目的重要性进行背书。
- 与CEO的直接下属开会，确保他们也积极参与。
- 积极参与项目各个阶段，为其他人做出榜样。
- 将领导力发展列入高管团队的议程。
- 以及……

对于CEO来说，"支持"意味着：

- 如果有人问起，口头上他会表态支持该举措。

　　然而，客观地说，作者意识到这次理解错位完全是自己的错。因为对于 CEO 来说，这一举措是全新的。问题在于人力资源副总裁并没有传递 CEO 的支持真正意味着什么，以及期待 CEO 采取哪些具体行动。

　　在组织中工作过的人都知道，人们会关注他们老板的行动。是的，他们的话语有一定的影响，但他们的行动传递出最响亮和最清晰的信号。

　　研究证实，当高管担任领导力发展项目的讲师时会产生影响；与参与者共度一个晚上，非正式地回答问题，并积极参与话题严肃的讨论会产生影响；参加每一次发展会议，并证明讲师所教授的内容的适用性会产生影响；向下属讲述他们从项目中学到了什么，以及他们如何将其应用到工作中，更将对结果产生巨大的影响。

　　对于高管支持领导力发展解决方案的问题，其复杂性远远超出了通常所认识到的范围。不幸的是，我们经常听到一些宽泛的说法（"我们在这方面没有得到高管们的支持"），而没有对必须考虑的变量进行充分的权衡。这些变量是什么，学习发展的专业人员需要清晰的策略，对高管对领导力发展项目的支持是否到位进行确认。

　　在考虑高管支持时，有三个变量需要考虑：

- 每位高管成员的影响力程度。
- 领导力发展举措的目的。
- 高管支持的性质。

高管在组织内的影响力

　　"高管"指这样一些成员：比起组织内的其他人，他们拥有对特定问题的较强影响力。

　　总体来说，组织内的影响力源于权力。一个高管控制资源、制定战略决策、提拔或解雇关键人员以及形成重要联盟的能力越强，他或她就拥有越大的权力。高管越是展现出受人尊敬的品质的程度，以及下属对他们的想法和指令的遵循程度越高，他们就拥有越大的权力和影响力。高管在公司组织结构图中的位置赋予了他们"职位权力"或"角色权力"。CEO 通常拥有更多的权威，因此也更具影响力，而高管团队其他成员的权威和影响力通常较低。诸如执行副总裁或高级副总裁之类的头衔比副总裁拥有更大的权力。职位和地位赋予的权力和影响力程度还受到组织文化的影响，通常也受行业的影响。银行因拥有多位副总裁而闻名，在许多组织中，头衔的分量已经受到侵蚀。

除了权力之外，影响力还源于使用有效的影响策略，如迎合、威胁、理性和逻辑以及建立联盟的能力。[1] 此外，研究还表明，影响力源于个人性格特质，具体来说，是个体与其组织之间的匹配。性格外向者在以团队为导向的组织中往往拥有更大的影响力，而在一个员工都是独自完成技术任务的组织中，有责任心的内向者能获得更大的影响力。[2]

这表明，各位高管的正式权威不足以决定他们在组织内的影响程度。即使两个人拥有相同的权力，如果其中一位使用的影响策略更有效，或者他的个性更符合组织文化，他们的影响力水平可能会有所不同。

例如，CEO 可能拥有最大的组织权威，但首席运营官可能在日常更具影响力。组织的影响力通常存在于高管团队中，但通常崭露头角的年轻领导者会被看作是未来继任者，他们将在组织内拥有最大的影响力。高管团队中有些人可能影响力较小，特别是在他们即将退休的情况下。

对于领导力发展来说，高管在组织内的影响力水平决定了需要从每位高管那里获取的支持类型。尽管领导力发展培训项目的性质也是一个因素，但可以安全地假设，员工更需要从组织内那些具有重大影响力的人那里获得更明显的支持。相反，那些在组织内影响力较小的人，员工对其支持的需要也较少。

领导力发展解决方案的目的

领导力发展项目的目的各不相同。有些解决方案具有战略性质，但这类举措往往是全面的、面向整个组织的解决方案，专注于行为变革，最好被看作组织变革举措。相反，更侧重于教育和获取知识的领导力培训不太可能改变组织的本质，因此可以被视为更具战术性质。

就高管支持而言，解决方案的影响力越大，需要的支持就越多。任何形式上被视为战略性或变革性的领导力发展举措都需要核心高管的支持。相比其他战略举措，如收购、新营销策略或推出新产品，它在这方面并没有什么不同。在没有高管全面支持的情况下，很难想象这些战略举措会得到落地实施。着眼于组织变革的领导力发展项目理应如此，不能被区别对待。

高管支持的性质

需要考虑的最后一个因素是支持的性质。通常情况下，支持被看作一种绝对的情形——要么有，要么没有。实际上，高管支持有着多种多样的形式和程度，从积极参与学习到代表组织成为赞助人，或者仅仅是允许开展领导力发展项目而不进行破坏。

面对领导力发展解决方案时，高管可能会采取多种态度。他可能持反对态度、中立态度、关注态度，可能参与，也可能对其负责。

反对态度

当高管持反对态度时，他认为学习这件事在文化或经济上都是不必要的。虽然他可能不会公开表达反对意见，但他可能会积极地破坏该计划，阻止他的员工参与其中，批评它，或者抵制在其中提倡的新行为和思想，或以某种方式拒绝提供资金。在与持抵制态度的高管打交道时，至关重要的是至少要争取他对某些内容提供支持。对于这些持抵制态度的高管，好消息是他们至少有激情，而这种激情有可能被引导。尽管这将是一场艰苦的战斗，但还是可以做到的。

中立态度

最令人困扰的是那些持中立态度的高管。不幸的是，在组织中，这种情况相当常见。在这种情况下，高管可能认为人员和组织发展的责任并不在他的职责范围之内，而是将其完全交给了人力资源部门、组织发展部门或外部顾问。

尽管这可以解放这些职能部门，让他们去做任何想做的事情（只要预算允许），但是任何相关的举措在组织内获得成功的机会，充其量是微乎其微的。因为该举措被视为"仅仅"是一个人力资源项目，它在概念上就被束之高阁，与战略不相干了。

此外，很可能会有学员（特别是高级经理）会得出这样的结论：高管不关心他们的发展。通常这使任何人都很难认真对待自身的发展，也难以用有效的方式对待这样的项目。当然，在高管无兴趣的情况下，完全可以开展知识和技能类的培训。但根据我们的经验，除非高管在组织内的影响力非常有限，否则认为针对漠不关心的高管制订领导力发展活动会对组织产生重大影响，这样的想法是愚蠢的。

关注态度

积极支持的第一个级别是关注。在这种情况下，高管看到了一个精心设计的学习或变革项目可能带来的益处，因此很可能在一个或多个方面支持它。例如，他们可能会出席启动会和结项汇报，他们可能会确保学员有足够的时间用于学习，他们可能会支持所看到的任何行为上的变化。尽管这显然比持反对或中立态度的高管表现出的行为更有效，但高管们往往会自欺欺人，认为作为支持，仅仅对该计划感兴趣就已经足够了。

在这些情况下，高管通常低估了他们的行为所产生的影响。兴趣与参与和问责无关，离发起一场有意义的组织变革所需的支持也相距甚远。学员会从高管不参与领导力发展活动的方方面面"读取"含义，并得出结论：这一举措并无战略必要性。同样，对其缺乏问责制也意味着它与具体的组织战略没有关联。

参与

当高管变得积极参与时，他们不仅是支持者，还是积极的参与者。在这种情况下，高管将暂时放下自己的角色，与其他组织成员并肩学习。在学习上的示范作用会对所有员工发出强有力的信号，表明学习是重要的，是组织所重视的。它不仅仅是一种奖励或礼物，它对组织中的每个人都是有价值的，无论职位如何。显然，高管参与领导力发展活动需要仔细规划，以确保不受传统的层级结构模式影响，但这样做的回报可能非常丰厚。

负责

一个高管提供支持的最高级别是对培训解决方案的影响和成功负责。通过对学习策略承担相应的责任，高管公开承认了这样的举措是组织变革的工具。这位高管常常公开地关注该计划，从而向参与者传递了一个强烈的信号，即这是一项重要的举措。虽然就像有兴趣的高管一样，他们可能也会参加启动会和结项汇报，但他们的语气会有所不同，他们提出的问题展露出更强的意图。他们关注产出、影响和结果，并不断了解计划的进展情况。负责任的高管还将确保该举措已经融入了组织系统的其他部分，并且不将其视为一个简单的培训计划。

负责的最终表现是高管对这一领导力发展举措的全情投入——在情感、个人和组织层面都有付出。负责的高管将既关注，又参与。不仅如此，通过承担学习策略的责任，高管将学习视为组织变革的工具。

通过积极参与并投资高管自身的发展，高管们公开承认他们在组织变革中负有责任，而不仅仅是由其他人来实施战略变革。要想出现更多积极投入到学习与发展活动中的高管，重要的是学习发展的专业人员不仅要将高管纳入战略、组织和人员发展，还要要求他们将这些举措纳入战略规划，并为自身的发展做出承诺和投入时间。这种程度的支持可以创造出令人惊叹的成果，正是高影响力组织变革解决方案所需要的。

案例研究

约翰是一位出色的 CEO。他同意送他组织中的所有高管去参加一次领导力发展项目。这个项目包括 360° 反馈评估以及一天半的培训。在培训活动开始之前，约翰参加了一个线上研讨会，内容是启动评估和培训计划。他非常出色地要求每个人都全身心地投入到培训活动中。他还表示，他想看到他直接下属的所有行动计划，并鼓励他们对各自的直接下属做同样的事情。约翰事先就知道要对他的直接下属完成 10 次评估。他同意了，并在一个周末内完成了所有评估。我们对他的参与和承诺印象深刻。在收集了所有 360° 反馈评估后，我们分析了数据，并与约翰开了一个简短的会议，向他汇报了结果。

我们向约翰展示的第一张幻灯片是他的高管团队及其直接下属的整体领导效能。我们将他们的结果与我们的全球标准进行了比较，作为一个团队，他们排在第 42 百分位的位置。约翰明显感到震惊。他说："我以为我的团队非常有能力。我想象他们在领导者中处于全球前 1/4。"我们评论说，一些领导者已经达到了那个水平，但大多数领导者还在平均水平以下。然后他说："这改变了一切，我确实有很多工作要做。"约翰一直在按照我们给他的建议来启动和开展计划，但他预想的结果是相当乐观的，不需要自己太多地参与。一旦约翰获知了他所在组织领导效能的真相，他才真正地承担了责任。

结论

任何学习举措基本上都是一项变革举措。许多领导力发展项目会被视作"培训"，而培训通常不会被认为是组织变革。缺乏强有力的高管支持通常会自我实现这一预言。然而，要使领导力发展项目"产生效果"，必须具备管理和领导组织变革所需要的全部关键成功要素。

约翰·科特（John Kotter）提醒我们必须建立一个支持变革的联盟。[3]多年来我们与组织一起开展领导力发展工作，据观察，我们发现支持领导力发展联盟的性质可能会因高管"角色"的不同以及发展的期望性质而有所不同。

然而，从根本上说，领导力发展工作旨在改变组织中人们的领导方式，作为组织内部的领导力支柱，组织内的高管必须要对这项工作给予明确的支持。如果没有这种支持，几乎可以肯定的是无法达成发展目标。它怎么可能不失败呢？如果组织中实际上有影响力的领导者并不支持有关领导方式的新思维和新方式，那么在这些关键人物自身做出改变之前，实际上是指在他们离开之前，我们根本不能指望企业文化会发生变化。

像任何变革举措一样，强有力的领导力发展项目需要经过精心策划，并需要寻求适当的支持者联盟。正如我们的模型所示，可以采取多种形式给予"支持"，关键的是必须与高管在组织内所拥有的实际和象征性权力相匹配。

今天，有意识地发展公司的高管人才库并培养未来的领导层，这种做法几乎得到了普遍的接受。大多数 CEO 都接受将他们的高管和领导力发展项目与公司的长期战略目标相联系的逻辑。然而，即使他们在理论上理解这一点，在实践中，很多 CEO 并没有真正拥抱这个概念。对此，我们是如何知道的呢？作为一项职能，当对领导力发展项目在组织内的位置进行检查时，这一现象是显而易见的。[4]

领导者是组织最为持久的竞争优势之一，然而在大多数组织中，领导力发展项目通常处于被忽视的状态。它常常由人力资源副总裁负责，在许多情况下，这些副总裁可能没有影响 CEO 的机会，也可能没有受过人力资本领域领导力发展方面的培训。在关注点、背景和接受的培训方面，人力资源专业人员和领导力发展领域的专业人士有着根本的不同：

- 人力资源专业人员的工作往往倾向于涵盖法律和合规方面，因为他们涵盖了招聘、雇用、绩效评估、重组、多样性问题、投诉、福利、员工薪酬、州和联邦政策合规性、纪律处分、裁员和解雇等方面。

- 高管和领导力发展的专业人员是企业的教育者。他们的专业领域涵盖管理和领导力发展。他们为整个组织以及其分部和业务单位进行需求评估，对当前的技能与业务目标展开评估，然后设计学习项目来弥补差距。他们确保每个项目的顺利交付和持续改进，同时保持关键学习活动的一致性。他们需要与整个企业的高管团队密切合作，以确定和预测所有员工，从一线员工到高层领导者的学习需求，确保在公司的关键职位需要人才时有合适的"选项"。他们必须定义年度优先目标，并为组织成功而向领导者提供培训和指导。面对未来的持续增长，为了使公司做好准备，他们必须在最高层面促进变革管理工作和组织规划。

股东一直在不断要求更高的回报，而我们知道，一个组织的高管和领导者是其最大和最为持久的竞争优势。那么为什么高管们仍旧抱怨未来领导者梯队人员储备不足，将其视为影响他们交付关键业绩的主要问题？为什么是因为领导力，而不是因为技能问题，大多数领导者在这个领域以失败告终？我们的趋势研究表明，这已经是 10 多年来一直存在的问题。那么为什么我们还没有解决这些问题呢？是因为我们不知道如何解决，还是因为不愿意做出改变呢？

我们有充分的理由证明这样做的有效性，即在任何组织内，可以将人力资源和领导力发展职能完全分开，由于工作职能本身的法律属性，让人力资源部门向法律总顾问汇报，而让领导力发展职能向 CEO 汇报。为什么呢？因为 CEO 最终拥有领导地位，是公司的首席领导者，是最终负责确保公司有明确的目标和愿景、在各个层面能协同一致并交付业绩的人。而员工则必须知道组织的发展方向，并接受培训，为实现这一方向做好准备。

如果 CEO 是领导力发展的最高负责人，那么这一职能的实际负责人应该在组织架构中靠近 CEO。他 / 她最好能够在高管会议上有一个席位，以便了解业务的日常问题，然后提出最佳方法来教育和培训员工，解决问题并实现期望的目标。他 / 她可以第一时间了解业务的新领域、新项目和 / 或正在推出的产品，然后确保人才库中有充分准备好的领导者，以支持任何关键的新职能。然后，CEO 借助这一职能实现真正而实际的业务成果，成为领导力发展的倡导者。组织学习与绩效没有真正联系的时代已经结束，是时候做出改变了：领导力发展要从 CEO 开始，并以 CEO 结束。

第十三章
采用有效的学习方法

告诉我，我会忘记；教我，我会记住；让我参与，我会学到。

——本杰明·富兰克林（Benjamin Franklin）

在医学领域，有一个原则，即应该采用尽可能简单的治疗方法治愈疾病或损伤。然而，虽然人们也理解，但并不总会明示的是，有时药物或疗法对疾病是毫无益处的。治疗的安全性和有效性是美国食品药品监督管理局（Food and Drug Administration，FDA）关注的两个最重要的问题。制药公司不应销售未能达到宣传效果的产品。

我们经常思考某个监管机构是否可以测试以领导力发展之名进行的各种活动。这些活动范围广泛，从组装玩具到户外课程，人们在这些活动中投入了大量资金，而数量极为有限的研究表明，许多这类活动是无效的。

如果领导力发展要取得成功，使用的学习方法必须是有力量能改变行为的学习方法。从历史上看，情况并非如此。我们许多人还记得领导力发展在过去主要是一项学术活动，完全建立在传统大学教育的实践基础之上。发展项目包括讲座、阅读资料和与教授互动。如果仅仅是传递信息，领导力发展就不会成功。可能会有许多新的见解，但它们必须付诸实践。我们的方法理想情况下会改变行为，使其持久。

哪些方法无效

有一些我们都相当熟悉的活动，却无法满足改变行为的测试要求。其中包括：

- **讲座**——研究表明，听讲座的人的大脑只会记录极少的信息，并很快忘记 75%~80% 的内容。
- **文章**——大多数成年人每周会阅读数十甚至数百篇文章。阅读文章通常不会导致行为改变。
- **影片**——一部好电影可以作为正确行为的良好示范。但即使是最吸引人的 TED 演讲，也很少能导致观众采取新的行动或改变行为。
- **书籍**——书籍是传递知识、事实和想法的强大工具。不幸的是，它们通常也不会带来新的行为。

哪些方法有效

有一些广为接受并被广泛使用的领导力发展项目，已被证明可以影响领导者的行为。参与者们都对其赞不绝口。其中最常用的方法包括：

1. 多评价者反馈或 360° 反馈流程。这类方法不仅让人们有更高水平的自我意识，还为个人领导者提供了更强劲的动力，并为他们个人发展管理提供了更好的工具。在组织层面，它提供了关于领导者群体的聚合数据，并向负责领导力发展的人提供了关于开展最有成效的培养工作的信息。

2. 个人发展计划。无论何时，对于复杂且重要的活动，制订计划都会更加有效。我们的数据显示，如果任由领导者自己决定，只有不到 5% 的人会为自己制订个人发展计划。真正出色的领导力发展项目是那些鼓励领导者制订个性化发展计划，并使其愿意做出个人承诺的计划。这是他们成为更优秀领导者的重要一步。

3. 辅导。有大量证据证实，将任何领导力发展活动与辅导合并使用非常有效。辅导帮助被辅导者探索替代方案，共同监测其进步，并为下一步行动提供有用的建议。辅导者对被辅导者负责，确保其实施所学内容。

4. 沙盘模拟。构建良好的沙盘模拟可以复制公司或市场的运作方式。参与者能够在几分钟或几小时内做出一系列决策，这些决策复制了组织数月甚至数年的经营活动。通过发现决策的后果、明确的经营战略的必要性、决策如何相互影响以及如何构成有效执行的因素，人们可以从中获益良多。

5. 通过实践或演练进行技能培养。技能是可以学习的。它们是一组复杂的行为，结合在一起以完成有价值的任务。例如，对于每个领导者来说，辅导是一项有价值的技能。当参与者看到别人很好地完成工作时，这就是最好的学习。学习一个简单的概念框架是至关重要的，但获得新技能（如辅导）的关键是练习这种行为并得到反馈，了解它的有效性如何。

6. 利用当前职位来尝试或应用新技能。例如，建立人际关系是一项重要的技能。在商业中可能担任的职位，为你运用和加强这种建立人际关系的技能提供了宝贵的机会。大多数工作都是学习和实践领导力行为的理想教室和实验室。

7. 高管的参与。与高管的互动是一种已被证明的方法，领导者向高管们学习宝贵的经验，理想情况下，高管们都应该是优秀的榜样。他们阐明了参与者所学内容的实际意义。对于参与者来说，高管们回顾自己的领导力之旅（以及他们犯过的错误）可以提供极其丰富的信息，而且非常有激励性，这会让参与者对未知的领导力之旅感到安心。

8. 与直接上级的互动。每个参与者的直接上级在其领导力发展的过程中都可以发挥重要作用。直接上级可以提供有价值的辅导，并且由于他们独特的视角，他们是有价值的反馈来源。他们对参与者的职业生涯具有强大的影响力。最重要的是直接上级跟进下属的行动计划，这样做可以增加下属对于改变的责任感。

9. 行动学习项目。邀请参与者应对公司面临的现时和重要的挑战，为学习提供了绝佳的机会。让一组领导者诊断公司存在的问题或机会，制订切实可行的解决方案，然后负责执行这些决策，既是有价值的学习活动，又能为组织带来的巨大收益。许多组织都会与特设团队合作，以增加完成任务的可能性，并确保在这一过程中能最大程度地学习。

10. **非线性发展。**第八章描述了这一独特领导力发展方法的理论和研究成果。当人们在某个领域已经非常擅长时，应考虑发展与领导力素质相辅相成的伴随行为。与其总是直接进入个人待提高的素质，不妨考虑一些可供选择的伴随途径。（熟悉九球或斯诺克的人知道，有时候只有通过一次弹击才能打中正确的球。）

这些学习方法有哪些共同点

这些方法之所以成为领导力发展中最有效的方法，共同之处在于：

1. **积极成长的观念：**它们植根于对人类潜能所持有的积极心态，认为人们可以不断成长、提升和变化。

2. **旨在实现行为改变：**它们的主要目标是实现行为改变，而不仅仅提供更多的信息或洞察。它们不满足于提供更多的信息，而是构建在实际行动和落地实施之上的。

3. **引人入胜：**这些方法强调参与者投身其中和享受乐趣，不能仅仅是被动地接受。

4. **强调优势：**它们侧重于识别和建立个体的优势。虽然不忽视弱点，但识别缺陷和短板并非领导力发展项目的重点。

5. **前瞻性：**它们关注未来的行为改进，而不是对过去的回顾，其明确目的是改进领导者的未来行为。

6. **个性化定制：**他们不仅仅依赖适用于所有人的普遍原则、想法或做法。360°反馈工具中的数据是完全个性化的。参与者通常会选择提供反馈的人员。参与者制订的个人发展计划也是独特的，虽然可以学习一般性主题，比如教练技能，但对他们来说，学习体验变得具体而个人化。

7.**责任转移**：参与者要担起学习的责任。最终负起责任的人不是经理、人力资源部、培训师、公司，也不是其他参与者。所有参与者最终都对自己的学习负责。同时，参与者应该特别积极地帮助同一公司的同事们成长和发展。正如我们的同事马歇尔·戈德史密斯所说的，领导力绝对是一项团队运动。参与者从互相帮助中获益。

8.**立即应用**：应用这些学习方法的前提假设是在大多数情况下，要立即学以致用。参考者们无需等待几天、几周或数月才能实施新的行为。

9.**有抱负**：这些方法的目标是帮助个体达成最佳绩效，而绝不仅仅是"凑凑合合"或达到"平均水平"。

10.**这些方法有助于学习者对自己的进步负责**：几乎每位领导者都希望改变和提高，但有些人缺乏改变所需的纪律，而其他人则容易受到诱人的事物干扰。找到方法创造责任感，这样做对那些真正要改变人和那些只是试试的人的影响差异巨大。

选择高效学习方法的重要性

如果我们真的要推动领导力实践的发展，我们必须采纳推动医疗实践改革的基本前提。我们之前提到了大卫·艾迪医生在引领循证医学改革方面的工作。1972 年，艾迪医生开始倡导在医学实践中引入更多的科学性。他得出的结论是，医生所做的工作中，只有大约 15% 有科学证据支持。成年人每年都要接受胸部 X 光检查以检测肺结核，但他怀疑这样做造成的伤害远远超过了偶尔检测到疾病所带来的益处。医院给新生儿滴入硝酸银眼药水，然而没有证据表明这对眼睛有好处。事实证明，这两种方法都可能造成伤害。

问题在于，个体从业者采用了他们认为有效的方法，他们看到一些患者在之后有所改善，这使得他们相信这样的方法是有价值的。但从业者只看到了一些个案。流行病学家和研究人员必须看到全貌。只有在做出相应的研究之后，才能确定哪些方法有益处，哪些没有。[1]

那么，作为领导力发展的从业者，我们的工作中有多少是基于科学的？

当作者们反思自己职业生涯的不同阶段时，很明显，有些活动在当时似乎是正确的，但事后看来并不是最有效的。例如，一位作者花了多年时间从事敏感性培训和"T-Group"运动[一]。他所在的大学一直是该运动的中心。是的，这个运动有过一些很成功的先例，这令人兴奋。但经过多年的发展，当研究分析实际的业务成果时，很明显，这种方法总体上没有其他方法那么有效果。

大约在这个时候，他意识到了一种非同寻常的发展方法，这一次是基于坚实的研究，业务结果也呈现出一致性，而且这一过程比他过去看到的要高效得多。这种技术（即行为建模）现在已经成为最受认可的帮助领导者获得新技能的方法之一。

我们从中学到的是要不断采用研究支持的方法，并放弃那些效果不佳的方法。但要实现这一点，我们需要将严格的研究导向用于领导力发展之中。

尽管循证医学取得了巨大的进展，但仍然难以让从业者放弃效果较差的治疗方法。有时这意味着避免使用新药或新疗法，因为旧的方法实际上产生了更好的结果。在其他情况下，这意味着放弃曾经偶尔有效的老方法（很多时候，人们会在没有任何治疗的情况下康复，或者康复实际上与接受的治疗无关），换成效果明显更佳的新方法。

理想情况下，我们应该调整我们不断求新的倾向，纯粹去寻找效果最好的技术。更好的学习方法意味着它们可能更高效，或者它们可能会产生更多的行为改变，它们可能更吸引领导者，更容易实施。在选择应该使用

[一] 敏感性培训是一种旨在增加参与者对自己对待他人的偏见、态度和行为的认识的培训或教育项目，特别是针对来自不同背景、文化或身份的人。"T-Group"运动是敏感性培训中的一个重要组成部分，也被称为遭遇小组或敏感性小组。

哪种方法时，这些应该成为我们所用的检验标准。

在领导力发展方面，我们的机会是将更多科学引入到我们所做的工作中，通过创建越来越好的方法去评估领导力行为的现状以及我们所产生的变化。这使我们能够在领导力发展的艺术中引入科学，并剔除那些无稽之谈，它们充斥着没有良好科学依据的领域。

结论

医学已经从坚定而广为应用的循证医学中受益匪浅。相关理念已经渗入到你在诊所和医院里听到的谈话中。它显然提升了医学实践的质量，而医学是现存的最科学严谨的学科之一。

想象一下在领导力发展领域内推动类似的举措可能会带来的进步。全球每年用于这一举措的预算估计从 150 亿美元到 350 亿美元不等，这么做能够节省下来的资金难以估算。更重要的是，因为领导力发展是一项高杠杆的活动，可以提高组织的绩效和个人职业生涯的附加收益。领导效能是组织绩效和长期生存的最重要因素。

第十四章
在文化中嵌入领导力发展

文化越强大，公司所需的流程就越少。当文化强大时，您可以信任每个人都会做正确的事情。

——布莱恩·切斯基（Brian Chesky）
爱彼迎（Airbnb）联合创始人兼CEO

针对许多领导力发展项目的一项批评是，它们与公司的日常运营脱节，就好像它们是两艘在夜晚相遇的船只。领导力发展项目不仅必须与组织的战略相连接，还需要与公司的日常运营流程和行为完全协调一致。

我们提出了将领导力发展项目更好地与组织文化融合的三种主要方法：

（1）将领导力发展概念和术语嵌入所有人力资源系统。

（2）将领导力发展的内容注入参与者的日常工作。

（3）更好地让直接上级参与。

将领导力发展概念和术语嵌入所有人力资源系统

在第三章中，我们详细描述了能力素质模型的重要性，能力素质模型可以明确定义组织对领导者行为的期望。通常，高管团队会花费大量时间来制订这些素质。然而讽刺的是，在许多组织中，这些能力素质仅用于领导力发展项目，而未在其他人力资源系统中使用。我们强烈主张将领导力发展的内容与所有其他人力资源系统完全对齐，具体包括：

- 招聘。
- 选拔。
- 入职。
- 绩效管理。
- 晋升。
- 薪酬。

组织将他们的领导力发展项目使用的术语和能力素质应用于其他人力资源系统，我们已经看到了这样做的结果。这种行为的结果是很容易被预测的。现在，所有系统更加一致，每个人都渐渐熟悉了组织所强调的行为。

对已经在领导力发展举措中得到提倡的行为，现在招聘流程也会加以强调。在决定哪位应聘者加入公司时，招聘经理会应用这些概念。可以对行为面试问题进行结构化，使其与能力素质模型保持一致。对于所有新员工，入职流程都描述和强调了这些相同的行为。所有绩效管理系统也都建立在与领导力发展项目一样的基本结构上。为了持续跟进在每个领导力发展项目中教授的相同素质，绩效面谈和教练也据此结构化。当做出晋升决策时，它们与领导力发展项目中使用的能力素质模型紧密联系。薪酬决策也旨在奖励这样的员工，他们始终遵循这些在所有人力资源系统中已经得到普及的原则。

将领导力发展的内容注入参与者的日常工作

几乎每个岗位的日常活动都提供了应用新思维和尝试新行为的机会。以下部分描述了其中一些机会。

一、扩展知识

在领导力发展项目中获得的概念可以为参与者提供有用的指导，让他们得以在工作中追求额外的知识。例如，许多组织的能力素质模型中包括与技术知识有关的能力。这与进一步加强有关公司的产品和服务的知识是一致的。大多数能力素质模型还包括战略思维，在当前职位上，通过主动寻求有关组织当前战略、市场整体运作以及高管的长期决策等相关信息，都有助于培养战略思维。此外，能力素质模型几乎总是包括与人际交往有关的技能——协作、团队合作和建立良好关系。

二、建立新关系

几乎每个在组织中的人都有机会学习如何建立更强大、更广泛的关系网。可以与其他部门和团队成员建立这些关系，与为部门提供协助的职能支持团队建立关系，还可以与组织中与你工作有关的其他成员建立关系。

大多数岗位也提供了与组织外部的个人和团体建立关系的机会。对方可以是客户、行业协会、学术机构或供应商。

三、启动特殊兴趣小组

在组织内部，有机会创建特殊兴趣小组。如果员工的个人发展计划要求在战略规划方面获得更多专业知识，那么可以专门创建一个研讨该主题的小组。在大型组织中，可以邀请战略规划或企业发展负责人作为特邀嘉宾发言。另一个例子是，许多组织都创建了一个女性小组，以应对女性员工面临对的具体挑战和机会。

四、培养计划和反思的新习惯

每个岗位都提供机会养成更好地计划和对工作进行反思的习惯。如果发展目标是更好地规划一天的活动，几乎每个工作岗位都是练习这一技能的好地方。如果发展目标是更好地评估个人生产力并观察如何提升，那么几乎每个岗位都可以实现。如果发展目标是简化工作流程并提高某个领域的系统整体效率，那么你会拥有完美的实验室或课堂。

五、创建新的反馈机制

几乎所有领导力发展项目的核心都包含了强大的反馈机制。当收到丰富的建设性反馈时，领导者的业绩会大大提高。我们的研究显示，虽然各种类型的反馈都有助益，但人们得益最多的是肯定和积极的反馈，其次是指正性或调整方向性的反馈，包括采取新行为的建议、完成某些特定任务的更好的方法，以及应该停止的行动。领导者可以学习获得这类反馈的新方法。

关键在于，无论你是下属还是老板，只需要简单地询问——当你真诚地向他人提出请求时，更有可能获得反馈。一个成功的技巧就是简单地问一个人："你建议我应该如何更好地完成……？"这个问题（或类似的问题）传达了这样一个信息，即你不仅仅是在寻求夸奖，更是真正希望得到建设性的反馈。

如果你的组织提供了360°反馈评估，务必自愿参加。如之前提到的，这是从同事那里获得诚实反馈的最有效的机制，如果人们关注结果，这个测评可以改变未来生活的经历。

管理者可以在每次会议结束时征求反馈，寻求如何使未来的会议更加有效的任何想法。无论你在组织中的职位如何，都可以采取各种各样的机制。

六、尝试新的管理实践

当前的职位为你提供了尝试的机会时，你可以尝试利用各种员工和团队会议形式进行管理实践。你可以实施军队称之为"复盘"的做法，即在项目结束后召开专门会议，对成果进行事后总结。通常的问题是：

（1）我们打算做什么？

（2）实际发生了什么？

（3）两者间有什么不同之处？

（4）我们下次应该怎么做？

这个简单的练习并不是要找出错误或指责他人。当人们象征性地"摘下军衔"，不论职级，用一个平等的身份讨论这件事时效果最好。重要的是要找出做得好的事，以便日后可以重复。

更好地让直接上级参与

大多数绩效评估表上都有一个栏目，总结本人在未来一年内的发展计划。这些计划通常比较简略，包括个人可以参加的一些由公司资助的外部或内部课程或项目。但通常缺乏详细的规划，而且这些规划常常因工作的压力而被搁置。

结果，这类计划的完成率相当低。然而，大多数人都会同意，推动自己的职业发展和实现长期抱负的一个关键是不断努力扩展自己的知识和技能。这不仅适用于公司中的专业人员，同样适用于公司的管理层。

有可能提高这些计划落地实施的可能性吗？我们如何能够提高这些计划的数量和质量，使它们从纸上谈兵变为实际的绩效？我们的第一个建议是让你的直接经理参与你的个人发展。请注意，我们没有说"通知你的经理"。要让你的顶头上司真正地参与你的个人发展计划。

为什么要让经理参与？

关于顶头上司参与下属发展的重要性，图 14-1 提供了一些相关的发现。

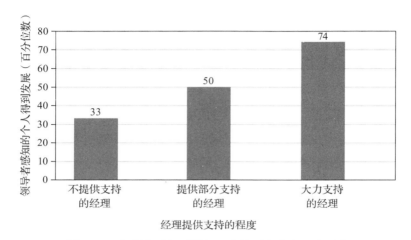

图 14-1　领导者感知到的经理支持对个人发展的影响

这些数据来自对 61 名财务经理的研究，项目要求财务经理们描述在其领导力发展过程中，他们从现任经理那里获得支持的程度。他们还被要求评估自己在领导力技能方面得到提升的程度。这不是一项规模庞大的研究，而是基于参与者感知的研究。尽管如此，请注意这些领导者感知到他们取得进步的程度与其从经理那里获得的支持程度间的显著关联。

经理需要知道和做些什么

为了帮助下属发展，经理需要一些信息。以下是我们认为他们应该从每位下属那里了解的一些信息：

（1）这个人的职业目标和抱负是什么？

（2）为了进一步发展职业生涯，下属们认为他们需要从管理层获得哪些支持？

（3）为了实现自己的职业抱负，下属计划采取什么行动？

然后经理需要做一些事情：

（1）安排时间进行定期的辅导面谈。

（2）把其中一部分时间用于讨论个人的职业规划。

（3）与下属一起找出并确认在全年内参加正式发展课程的时间。

（4）计划和安排个人发展计划面谈后的跟进对话，以回顾新知识和技能的应用情况。

如何让经理参与其中

可以说，发展下属是每位经理职责的一部分，经理们应该主动采取行动。尽管这在理论上是美好的，但在大型组织中工作的人都知道这通常只是个别情况，而不是规律。

为什么经理们不作为呢？原因包括领导者的时间紧迫，以及一些经理不太知道该如何做。还有些不确定下属们会如何接受。有些人可能会承认或抱怨没有人为他们这样做过。在某些情况下，当下面临的压力会在竞争领导者优先排序中获胜，成为他们的首要任务。

在一次与一群经理的对话中，我们询问了他们一个问题，在参加领导力发展课程后的 10 个月内，上级管理者参与他们领导力发展项目的程度。在一个 1~10 的量表上（10 表示高度参与），平均得分在 2~3 之间。当我们问他们是否需要我们介入，让他们的上级知道他们全都没有按应有的方式跟进这些经理，几乎每个人都说："不用。"换句话说，传达出的信息是："我们也不想请他们参与。""我们在很大程度上是他们参与不足的原因。"

此后，我们与每个类似的参加过领导力发展课程的群体进行课后对话时，都确认过他们的信念，即只有在得到邀请并确信他们受欢迎和被需要的，他们的上级才会更积极地参与到下属的发展中。

当经理参与其中，每个人都会受益。领导者落实其发展计划的可能性显著增加，直接下属的领导力技能得到提高。经理更有可能担起下属发展的重大责任，他们知道要这样做。组织受益于绩效的改善，也因拥有更丰富的人才储备而受益。如果你想加速自己的发展，请立即采取措施让你的经理参与其中。在这个过程中，每个人都会受益。

何时接受比给予更好？

我们小时候都被教导过，给予比接受更好。毕竟，给予对于受赠人和给予者都有很多益处。然而，有一个例外，那就是老板与下属之间有关反馈的沟通。在这种情况下，通常最好接受。

首先，让我们承认，老板向下属提供反馈有巨大的好处。为什么呢？因为人们想知道自己的表现如何。大多数人都希望不断进步，而反馈是促成这一进步的好方法。这样的反馈可以纯粹是正向的强化，也可以是赞美和改进建议的混合体。

例如，经理可以说："干得好，吉姆。你提供了很好的信息，图表非常清晰，反映了实际发生的情况。下次，我能否建议你提供一些例子——讲几个故事。就像你提供数据一样，这是说服高管团队的方式。"

或者，它可以是相当困难的反馈，其目的是纠正影响绩效的行为：

"格雷格，你是否愿意听取一些反馈，是关于大家对你最近一些有关成本控制的邮件的反应？"

"是的。你听到了什么？"

"嗯，人们认为你关注一些微不足道的事情，比如交付成本和包装材料，为了交付订单时省下几分钱而将顾客的利益放在其后考虑。现在，我知道我们需要保持一些平衡，但我看过你的电子邮件，听了其他人的感受。我相信他们是正确的，你过于强调细枝末节了。"

这就是直接反馈，对于我们大多数人来说，这是最难给出的。让我们面对现实，绝大多数经理都不愿意给予这样的反馈。这样的信息相当令人不适，而在最糟的情况下，会令人痛苦。这么做的原因不仅在于它能够提高绩效，也在于它极大地提高了员工敬业度的水平。

我们进行了一项新的研究，结果表明有一种更好的方法来提高员工的参与度。令人惊讶的是，秘诀是让经理寻求反馈。寻求反馈的影响甚至比提供反馈更加强大。根据我们进行的一项研究，经理寻求和提供反馈在不同条件下对员工敬业度百分位排名的影响如下：

- 第 29 百分位：经理既不寻求又不提供反馈。
- 第 34 百分位：经理不寻求但提供反馈。
- 第 48 百分位：经理寻求但不提供反馈。
- 第 74 百分位：经理既寻求反馈又提供反馈。

寻求反馈有很多好处。它传递了尊重。它减少了不同层级之间的障碍。经理通过这种方式获得了宝贵的信息，这是通过其他方式无法获得的。根据实证数据，它还将员工离职的意愿减少了 10 个百分点。

显然，理想情况是经理既寻求反馈又提供反馈，但如果必须选择其中之一，我们的数据表明，寻求反馈要比提供反馈更好。

结论

将领导力发展融入组织文化的过程是一个值得高度关注的话题。领导力发展专业人员已经将他们的大部分注意力集中在内容上，然后是获取知识和改变行为的交付方法。看起来，人们忽视了这些想法和实践将如何嵌入到组织的体系结构中的问题。这个过程可以借用这样的隐喻来形容，就是使用有着美味和出色的外观的健康食材，准备一份令人垂涎的佳肴。

然而，如果进食的最终目的是获得营养，那么饭菜的好坏取决于有多少被消化吸收到人们的身体中。领导力发展项目有多少被消化到组织系统中？这才是最终的问题，也是衡量成功的真正标准。

第十五章
持续改进和跟进

不是因为我很聪明，只是我对问题的坚持更久。

——阿尔伯特·爱因斯坦（Albert Einstein）

有关领导力发展的各项举措，"一劳永逸"是我们最常听到的批评之一。这种评论很少是恶意的，更多是相当直白的说法。"和同事在一起的时间很美好。我学到了很多东西。但当我回到工作岗位，把手册放回书架上，我就又回到了'一切如常'的状态。"

为什么这个问题如此重要

组织几乎把所有的注意力和努力都集中在培训活动本身上，而极少关注随后发生的事情。在我们的日程上，会预留出来参加学习活动的时间。项目或课程成功地保护了参与者免受工作压力的困扰。然而，当这一切结束时，等待着他们的是额外的工作和赶上进度的压力。与此同时，学习体验开始淡化，新获得的见解和行为没有得到落地实践，变得越来越生疏。应用所学新知识的目标经常被忘在脑后。

当个人晋升为管理者时，他们会感到要对越来越多的事情负责。他们也应该交付具体的成果。他们下属的行为应始终达到可接受的水平。当涉及参加学习活动时，很明显参与者应该准时到达，保持专注并积极参与。然而，很少有人知道对实践所学到的内容参与者应负有多大的责任。参与者的上司很少会对此报有明确期望。此外，越来越多的情况是，上司可能与参与者在不同的地点工作，无法观察到参与者的行为发生了多大变化。大多数管理者可以列出他们主要的岗位职责清单，但很少有人会将"跟进并应用我在发展项目中学到的新技能"这一项纳入进去。

没能参加领导力发展活动无疑会引起注意，但不能学以致用却很少引起注意。这通常是因为没有建立跟进系统，让参与者的经理或负责学习发展的人员能够了解应用情况。此外，也没有管理机制提醒我们去练习新的行为。

持续改进的必要性

现代变革理论之父库尔特·勒温于 1940 年提出了变革三个阶段的概念。它始于"解冻"，然后是变革或转型，最后是"再冻结"。尽管他最初关注的是群体行为，但他的概念同样适用于个体。他写道：

> 将群体绩效提升到更高水平的变革通常是短暂的，在一针"强心剂"之后，群体生活很快就会恢复到先前的状态。这表明，仅将计划中的群体绩效变革目标定义为"达到新水平"是不够的。新水平的持久性，或在所期望的期间内的持续性也应该包含在目标中。[1]

向人们灌输新行为或教授新概念，然后将之束之高阁并不再问津，这样做无济于事。持续改进的关键在于保持新行为的活力并反复应用。

在我们看来，对领导力发展提出的最尖锐（很不幸，也是最准确）的批评是没有人解决持续性的问题。2015 年由 Root Inc. 实施的一项美国劳动力研究得出了一个并不乐观的结论：只有 18% 的管理者认为他们在持续性方面取得了成功，而 67% 的人并不相信有可能持续下去的。[2]

有关如何改进传统教育流程，人们已经进行了大量的研究。我们知道，接受了大多数教育后，在一天内，人们会忘记所学内容的 50%，而在 30 天后遗忘的内容达到 90%。我们知道将学习分解为较小的片段，会增加记住所学内容的可能性。间隔性学习总是优于集中学习。研究表明，回顾测试和重复都有助于信息的保留。

但是领导力发展是一个不同的课题。它不仅仅是获取新的想法和概念，它涉及学习新行为并保持该行为不变。概念可以被彻底理解，尽管如此，行为却可能根本不会发生改变。

我们建议将学习和发展过程划分为三个阶段。我们很快就意识到它们之间的界限不清晰且有点模糊，但将它们分割开来可以进行有益的分析。

阶段 1

这一阶段包括参加任何发展性课程之前的所有活动。它包括先期阅读文章或书籍、完成任何需要做的调研或评估（包括 360° 反馈流程），以及准备参加课程所需的任何对话，例如上级期待参与者从课程中获得什么收获的对话。

这个过程是"解冻"阶段的开始。

阶段 2

这一阶段涉及对事件或系列事件的学习。可以是培训课程、研讨会、在线学习课程或自学计划。这些活动可能时长两小时，或者在极少数情况下可能为期数周。参与者通常会聚在同一房间里，但也可能借助视频会议或其他远程学习形式参与。这个阶段通常会有讲师或主持人主持会议。然而，它也可能是一种自学经历。

这个阶段是"解冻"的延续，通常也是"转型"的开始。

阶段 3

这一阶段描述了正式学习的所有后续活动，包括提供更好的方法以记住所学内容、协助其落地以及促使新行为固化为领导者永久能力的所有活动。

这个阶段意味着"重新冻结"。希望固化学习带来的转变。金属受热会变形，但冷却后它们立即恢复到原来的形态。不幸的是，人类行为与此类似。没有持续改进活动的话，现有的工作环境、同事和旧习惯的力量将使其故态复萌。

每个阶段对最终结果的贡献

有证据表明，学习活动的最终产出中大约 1/4 来自阶段 1。另外 1/4 来自阶段 2。剩下一半的学习成果将来自个体在阶段 3 的行为，即学习活动完成后的行为。在最后阶段发生的事情，决定了参与者是为了学而学，还是学习对工作产生了显著影响。

目前各阶段的资金分配

我们不知道是否有关于组织如何在三个阶段中分配资金的严谨研究。然而，在与许多同行商议后，我们了解到大多数人的估算如下：

- 阶段 1：最多获得 10% 的资金（幕后工作）。
- 阶段 2：获得 85% 的资金（最为可见，往往更有吸引力和更有趣）。
- 阶段 3：最多获得 5% 的资金（更模糊）。

这些估计得到了 1988 年由 L. M. 萨里（L. M. Saari）、T. R. 约翰逊（T. R. Johnson）、S. D. 麦克劳林（S. D. McLaughlin）和 D. M. 齐默勒（D. M. Zimmerle）进行的研究的支持，这项题为"美国公司管理培训和教育实践调查"的研究得出结论：任何形式的跟进活动都相当罕见。[3]

每个阶段对学习和发展过程的最终结果有何贡献？马歇尔·戈德史密斯和霍华德·摩根（Howard Morgan）进行了一项研究，是有关阶段 3 对几个领导力发展项目最终结果的影响。他们写道：

跟进是指领导者为了向同事持续寻求进一步改进意见所做的努力。在两家公司中，比较了"跟进"和"不跟进"的情况，比起没有做过跟进的领导者，同事们认为那些持续跟进的参与者更有成效。

关于跟进"程度"，与同事有"频繁"或"定期/稳定"互动的领导者通常被认为领导效能得到了提高，而那些与同事互动"很少"或"没有"的领导者的效能则没有这么明显的改变。[4]

在图 15-1 中（见下一页），"感知到的变化"指的是受访者对其同事的领导效能变化的感知程度；例如，"+3"的评分表示同事认为领导者变得更加有成效；评分为"0"表示其领导效能没有变化。

有效的持续改进活动

以下是持续性改进活动的示例：

（1）对参与者选择的具体行为进行教练辅导。

（2）回顾行为对业务的影响。

（3）与重点关注与技能相关的新内容。

（4）简短调查：针对目标行为询问少量关键问题的调查。

（5）进行多次 360° 反馈评估。

（6）教练辅导。

（7）文章。

（8）视频。

（9）管理者反馈。

（10）关于他人正在使用的有效实施技能的小组讨论。

（11）网络上的博客。

（12）播客和网络研讨会。

能鼓励持续性活动的一个要素是对结果进行评估。多次 360° 反馈评估清楚地表明组织期望发生变革，并希望为参与者提供关于他们个人目标

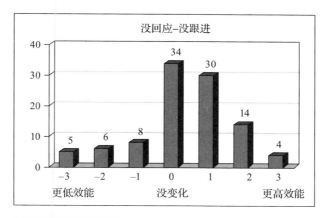

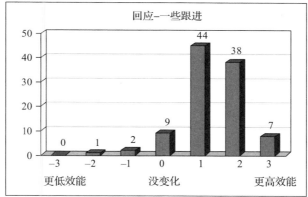

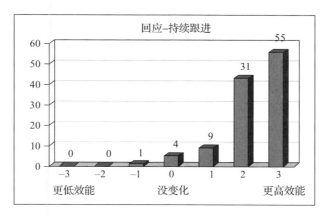

图 15-1　跟进对他人感知领导者效能提升的影响

实现程度的准确信息。

结果

我们希望报告说，参与领导力发展举措的每个人都变得更加有效。不幸的是，我们不能这样说。然而，我们可以证明有三个结果：

（1）多次 360° 反馈评估报告表明，大多数参与者在一项或多项能力上都取得了统计意义上显著的进步。

（2）遵循本章和之前章节提出的建议，效能提升的参与者占比得到了极大提高。

（3）有一些严重行为缺陷（在所有参与测评的领导者中排名最低的10%）的领导者可以显著改善。我们确认了 1 469 位致力于修复致命缺陷的领导。在 18 个月的时间里，他们的排名从第 18 百分位提升到第 46 百分位。起点低为进一步增长提供了更大的空间。这很重要，因为我们评估的领导者中有 29% 的人至少有一个严重的弱点，这些弱点影响了同事对他们的看法。

持续改进的全流程示例

在理想的实施过程中，为了有效地进行持续改进，几个要素应该部署到位。以下是按照时间顺序列出的几个要素：

1. 高管向参与者和他们的上司传递有关加强落实所有领导力发展项目的跟进工作和责任制的信息。在信息中表明，批评者总是抱怨发展项目缺乏足够的跟进，而该组织已决定努力解决这个问题。高管的背书为这一新努力定下基调。此信息可以来自 CEO、首席人力资源官、学习与发展负责人或集团领导。

2. 对管理者进行指导，他们的下属参与了领导力发展活动。它将管理者的角色定义为培养下属的领导者。指导可以采用以下形式：

- 简短的由讲师主持的会议。
- 自学模块。
- 视频。
- 文章。

重大的变化在于现在管理者将定期收到有关信息，介绍其下属实践所学新行为的进展。对管理者而言，这一发展步骤将解释系统将如何运作，以及管理者的角色是什么。他们将获得具体的指导，如何为那些有效跟进活动的下属和没有跟进活动的下属提供教练辅导。鼓励他们提前与参加发展活动的任何下属进行讨论，表明他们的支持态度并设定期望。明确预期的结果。对参与者的收获以及他们如何实践所学的内容进行定期回顾。

（可选）一些组织会要求管理者必须在参与发展项目的员工之前完成上述指导步骤。

3. 参与者参加发展活动。作为发展活动的一部分，参与者制订了一个简短的发展计划，表明他们将采取的具体的行动计划。

4. 组织向参与者提供一个简单而快速的跟进系统。参与者每月用于反馈的时间不到两分钟。

这个跟进系统有以下选项：

（1）电子邮件选项

- 每月向每位参与者发送一封电子邮件，询问五个问题（见下文）。
- 知会参与者，将向高管们展示汇总的回应数据，而不是他们的个人回应。
- 领导力和发展项目专员也将访问数据。
- 为了保护保密性，只有当管理者有三个或更多的参与者时，他们才会获得数据。

电子邮件的五个问题是：

i. 这是一个值得你实施的行为吗？

是 =1 否 = 2

ii. 在过去的一个月里，你为发展这种能力付出了多少努力？

1 = 没有 2 = 一些 3 = 很多

iii. 您认为取得了多大的进步？

无 = 1 一些 = 2 很多 = 3

iv. 在过去一个月里，你的上司在你的发展方面参与程度如何？给予了多少支持？

1 = 没有 2 = 一些 3 = 很多

v. 可选：简要描述你在过去一个月里采取的具体行动（一句话）。

系统可以对参与者进行鼓励、给予更多信息和及时提示。这些消息将是轻松、愉快和丰富的（它们不会让人感到内疚）。根据给出的答案，消息可能会是：

i.（如果个人有进步）一条赞扬的消息。

ii.（如果个人有退步或保持不变）一条鼓励的消息（消息可以来自高管、外部专家或同事）。

（2）手机选项

- 呼叫是自动的。如果转到语音邮箱，可以回拨，与会者需要回答以下五个问题：

i. 你还在专注于提高这项技能或改变这种行为吗？

是 = 1 否 = 2

ii. 用三分制来表示你付出的努力和时间。

1 = 没有 2 = 一些 3 = 很多

iii. 评估你的进步：

1 = 没有 2 = 一些 3 = 很大

iv. 你的经理给了你多少参与和支持？

　　　　1 ＝ 没有　　　　　2 ＝ 一些　　　　3 ＝ 很多

v. 可选：参与者用一句话总结自己的进度。我们的要求是他们给出一个从他们的角度来看他们所做的产生积极结果的例子。

该系统可以用鼓励信息、更多信息和及时提示来回应。这些活动将是轻松愉快的，内容丰富的。（它们不会让人产生负罪感。）根据给出的答案，信息可能是：

i.（如有进步）一封感谢信。

ii.（如果倒退或保持不变）鼓励的信息。（这些信息可能来自高级管理层、外部专家或同事。）

iii. 一条精心策划的"内容"消息，包含关于他们正在努力提升的技能或能力的具体建议。

5. **学习和发展专员监控数据**，并联系那些积极跟进的人员，传递出强化的、赞美的信息。他们还会联系那些没有按照发展承诺行事的人，并为其提供一些建议、具体的提示和其他指导。

他们根据组织中的协议，向高管和顶头上司传达汇总数据。

6. 顶头上司每月收到其下属跟进情况的报告。

7. 对参与者进行简短调查，监测其下属对经理的变化行为如何做出反应。这些信息可提供给参与者，并向高管团队提供汇总数据。

8. 高管在向整个组织做报告时会分享学习和发展的实施情况。这意味着要每季度或至少每年两次报告相关工作和成果的情况。

9. 公司为每个参与者提供后续资料。定期向他们推送这些资料，参与者将得到一个链接，以获取有关发展他们选取优势的建议。

The New Extraordinary Leader
Turning Good Managers into Great Leaders

第三部分

特别议题篇

我们将在第十六章中向大家展示一个特殊的人才库。根据我们的研究结果，这个尚待开发的人才库将会是很多组织可加以利用的独特机会。在大多数组织中，女性高管的面孔并不常见，但她们的表现并不逊于男性同行，甚至更出色。我们很早就对这一看似矛盾的现象进行了研究，并发现组织的每个层级以及几乎所有职能领域都存在这样的情况。

本书第三部分将讨论三个特别议题。第十七章是第二个议题，将讨论如何评估领导力的改善程度，以及相应的挑战和解决方案。第十八章是第三个议题，将讨论这样一个事实，即领导力绝非独唱，而是团队与小组的共鸣。那么，领导团队将面临哪些特殊的挑战呢？

第十六章
女性领导者

> 如果更多女性开始承担领导角色，我们也就不再认为她们不应该是领导者。

> ——雪莉·桑德伯格（Sheryl Sandberg）

高管中有人退休了，你需要再雇用一位管理者。经过若干小组成员的层层面试，几个星期之后，还剩最后两位候选人——男女各一位。他们几乎在各个方面都旗鼓相当，无论是经验、专长，还是过往同仁们的评价。于是，一个问题盘旋在你的脑海中："有没有什么研究可以证明其中一个候选人比另一个更有优势？"那么，我可以告诉你，根据我们对全球6万多名领导者的研究，答案是那位女士。并非每位女性领导者都比男性同行更优秀。但平均来讲，在我们所评估的各项领导能力中，女性领导者在80%的项目中都拥有更高的效能。这一结果具有显著的统计学意义。男性在13%的项目中表现更优秀。剩余几项双方势均力敌。

2012年，我们在这一领域的第一篇文章发表在《哈佛商业评论》上。我们在文章中对男性和女性领导者的领导效能进行了对比。这篇文章是该期刊史上被引用次数最多的文献之一。自那以后，我们又发表了20多篇相关文章，分析了男性和女性领导者的绩效差异。

关于男性和女性之间的差异，有很多说法、理论和推测。我们有6万多名领导者的数据，因此能够对男性和女性的领导效能做出更准确的对比。这些数据来自全世界数百个最成功的公共和私人组织，根据卓越领导者360°反馈评估生成。这些评估者包含上级、同事、直接下属和若干其他人。平均而言，每位领导者都要由 13 名不同的评估者来为他们的表现打分。由于这些数据来自男性居多的管理层，因此受评估的领导者 64% 为男性，36% 为女性。

女性面孔在高管层中并不多见，这是一个众所周知的事实。图 16-1 显示了在受评估的领导者中男性和女性的不同占比。从图中我们可以清晰地看到，女性晋升为高管的可能性较小，74% 的最高层领导都是男性，只有 26% 是女性。但女性作为个人贡献者的比例要高于男性。图中显示的只是参与评估者的数据，并非各组织中的实际人数。但实际情况与图中所示也是高度一致的。

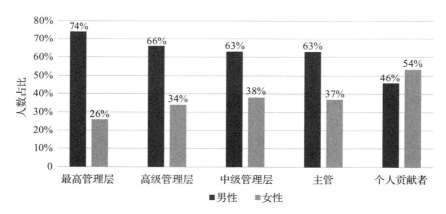

图 16-1　不同层级的男性与女性领导者所占比例

2016 年，美世（Mercer）咨询公司发布了一份报告，该报告调查了 583 个组织和 320 万名员工。他们发现，女性领导者在全部管理者中占 33%，在高级管理层中占 26%，在最高管理层中占 20%。[1]

谁才是更好的领导者，男性还是女性

我们的评估针对领导效能创建了一个总体衡量标准，由 49 种个人行为的平均值构成。过往的数百项研究让我们明白，对整体领导效能的评估

可以非常有效地预测各种关键业务的结果，如员工敬业度、客户满意度、
员工流动率、销售额、利润，以及酌情行事的决断力等（见第二章）。在
评估中取得高分与领导者的优异表现具有高度相关性。图 16-2 是 40 187
名男性领导者与 22 603 名女性领导者的领导效能对比。我们发现，从统
计学的角度看，女性明显具有更高的领导效能（t 值 =13.65，显著性水平
0.000）。当然这并不表示二者之间存在绝对意义上的巨大差距。

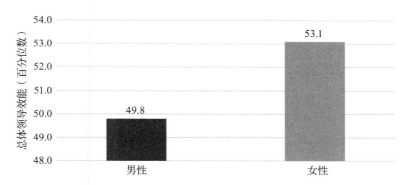

图 16-2　男性与女性的总体领导效能

谁认为男性和女性之间的差异最大

哪组评估者认为男性和女性领导者之间的差异最大？在所有组别［如
上级、同事、直接下属、其他人（客户或供应商）以及自己］中，男女领
导者之间都存在统计学意义上的显著差异。不过当我们观察图 16-3 时会
发现，认为整体领导效能差异最大的是被评估者的上级。我们的相关研究
显示，上级的评价能够最准确地反映受评估领导者的真实表现⊖。接下来
最准确的组别是同事，同事之间在给出反馈的时候会相当挑剔。存在差距
的第三个组别是直接下属，他们在许多方面与领导者有着最直接、最频繁

⊖　为了能最合理有效地评估整体领导效能，我们采用了除自我评价外的所有评价
的总和作为标准。

的接触。除以上三组外的其余评估者认为差异最小，尽管从统计学的角度来看二者差异仍然显著。被评估者的自我评价（个人对自己领导效能的评价）非常耐人寻味。如图所示，男性的自我评价高于女性的自我评价。简单来讲，女性对自己的领导效能更挑剔。

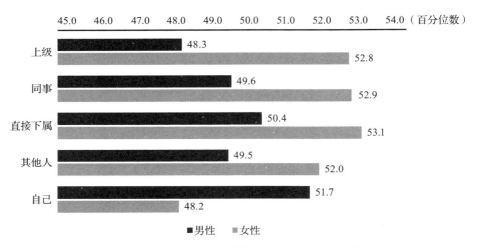

图 16-3 分组显示男性与女性领导效能的评价

是否在所有层级上，男性和女性都存在差异

在对不同层级领导者们的统计数据进行分析后，我们发现，当女性处在最高管理层、高级管理层、中级管理层和个人贡献者的位置上时，她们的表现更为积极，但在主管这一职位上则不然。

从个人贡献者到主管的过渡阶段，男性在技术专长、战略视角、创新和解决问题等方面的得分明显高于女性。女性只在主动性方面明显优于男性。也许在这个过渡期，男性为主管这个角色做了更好的准备，而女性则需要时间来学习和提升。

但是，我们从表16-1中可以看到，在晋升到中级管理层后，女性的效能开始明显高于男性。当晋升到最高管理层后，这种情况会被延续。

表 16-1 按职位显示男女的整体领导效能

职位	男性	女性	t 值	显著性水平（双侧检验）
最高管理层	48.4	52.6	−6.01	0.00
高级管理层	46.0	51.1	−11.22	0.00
中级管理层	48.3	52.8	−11.00	0.00
主管	59.4	58.5	1.69	0.09
个人贡献者	45.4	48.6	−3.32	0.00

女性更善于"培养"吗

在性格测试中，女性通常认为自己更温暖、更敏感、更友善，而男性的自我评价则是更自信、更外向、更合群。人们普遍认为，女性领导者更擅长那些具有"培养"属性的能力方面。这些能力可能包括建立关系、发展他人、团队协作等。遵循同样的逻辑，男性应该更加外向和自信，在积极主动、结果导向、推动变革等能力上得分更高。问题是，这些人格测试都是自我认知。如表 16-1 所示，我们的自我认知通常与他人对我们的认知有很大不同。

我们通过各种不同的领导能力素质和指标对领导者进行评估，发现在 19 项能力素质指标中，女性在 17 项上得分都高于男性。表 16-2 中按 t 值排序列出了所有能力素质指标，从中我们可以看出男女领导者的具体差异。请注意，此列表的前半部分有若干项是相对更外向的能力，如积极主动、结果导向、激励他人以及大胆领导等。此外女性在"培养"方面的能力得分也更高，如列表中位于前列的发展他人和建立关系等。有趣的是，有两项能力男性一直都得分更高。这两项能力是战略视角和技术专长。十年来我们一直在收集和分析相关数据，而年复一年得到的结果都是一致的。

表 16-2　男女领导者在 19 项能力素质指标上的得分

能力素质	男性	女性	t 值	显著性水平（双侧检验）
积极主动	48.2	55.6	−30.9	0.00
韧性	49.3	54.7	−22.68	0.00
实践自我发展	49.6	54.8	−21.59	0.00
结果导向	48.8	53.9	−21.23	0.00
诚信正直	49.1	54.0	−20.45	0.00
发展他人	49.8	54.1	−17.85	0.00
鼓舞和激励他人	49.7	53.9	−17.42	0.00
大胆领导	49.8	53.2	−13.92	0.00
建立关系	49.9	53.2	−13.86	0.00
推动变革	49.8	53.1	−13.69	0.00
设定挑战性的目标	49.7	52.6	−12.29	0.00
团队协作	50.2	52.6	−9.95	0.00
连接外部世界	50.3	51.6	−5.37	0.00
有效沟通	50.7	51.8	−4.82	0.00
问题分析与解决	50.4	51.5	−4.46	0.00
领导速度	50.5	51.5	−4.31	0.00
创新	51.0	51.4	−1.84	0.07
技术专长	51.1	50.1	4.26	0.00
战略视角	51.4	50.1	5.19	0.00

　　从这些数据中我们能得出什么结论？如果女性整体比男性效能更高，为什么随着管理层级的上升，女性领导者的比例反而会下降呢？或许一个可能的原因是存在公然歧视。另一个重要的问题是："女性做了什么，让她们被认为效能更高？"这是基因决定的，还是后天的习得？正如我们在不同的论坛和演讲中所讨论的那样，女性经常发出如下感慨：

- "一个女人如果想成功，她必须更优秀，工作更努力。"
- "我不能犯错。如果我出现错误，我的职业生涯就完了。"

- "我觉得我需要不停向别人证明我的价值。"

许多女性觉得，现有的职位并不能给她们安全感。就算拥有荣誉，她们也不敢懈怠。她们认为自己必须出类拔萃才能晋升到下一层级，因此她们更愿意主动出击，对他人的反馈持更积极的态度，面对困难和挫折也要更具有韧性。

很多男性则感觉不到上述压力。他们觉得自己的努力会被看到，也认为自己有能力比同行做得更出色。他们知道为晋升到下一层级要做什么，也不觉得特别需要别人的反馈。

男性和女性的趋势随时间发生了变化

图 16-4 显示了 40 091 名男性和 22 471 名女性的总体领导效能。随着年龄的增长，两者的整体领导效能呈下降趋势。

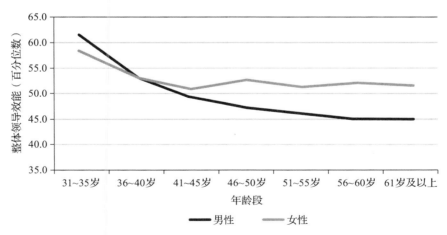

图 16-4　不同年龄段的男女整体领导效能

之所以有这样的趋势，部分原因是我们数据库中的很多年轻领导者都是在更早的时候，就因其具备很大潜力而被选入领导力发展项目。图中非常引人注目的一点是，男性和女性的趋势线在 40 岁时发生了变化。女性一直保持在第 50 百分位以上，而男性则持续下降到第 45 百分位。60 岁以后，男性和女性的总体效能存在 7 个百分点的差距。

为什么女性在 40 岁后表现出色

我们很好奇是什么原因导致了这种趋势的变化。为什么男性的效能随着年龄增长而下降，而女性却能保持效能？在分析了各种不同的因素之后，我们认为有一个原因可以最好地回答这个问题。我们观察了两种行为——寻求他人反馈，以及得到反馈后采取行动。图 16-5 是男性和女性的不同趋势线。在职业生涯早期，人们通常都善于寻求他人对自己表现的反馈，并根据反馈采取积极行动进行改变。请注意，在 40 岁之前，男性和女性的下降幅度相似。而在此之后，女性继续高于平均水平，男性则下滑至第 40 百分位。

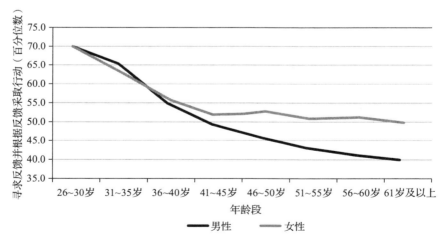

图 16-5　不同年龄段的男女领导者寻求反馈并根据反馈采取行动的效能情况

考虑到很多女性认为自己需要做得更多、表现得更好，我们也就不难理解她们为什么对反馈抱有更开放的心态，以及为什么更愿意主动寻求反馈了。我们不认为这是男女之间的基因差异导致的，而是由他们所处的环境、社会规范和面临的不同条件决定的。不管男性还是女性，认为自己需要做得更多、更好的人自然倾向于主动寻求反馈。那些高度自信的人则不然。他们认为自己会成功，不需要费心做出改变，也就不会主动寻求反馈。我们的数据清楚地表明，不论男性还是女性，只要更善于寻求反馈，并根据反馈采取行动，任何年龄段的领导者都可以有更高的领导效能。

自信的影响

我们在进行第一次研究时，认为信心对领导者的效能有影响。缺乏自信的领导者会更有动力与他人沟通，并希望得到对方的反馈。一旦有了一定程度的自信，领导者可能就更为大胆、主动，甚至会进行反击。几年前，我们设计了一套自我评估体系，其中有一项是对自信的评估。我们生成了一个由 7 837 份评估数据组成的全球数据集。如图 16-6 所示，年轻的男性和女性在自信方面存在惊人的差距。年轻女性缺乏自信让人叹息，年轻男性在没有太多经验的情况下拥有平均水平的自信也不令人意外。

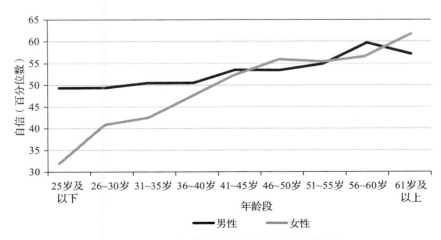

图 16-6　不同年龄段的男女领导者的自信水平

图16-6中的两条趋势线又一次在40岁处交会。这一点令人大惑不解。我们不确定女性在40岁时发生了什么，但从图中的轨迹线可以看出，随着年龄增长，男性和女性的自信都在增长。

给组织的建议

组织及其领导者们能用这些研究结果做什么？以下是我们的想法：

- 我们所有的客户都关心人才的问题。大多数组织都非常担心他们缺乏未来所需的人才。每个组织都要意识到，许多女性拥有卓越的才能，可以在组织中发挥重要作用，帮助其获得成功。

- 在最近的一个项目中，我们对领导者的包容性和对多样性的重视程度进行了评估，发现17%的管理者被其直接下属评为不合格。而这还是一个开明的组织，拥有积极向上的组织文化。因此，组织需要明白，在当今的文化里，具有偏见的领导者是不被接受的。而这里还有一个最大的问题，那就是这些被评为不合格的领导者完全没有意识到自己有问题。

- 自1970年以来，美国国内生产总值26%的增长直接归因于劳动力中有更多的女性。雇用女性显然是有益的，但好处并不仅限于增加了员工人数。公司需要强有力的个人担任要职。但女性作为一个巨大的、基本尚未开发的人才库，却往往得不到承认。麦肯锡公司（McKinsey & Co.）高级合伙人维克拉姆·马尔霍特拉（Vikram Malhotra）曾说过："对女性来说，企业人才管道既是堵塞的，又是泄漏的。"[2]

- 麻省理工学院的一项研究表明，男女混合的团队更具有生产力和创造力。事实上，经济学家们发现，仅仅把一个全部为男性或全部为女性的办公室变成男女比例均衡，就可能增加41%的收入。

为什么？研究发现，社会多样性越高，意味着经验传播越广泛，这可以增加某一工作群体的集体知识，进而展现更高效能。[3]

在此我们要重申，我们的观点并不是说某一性别优于另一性别。相反，我们认为两者各有效能，而且随着高级领导者的日益短缺，男女领导者都非常重要。举个例子，海德思哲国际咨询公司（Heidrick & Struggles）的 CEO 凯文·凯利（Kevin Kelly）发现 40% 的高级管理者会在 18 个月内被解雇、辞职或被认定为失职。[4] 重视员工队伍中的女性，挑选其中的优秀者并培养其胜任高级别的管理岗位，组织一定会受益匪浅。

总之，我们的研究结果已经很清楚：女性领导者可以提供多样性和各种好处，而这正是所有公司之所需。因此应该把更多女性纳入领导梯队。对这一点多加重视，每个公司都能从中获益。

第十七章
评估领导力的改善程度

> 评估是第一步，接下来是控制，最终才是改善。如果你不能评估某事，你就无法理解它。如果你不能理解它，你就无法控制它。如果不能控制它，你就无法提升它。
>
> ——H. 詹姆斯·哈林顿（H. James Harrington）

为什么要评估领导效能

个人应该参加 360° 反馈评估，根本原因有两个。第一个原因是，可以获得对自己领导效能的准确评价。我们的研究发现，在预测某个人的领导效能时，预测最不准确的是这个人自己。其他评估者的准确度大约是这人的两倍（我们使用所有评估者的评分总和作为基准）。具有讽刺意味的是，表现最好的人往往会低估自己，低效能者则往往高估自己。上级、同事、直接下属和其他人的评估则相当一致，也更准确。一个人如果想准确地判断自己是世界上最好的领导者还是最差的领导者，唯一的方法是使用 360° 反馈评估。这个评估里包含各类其他人的反馈，极具前瞻性。

第二个原因是，一旦他们对自己当前的领导效能有了准确的评估，就更有可能采取行动加以改善。领导者从那么多同事那里得到了反馈，这可以大大增加其改进的动力，更何况这些反馈提供的是实实在在有帮助的信息。

我们担心太多的组织过于关注第一个原因（评估），却对第二个原因（改进）关注不够。评估只是迈出了第一步，帮助个人改进才是最重要的。

有一种解释最有助于理解这一点，即这种评估不是永久性的，而是某个时间点上的一幅图像。评估结果可以也应该随着时间的推移而发生变化。

另一个有趣并重要的一点是，评估分数可能上升也可能下降。当你向别人寻求反馈，对方可能会期待你出现跟反馈相关的某些改变。当然那些对自己的反馈毫无作为的人可能会违背这种期望。因此，结果也可能是，后续评估的结果比原来的评估更为负面。

针对 6 029 名领导者的前后测评分析

确认一名领导者是否有所改善的最佳方法，是让他参加两次对应相同项目的 360° 反馈评估，时间间隔为 18~24 个月，然后对两次评估的结果进行对比。如果两次评估中的受评估者都是相同的，那简直堪称完美。有些领导者或许能参加两次评估，但现实是组织中有各种人事变化，或辞职，或晋升，或调走。因此多数情况是，前后两次评估中的受评估者会发生一些变化。有人说这会让研究结果无效，也有人指出新的受评估者会给领导者带来非常大的挑战。如果想知道领导效能改善与否，相同的受评估者当然会让事情好办得多，而受评估者发生变化也确实让领导力的改善程度更难以确定。

在对数据进行评估时，有很多方法可以查看改进的情况。参与这项研究的领导者需要改善其中一项能力，这并不容易。将每种能力的前测结果与后测结果进行比较后，我们发现 6 029 名领导者（占 85%）都能大幅改善至少一种能力。这是一个令人印象深刻的数字，但所需的其实只是努力改善某一项领导能力。

另一个测试更为困难，要看整体领导效能的评价是否有所改善。整体领导效能是对所有能力的总结，它的提升会是一个更大的挑战。整体领导效能有所提升，意味着受评估者认为领导者的效能有全面性的改善。以这个标准来看，51% 的领导者（4 974 人）的整体效能都有显著的变化。

为了评估变化的程度，我们需要将出现明显变化的人分为两组。有一组人存在我们所说的致命弱点。致命弱点是一种对领导者有负面影响的行为，会大幅削弱其整体领导效能。我们发现，如果比照全球标准，领导者的某项能力素质处于倒数第10个百分位时，他就存在致命弱点。那些具有一个以上致命弱点的领导者在前测中的整体得分处于第18百分位。我们鼓励有致命弱点的领导者集中精力修复缺陷。换言之，我们鼓励他们集中精力克服自己的弱点。29%的领导者具有至少一个致命弱点，这跟我们从全球数据库中得出的结果非常接近。我们分析了全球100 000名领导者的数据后发现，30%的领导者都有致命弱点。第二组由没有致命弱点的人组成。这是一个更大的群体。我们鼓励他们夯实自己的优势。

我们发现，61%有致命弱点的领导者（1 469人）都做出了显著的积极改变。图17-1显示了这项研究的结果。平均而言，有致命弱点的领导者，其总体领导效能从第18百分位上升到第46百分位。你也可以这样说，他们从非常差的效能评价上升到略低于平均水平的效能评价。

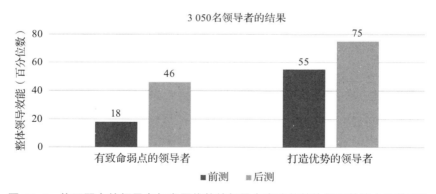

图 17-1　修正弱点的领导者与发展优势的领导者在改善整体领导效能方面的对比

在那些没有致命弱点的领导者中，有1 589位（46%）做出了显著的积极改变。他们在前测中的评价在第55百分位，在后测中上升到第75百分位。你也可以说他们从略高于平均水平上升到了前1/4的位置。

从图 17-1 中可以看出，两个群体的整体领导效能都有显著提高。观察前测和后测结果的差异，我们会发现有致命弱点的领导者上升了 28 百分位，而那些着力发展优势的领导者只上升了 20 百分位。从数据来看，似乎专注于修复弱点的领导者比专注于增强优势的领导者取得了更大的进步。但我们认为，尽管修复致命弱点的人看似进步更大，但实际上从糟糕到优秀要比从优秀到卓越容易得多。

另一点需要记住的是，有致命弱点的领导者面前有着亟待解决的显性问题，而没有致命弱点的领导者并不需要解决什么重大负面问题。这些数据提供了额外的证据，证明领导者可以发展自身优势，并且发展优势可以对领导效能产生积极影响。

请记住，以上所述都是平均值。这意味着有些人进步较大，有些人进步较小，但这个群体中的绝大多数人都取得了显著进步。这说明这些领导者的上级、同事、直接下属和其他人对他们的看法发生了重大变化。如果有些人对领导力发展和领导者是否能显著提升能力持悲观态度，那么这些数据可以让他们放心了。事实证明，糟糕的领导者可以变得优秀，优秀的领导者也可以变得卓越。同样显而易见的是，并非只有少数领导者才能有所改善，大多数被评估的领导者都能够取得进步。

在本书的前几章中，我们介绍了一些研究，证明更优秀的领导者会带来更卓越的成果。本章研究的目的是衡量领导效能改善后其影响有多大变化。为此我们还评估了每位领导者直接下属的员工敬业度。员工敬业度已被证明与其他组织成果，如生产力、质量、低员工流动率和利润等具有显著相关性。图 17-2 显示了 3 050 名领导者的员工敬业度得分。我们再次看到前测与后测结果具有显著差距。那些有致命弱点的领导者，其下属敬业度从前测的第 34 百分位上升到后测的第 50 百分位。而那些没有致命弱点的领导者，下属的员工敬业度从前测的第 52 百分位上升到后测的第 62 百分位。两者都是显著且具有重要意义的改变。

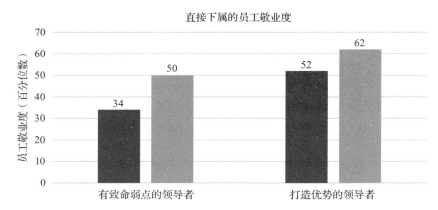

直接下属的员工敬业度

图 17-2　修复缺陷的领导者与发展优势的领导者在改善员工敬业度方面的对比

按层级划分的改善幅度

最高管理层的领导者们能否比主管或独立贡献者有更大的进步？高级管理层呢？会比组织中较低级别的领导者们更难进步吗？当我们把数据按岗位层级重新整理后，我们发现各级领导者都表现出了显著的进步。图 17-3 是有致命弱点的领导者们取得的进步。如图所示，每个层级的领导效能都有显著改善，但主管们确实进步最大。

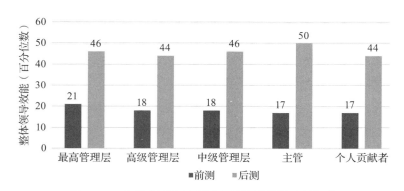

图 17-3　有致命弱点的领导者整体效能的改善幅度

致力于打造优势的领导者们也一如既往，每个层级都取得了进步。图 17-4 再一次向我们证明，打造优势的方法在组织的任何一个层级都是起作用的。作用最明显的依然是主管们，他们取得了最大幅度的进步。

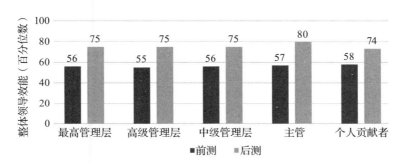

图 17-4　打造优势的领导者整体效能的改善幅度

改善最大的是哪些能力素质

如前所述，51% 的领导者整体效能都有显著提高。在查看这 51% 的领导者的数据时，我们很好奇是否每项能力素质都有所进步，以及是否有些能力素质比其他素质得到了更大改善？为了得到答案，我们实施了对以上数据的 t 检验，以查看前测与后测结果平均百分位数的差距。表 17-1 中列出的所有结果均按 t 值排序。我们可以看到，每种能力的变化都非常显著，但有些能力的提升幅度确实大于其他能力。前测与后测差距最大的一项是 "有效沟通"。在我们看来，这是最容易看出有所改善的一种能力。只要一位领导者增加他与直接下属和同事之间的沟通频率，他就能展现出明显的进步。

表 17-1　领导能力的改善幅度

领导能力	前测	后测	t 值	显著性水平（双侧检验）
有效沟通	42.1	63.6	−58.94	0.00
战略视角	43.3	64.7	−57.61	0.00

（续）

领导能力	前测	后测	t 值	显著性水平（双侧检验）
团队协作	41.4	63.1	-55.87	0.00
鼓舞和激励他人	42.3	61.5	-54.61	0.00
分析和解决问题	43.3	63.3	-54.61	0.00
推动变革	43.5	63.1	-54.08	0.00
设定挑战性的目标	43.4	63.5	-53.91	0.00
发展他人	41.7	61.9	-52.71	0.00
建立关系	41.5	61.6	-52.60	0.00
外部导向	44.2	63.6	-52.57	0.00
自我发展	41.8	62.4	-52.25	0.00
技术专长	43.0	62.0	-50.98	0.00
正直诚信	42.5	60.6	-49.68	0.00
积极主动	44.3	62.0	-48.87	0.00
创新能力	43.0	62.1	-48.75	0.00
结果导向	45.6	62.5	-43.13	0.00

有趣的是，"结果导向"这一项，虽然也有实质性的变化，但相比而言仍然是改善幅度最小的一项能力。我们猜测，对很多领导者而言，参加前测之前，这已经是他们非常关注的一个重要领域，因此想在这个基础之上再表现出明显进步就更加困难了。

不同组织的差异

我们把来自48个不同组织的改善结果从以上数据中分离出来，发现取得进步的领导者在不同组织中的占比不同，最低的仅占14%，最高的达到100%，领导者进步百分比的标准差为16.8。标准差如此之大，说明每个组织如何设置、管理、跟进，以及如何鼓励参与者都会产生重大影响。简单来讲，虽然领导力发展看起来有点像个人运动（例如，人们依靠自己努力取得进步），但它实际上是一项团体运动（例如，组织的支持对最终取得多大进步有重要影响）。本书后半部分的重点是组织在帮助个人提升领导力方面所起的作用，而这种作用怎么强调都不为过。

成长型思维

斯坦福大学的卡罗尔·德韦克教授在他的研究中将人的思维方式分为两种：成长型思维和固定式思维。[1] 成长型思维专注于改进、学习和努力。而固定式思维则认为，我们的能力更多地建立在天生的禀赋和特质之上，不太可能在后天改变。

这两种思维会导致人们做出相应的可预测行为。成长型思维的人会追求挑战，欢迎反馈——也包括批评。与之相反，具有固定式思维的人则一直努力地向他人证明自己。他们回避反馈和批评，通常会选择那些看上去自己能够胜任和擅长的工作。

很明显，本章的结果表明领导者们是能够成长和进步的。组织应该寻找具有成长型思维的人。他们面对反馈的心态更加开放，而且不断追求进步。随着时间推移，他们的效率将不断提升，贡献也会越来越大。

第十八章
培养领导团队

> 无论你的头脑或战略多么出色，如果你独自一人，总会输给一个团队。
>
> ——里德·霍夫曼（Reid Hoffman）

我们专注领导力研究 40 余年，了解领导者对组织绩效和组织中其他人的影响力比我们想象要大得多。领导者不仅影响其直接团队和下属的业绩，他们的影响力还会向下扩散至整个组织。2016 年，我们在《哈佛商业评论》上发表了一篇关于"优秀（和糟糕）领导力的倒灌效应"的研究[1]。本章内容是对该研究结果的回顾。

情绪和行为具有传染性

加州大学圣迭戈分校的詹姆斯·福勒（James Fowler）和哈佛大学的尼古拉斯·克里斯塔基斯（Nicholas Christakis）用一项非常出色的研究，证明了幸福感是会传染的。他们研究社交网络的信息，例如朋友的朋友的朋友，然后发现，如果你有一个幸福的朋友，那你幸福的概率会提升25%。在另一项研究中，他们发现，如果你的朋友们体重超重，那么你超重的可能性更高。如果你成功戒烟，你朋友戒烟的可能性也会更高。那离婚会传染吗？布朗大学的罗斯·麦克德莫特（Rose McDermott）发现，如果你有一个亲近的朋友离婚，那么你离婚的可能性会增加33%。

读过这项有关"社交传染"的研究后，我们好奇领导者是否对他们的同事存在类似的影响。本书的第二章展示了领导者对员工敬业度以及其他组织结果的影响，如员工流动率、销售额、顾客满意度。那领导者的行为会对组织中的其他人产生重大影响吗？

为了研究这个问题，我们将 265 名高级管理者的数据与他们的中层直接下属（也是管理者）的数据进行匹配。研究中的所有管理者都参与过"卓越领导者"360° 反馈评估，平均每位管理者收到了 17 名评估者（上级、同事、直接下属等）的评估反馈。我们提出的问题是：

- 和优秀领导者共事，能否助力他们的直接下属变得更加高效？
- 和效率低下的领导者共事，会产生负面影响吗？

我们的假设是，如果高级管理者没有相关影响力，那么中层管理者的得分将接近第 50 个百分位。

研究结果见图 18–1。根据不同的整体领导效能，高层管理者被划分为五组。对领导效能排名最后 10% 的高层管理者而言，其直接下属中层管理者的平均领导效能排位在第 29 百分位。和糟糕的领导者共事导致的结果是，这些中层管理者的效能低于平均水平 2 个百分点。请注意，当高层管理者的领导效能排名前 10% 时，其直接下属的中层管理人员的领导

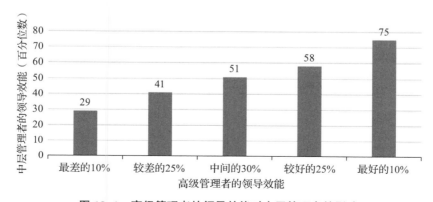

图 18–1 高级管理者的领导效能对中层管理者的影响

效能处于第 75 百分位。与高效的高级管理者共事时，中层管理者的得分较平均水平高出 25 个百分点，这两者具有相关性。

为什么会这样呢？我们的研究结论是，出于多种原因，糟糕的领导者会降低下属的效能。

- 可能他们一开始就选择了效能较低的下属。
- 随着时间推移，下属管理者会模仿上级的不良行为。
- 高层领导者的无效行为所造成的负面氛围，会反过来降低团队动力和绩效。

而伟大领导者的影响力恰恰相反，他们能够提高直接下属的效能。

- 更高效的管理者会寻找同类，并愿意与之合作。
- 他们会选择更优秀的下属。
- 下属受到榜样力量的感染，会学习优秀领导者的行为。
- 高效的领导者会营造积极的工作环境，提高团队动力和绩效。

随后，我们对领导者对员工敬业度的影响以及优秀和糟糕的领导力对组织的负面影响程度也产生了兴趣。于是，我们研究了这批领导者里高级管理人员的整体领导效能。在第二章中，我们已经证明，糟糕的领导者往往会拥有不敬业且心怀不满的员工，而最好的领导者总会拥有高度敬业的员工。

图 18-2 中，我们再次根据高层管理人员的领导效能将其分为五组。每组的两个柱形分别代表高级管理者的直接下属和中层管理者的直接下属的员工敬业度水平。这些数据清晰地表明，领导效能的影响超出了他们直接下属的范围。

图 18-3 展示的是高级管理者对中层管理者的影响，而这些中层管理者又影响着他们的直接下属，进而影响了许多关键的组织绩效。

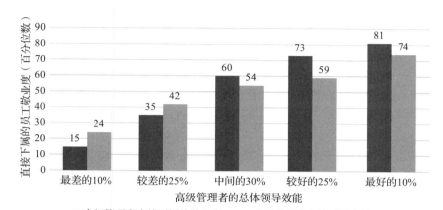

图 18-2　高级管理者和中层管理者的员工敬业度

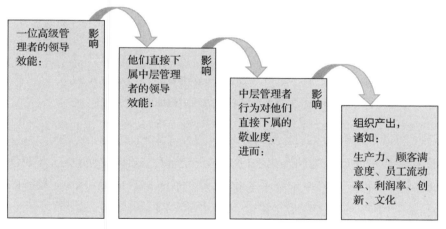

图 18-3　优秀（和糟糕）领导力的倒灌效应

以上数据表明，领导者的技能与幸福感一样具有传染性。做完这些研究后，我们又提出了新的疑问：那我们受到平级同事的影响有多大呢？通常，我们与同事相处的时间较少，他们对我们的互动和绩效表现的控制力也较低，但他们的领导力技能也会传染吗？为了回答这一问题，我们编制了一个包含 25 248 名同事的数据集，并进行两两配对：一个人作为主要同事，另一个人作为辅助同事。然后，我们根据主要同事的整体领导效能将所有人分为五组，并且分析了所有辅助同事的整体领导效能，结果见图 18-4。如图所示，这种影响虽然不如管理者的影响那么大，但仍然非常显著。如果与一群非常高效能干的同事一起工作，你可能会成为更高效的领导者。这是潜在的积极影响，当然负面效应也是存在的：与能力较差、效率较低的同事一起工作也会拉低一个人的效率。

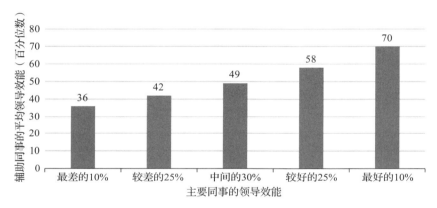

图 18-4　主要同事的领导效能对辅助同事的影响

我们每个人都会受到身边交往的人的显著影响。如果你发现十几岁的孩子开始和一些可疑的朋友出去玩，你肯定会建议他们换朋友。对职场中人也一样，如果你正身处自己不想成为、不认可的团队之中，那就换一个吧。

影响

从这些研究中看到，我们每个人毫无疑问都受到管理者、同事以及其他与我们共事的人的极大影响。那这些研究发现对我们进行领导力发展有何启示呢？我们将领导力发展视为一项个人运动还是团队运动？在我们过去的经历中，大多数时候组织都将领导力发展视为一项个人运动，大多数组织会从团队里选拔一些人去参加培训。很多时候是聚集了一群陌生人一起进行培训。这种方式的好处是大家乐于和陌生人练习新行为，有助于促进人际交往。而不利之处在于，对个人领导行为影响最大的那些人缺席了。既然团队对个人行为有如此大的影响，难道不应该整个团队一起参加领导力发展培训吗？

团队领导力发展

我们的领导力发展项目的优势之一是我们有能力生成团队画像。邀请一群领导者评估自己团队的领导效能时，他们往往会相当乐观，得出"非常好"或"明显高于平均水平"之类的评价。最近，我们有过一次与11位在制药组织里负责销售的领导者会面的经历。当我们询问其团队效率如何时，团队的高级领导说："这是我们公司最高效的团队之一。"然后我向他们展示了360°反馈评估的结果，他们惊讶地发现团队平均分排名位于第45百分位：有36%的人得分高于平均水平，但有64%的人得分低于平均水平，进而拉低了总分。看过图表后，那位高管说："现在你成功地引起了我们的注意。"

接下来，我们又问："这个团队的敬业度如何？"大家再次表示："很好，大家都喜欢在这工作。"这11名经理的75名直接下属的敬业度平均值又一次排名第45百分位。接着，我们向11位领导者展示了图18-5。在这张图里，我们将领导者分为两组，其整体领导效能分别位于平均水平之上和之下。高于平均水平的组别的员工敬业度得分为60百分位，而低于平均水平的组别的员工敬业度为41百分位。此时，大家意识到，他们的领导效能与直接下属的敬业度之间存在着很强的相关性。这是来自他们的数据分析结果，所以大家很快就接受了这些结论。

这个团队的管理者水平有高有低，有些是平均水平，还有些需要改进。后来，我们展示了领导者们在19项区分性能力素质中每一项的结果，并对其效能和重要性进行了评估。图18-6的散点图可提供一些有用的见解。

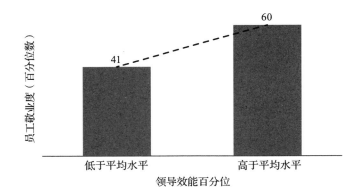

图 18-5　领导效能低于和高于平均水平的领导者下属敬业度对比

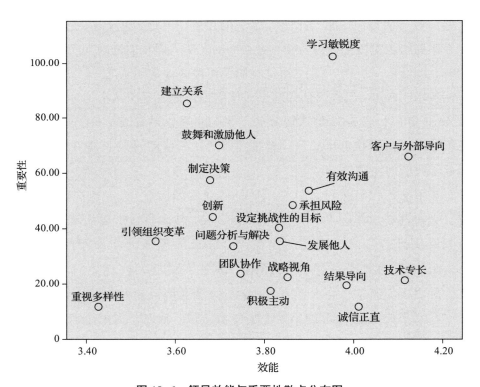

图 18-6　领导效能与重要性散点分布图

团队优势

- 诚信正直。
- 积极主动。
- 结果导向。

非常重要

- 结果导向。
- 鼓舞和激励他人。
- 有效沟通。

高度重要但效能较低的领域

- 鼓舞和激励他人。
- 有效沟通。

团队一起挑选了两个高度重要但效能偏低的领域，确定为团队的发展议题，然后所有团队成员一起制订了相应的改进计划。

每位团队成员分享自己所选择的未来希望改进的素质时，在这些能力素质上具有优势的其他团队成员会主动提供教练和指导。通过共同努力和相互支持，团队可以取得更多进步，且每位团队成员的发展责任感也有显著增强。

几年前，我们的作者之一在阿姆斯特丹参加了一次教育大会。大会上的一位演讲嘉宾展示了芬兰学校的成绩明显优于美国学校的，然后他用一个例子说明芬兰做了怎样的事情才使学校的成绩变得更好。例子是关于一位表现不佳的小学教师的。美国学校里有教师表现不佳时，其他教师和家长通常会想方设法让这位老师离开。而在芬兰，当一名小学教师表现不佳时，学校的其他教师会为他或她提供支持、帮助和发展机会。在芬兰，人们相信，生存和发展的唯一路径是大家共同努力、互相支持。短期内表现不佳的教师，未来会成为学校中表现上游的教师之一。在这位表现不佳的教师为提高而进行学习时，学校的其他教师会协助他进行教学，确保学生获得优质的教育。

建议

评估和发展团队及组织内的领导力可以带来巨大的好处。通过评估团队内的领导力，每个团队都可以了解自身的绩效水平以及对团队领导力发展需求的贡献。大多数团队自认为其领导能力要比客观情况好得多，就像大多数司机都认为自己驾驶水平不一般一样。帮助团队明确自己当前的绩效水平能带来强劲的改善动力。我们对倒灌效应和传染性的研究显示，大家的技能都在很大程度上受到他人的影响。因此，团结团队，共同培养领导力技能，可以营造积极的环境，更容易培养出卓越的领导者。

附录
研究方法概述

评估领导效能与员工敬业度的关系（图 2-1）

来自各行各业不同组织（包括社会团体、私营企业、政府部门），横跨多个商业领域的 1 450 813 万名员工接受了我们的 360° 反馈评估，这项调研包含了基于卓越领导者 16 项区分性能力素质之上的 49 项评估项目，用于评估管理者的领导效能，此外还包含了 5 个评估项目，用于评估员工满意度 / 敬业度指数。这两项评估具有高度的相关性。它们的皮尔森相关系数为 0.57（PC0.000）。这两个变量的关系代表：员工敬业度方差的 32% 可以由对领导效能的认知来解释。通常，二者之间的相关性在独立的企业中会更明显。举例来说，示例中两个组织变量间的相关性分别为 0.75 和 0.71，而相对应的方差依次为前者 50%，后者 56%。为了得到图 2-1 的结果，要汇总每位领导者所有的反馈结果。这项研究对象包括 90 252 名领导者，领导效能指数根据资料的分布情况分为 20 个等级，每一组的规模为 4 511~4 537 人。由领导者的直接下属对其进行反馈。该图显示了 20 个等级中员工敬业度指数的原始平均分数。

评估领导效能与企业盈利能力的关系（图 2-3）

此评估问卷共发出 1 672 份，由一家抵押贷款银行的员工针对 35 个区域管理者进行评估。每位管理者获得来自他们的上级、同事和直接下属的平均 9 项评估。360° 反馈评估均依照每个评估对象量身定制，以便能更准确地评估高绩效与低绩效管理者的能力差异所在。该评估中共有 65

个项目，其中由 15 个调查项目汇总的领导效能指标与每一区域的净利润都相关——领导效能指标与净利润的皮尔森相关系数为 0.40（PC 0.000）。

领导效能依照指标的分布情况划为三段：最末 10%、中间 80% 和最前 10%。图 2-3 显示了糟糕的领导者与卓越的领导者对企业盈利能力所造成的不同影响。

对销售的影响（图 2-4）

此评估问卷共计发出 1 534 份，由员工对 96 家门店经理进行评估。每位门店经理获得来自他们的上级、同事、直接下属和内部客户的平均 16 项评估。360° 反馈评估均依照评估对象量身定制，以便能更准确地区分高绩效和低绩效管理者的特定能力。该评估中共有 16 个项目。领导效能指数与累计销售额较上年增长百分比之间的皮尔森相关系数为 0.22（PC 0.031）。

整体领导效能被划分为五段：0~10 百分位、第 11~35 百分位、第 36~65 百分位、第 66~89 百分位和第 90~100 百分位。图 2-4 显示了糟糕和出色的领导力对年度销售额增长率的巨大影响。除了每家门店的销售额增长情况外，我们还对每家门店的员工流动率进行了评估。

评估领导效能与员工流动率之间的关系（图 2-5）

某保险公司针对公司内 89 个工作小组的领导效能进行了评估，并将调查结果与员工年度流动率资料进行了对比。10 项调查项目评估每个小组管理者的领导效能。领导效能指数与流动率之间的皮尔森相关系数为 -0.29（PC0.007）。该相关系数之所以为负值，是因为领导效能越高，员工流动率越低。领导效能的评估可分为三个部分：最末 30%、中间 60% 和最前 10%，由此构成图 2-5。三个类别之间的切分点是由各小组内员工流动率的一致性来决定的。

领导效能与员工离职意愿之间的关系（图 2-6）

我们使用与图 2-1 同样的数据资料来评估员工离职意愿，该数据资料由数百家不同的组织汇总而得，共有 90 252 名领导者接受了领导效能评估。我们要求领导者的直接下属回答在何种程度上他们会考虑请辞，另谋他职。图中的百分位数表明了对测量项目给出了正常或消极反应的员工百分比。员工留任意愿是员工流动率的最佳风向指标，50% 曾有过离职意愿的员工最终请辞了。领导效能根据数据的分布情况共分为 20 组。

评估领导效能和顾客满意度之间的关系（图 2-7）

某高科技通信公司针对公司内的所有员工进行了一次调查，同年内该公司也对公司内 612 位管理者的 360° 反馈评估进行了汇总，并将汇总的反馈结果与员工调查数据进行合并。360° 反馈评估中共有 50 个项目，主要评估领导者整体的领导效能，这些项目整理后形成领导效能指标。员工调查的资料则累计、合并入 360° 反馈评估结果。同时，该数据集也包含了额外的人口统计变量。员工调查中包含了一系列项目，用来评估顾客满意度，并由此计算出百分位数，以评估这 612 名管理者的顾客满意度与员工留任意愿的指标。领导效能分数经计算后，划分为最末 20%、中间 60% 和最前 20%。

再现调查结果

在此书的第 1 版问世后，我们与数百家组织合作，不断验证领导效能和组织重要结果之间的关系。所有的研究均表明了调查结果的一致性，我们还未发现哪一家公司的领导效能与员工满意度 / 敬业度之间不存在任何相关性。我们的研究也发现了员工去留意愿与员工敬业度之间存在着密切的联系，这一点在调查中也得到了证实。我们的顾客不会对反复出现的类似的研究数据感兴趣，相反，他们仅仅对属于自己组织的数据感兴趣。在多数组织中，我们都会碰到领导者这样问道："这真是我们组织的现状？"当他们看到组织数据资料显示，卓越领导者能够建立较高的员工满意度/员工敬业度水平，这些管理者开始端正态度，下定决心并且采取行动，争取成为一名卓越领导者。

我们也常常被问及来自美国的领导者与世界各地的其他领导者有什么不同。当我们将"卓越领导者"的理念和方法推广到世界各地时，我们发现，尽管各地的文化迥异，但领导者在很多方面还是存在着相似性。图 A-1 就是关于不同国家领导者的调查结果。

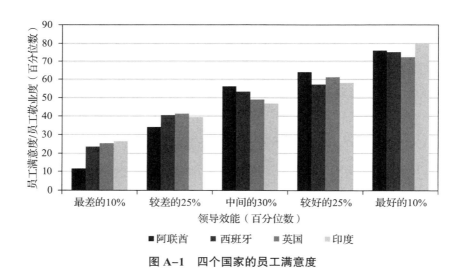

图 A-1　四个国家的员工满意度

结果如下：

- 其中有 81 位领导者来自阿联酋的政府部门。
- 361 位领导者来自西班牙不同的企业组织。
- 727 位领导者来自英国不同的企业组织。
- 44 位领导者来自印度的一家金融服务公司。

我们用 49 个项目指数评估上述管理者的 16 项区分性能力素质的领导

效能，5 个项目指数评估员工满意度 / 敬业度水平。从图 A-1 中，我们可以明显看出，针对这四个国家的领导效能和员工满意度 / 敬业度之间的相关性所做的调查，其结果与我们在北美洲的调查结果极其相似。

最能区分高绩效和低绩效领导者的 19 项能力素质（第四章）

为了完成这份研究，我们分析了 32 组 360° 反馈评估资料库，反馈结果来自于 100 多家和地区不同类型的公司。表 A-1 即为本次分析中使用的不同资料组。

表 A-1　关键区分性因素分析中所使用的 32 组数据资料

资料编号	评估者（人）	被评估的领导者（人）	调查题目（个）	组织描述
1	2 872	290	64	研发机构
2	10 691	762	36	银行 / 投资
3	4 178	639	45	一般性调查 - 多种不同组织
4	1 346	19	66	化学
5	3 782	486	18	食品加工
6	6 365	687	54	食品销售
7	9 395	925	47	食品
8	137	17	86	制造
9	2 670	349	48	食品
10	21 786	3 022	60	高科技
11	2 573	357	61	高科技
12	1 502	147	52	信息处理
13	3 512	259	84	出版
14	19 671	2 030	61	一般性调查 - 多种不同组织
15	7 290	943	60	石油 - 上游
16	1 221	180	53	高科技制造
17	2 648	276	91	高科技发展

（续）

资料编号	评估者（人）	被评估的领导者（人）	调查题目（个）	组织描述
18	2 177	262	73	高科技
19	11 048	1 123	88	高科技发展
20	12 060	1 175	79	高科技销售／服务
21	1 183	165	51	汽车
22	9 323	901	50	食品
23	1 831	210	99	食品
24	2 001	194	50	餐饮
25	7 155	1 009	66	研发机构
26	14 630	2 125	70	一般性调查 – 多种不同组织
27	62 919	6 716	73	一般性调查 – 多种不同组织
28	2 300	146	52	林产品
29	2 174	196	60	造纸
30	4 083	338	54	银行
31	1 297	130	55	抵押银行
32	1 303	126	50	保险
总计	237 123	26 314	1 956	

　　最初的分析总共使用了 237 123 份调查结果，调查对象共包含了 26 314 位领导者。每个资料库都代表一份量身定制的 360°反馈评估，反馈共包含了 1 956 个不同的试题，在不同调查中重复的题目非常少，这些资料由不同企业提供，主要针对各种能力素质，内容翔实丰富。

　　我们针对每一个资料库都进行了详实的分析。首先，将所有资料汇总，并计算出每个领导者的平均得分（包括来自上级、同事、下属以及其相关人的打分），唯一没有纳入计算的是领导者对自己的评分，数据库中的每位领导者都不例外。接下来，将所有 360°反馈评估得分进行汇总，计算平均值，得出一个整体指标。再从所有分数中分离出得分最高的前 10% 领导者与分数最低的后 10% 领导者。我们使用这两个群体的资料，针对每一单项进行 t 检验（t-test），并将每一单项的 t 值排序。我们从每一资料组中选出差异最大的 10~15 个项目，集合成为一个关键区分性因素的组合。一旦所有分析完成后，上述区分性因素组合会重新排序，选出较高的 t 值项目，逐一写到一张 3×5 英寸（7.62×12.7 厘米）的卡片上。然后，两位作者分别将这些卡片分组，并重复上述动作数次之后，将这些项目分为 16 个不同的群组。因为此调查项目横跨 32 个不同的资料库，使得我们无法对整体结果进行因素分析，但我们仍旧针对独立的资料库进行了因素分析，以便对这些因素进行适当的分组。

2017 年，我们决定使用过去 15 年收集的新数据来复现我们的原始研究。自最初研究以来，我们一直用"卓越领导者"（extraordinary leader）、"卓越绩效"（extraordinary performance）和"卓越教练"（extraordinary coach）的标准评估工具以及为数百家不同组织定制的评估工具收集 360° 反馈数据。此外，与 25 家国际伙伴的合作也为我们提供了更多全球数据。重复最初研究的目的是为了了解我们原来提出的 16 项区分性卓越领导力能力素质在当今的商业环境中是否仍然适用，是否还有其他重要的区分性能力素质。在新研究中，我们对 121 138 位领导者进行了 1 596 938 项评估。表 A-2 即用于分析的 44 个数据集列表。

表 A-2　2017 版关键区分性因素分析中所使用的 44 组数据

资料编号	评估者（人）	被评估的领导者（人）	调查题目（个）	组织描述
1	27 961	2 081	64	通信（管理者）
2	7 182	603	59	通信（个人贡献者）
3	6 579	407	20	制药（个人贡献者）
4	14 296	809	56	制药（管理者）
5	2 503	147	60	保险
6	5 012	339	54	制造

（续）

资料编号	评估者（人）	被评估的领导者（人）	调查题目（个）	组织描述
7	43 585	4 077	56	石油（管理者）
8	7 461	660	82	石油（管理者）
9	8 691	712	81	石油（个人贡献者）
10	6 301	330	82	石油（管理者）
11	1 462	186	56	专业服务
12	2 120	164	73	专业服务
13	8 626	570	58	娱乐传媒
14	1 622	762	16	零售
15	34 358	2 490	43	食品
16	5 070	390	25	食品
17	8 063	195	47	食品
18	2 237	762	47	食品
19	1 358	135	72	建筑材料
20	3 417	225	72	房地产
21	1 065	94	52	房地产
22	2 110	139	47	宗教组织
23	2 216	121	51	出版／技术
24	1 402	87	46	医疗保健（高管）
25	6 829	550	46	医疗保健（管理者）
26	1 326	91	64	银行
27	2 256	245	80	娱乐
28	1 615	136	62	食品业
29	41 771	3 664	54	一般性调查 – 多种不同的组织
30	3 520	226	89	研发机构
31	9 288	854	55	通信
32	1 217 363	87 684	54	一般性调查 – 多种不同的组织

（续）

资料编号	评估者（人）	被评估的领导者（人）	调查题目（个）	组织描述
33	73 375	5 987	54	一般性调查 – 多种不同的组织
34	1 783	108	63	技术
35	1 296	99	77	制造加工
36	2 519	433	66	金融服务 / 投资
37	832	71	98	金融服务
38	2 414	170	97	制药
39	28 087	1 960	64	技术（管理者）
40	3 339	223	65	技术（高管）
41	2 657	236	65	技术（个人贡献者）
42	13 091	982	47	技术（管理者）
43	4 994	336	71	技术
44	10 710	598	61	投资

　　时过境迁，从 2002 年我们首次确定 16 项区分性因素至今，企业面临的挑战已经截然不同。为了了解 16 项区分性能素质在今天的适用性和重要性，我们使用了更新的数据来重现当初的研究。许多客户用了"卓越领导者"标准 360° 评估工具，也有近一半客户用的是定制化能力素质模型，其中不仅包含我们的标准能素质，也增添了一些新的能力素质。本次研究希望验证原有的 16 项能素质，同时确定是否有任何新的能力素质产生。

　　此次研究中，我们所用的数据更多更广泛，共包含了来自 121 138 位领导者的 1 596 938 项评估数据，组成了 44 个不同的唯一数据集，涵盖 2 000 多个项目。为了区分出最显著的项目，我们的数据分析流程仍与当初保持一致。

最新研究结果

我们的发现如下：

1. 2002年的16项区分性能力素质到如今仍然有很好的区分性。显然我们在最初的研究中发现的一些领导力基本要素并未随着时间推移而改变。

2. 数据显示，有些区分性能力素质随着时间推移显得愈发重要：

（1）重视多样性。这些年来，重视不同性别、种族、年龄或背景等方面的差异变得越来越重要。在大多数全球化组织中，这个问题极为关键。不重视多样性的领导者不会成功。

（2）制定决策。领导者可以获取的信息空前繁杂多样，甚至令许多领导者不敢及时做出决策。为了生存，组织往往需要在被对手颠覆之前先完成自我颠覆，这就需要领导者果断决策，快速推进。

（3）承担风险。《财富》世界500强里的新公司数量急速攀升，谨慎行事的组织将会落败。这就需要领导者不断突破界限，同时遵循职业道德。

3. 另外几种区分性能力素质，则需要在被评估的方面做出一些改进。我们将现有的两项能力做了如下扩展：

（1）发展自我。多年来，这种能力一直被人们视作最不重要的能力，但它却与领导效能的提升密切相关。另外，我们还发现了一个新的关键项目：敏捷能力，即一个人快速适应变化和新形势的能力。组织迅速迭代，领导者需要跟上步伐。为此，我们在360°反馈评估中添加了一个新的行为项目，并且命名为"学习敏锐度"。

（2）外部导向。过去五年，大家从关注客户满意度转向关注客户体验。许多公司都相信，在客户使用或购买产品时提供良好的体验，以能保证客户忠诚度。在我们最初的调查中，我们有一个关注客户的项目。现在考虑到这一趋势，我们又添加了一个额外的行为项目，并且命名为"客户与外部导向"。

显著优势对整体领导效能的影响（第五章）

在第五章，我们针对显著优势对整体领导效能的影响程度进行了评估，如图 A-2 所示。图中选取的数据来自就职于不同组织的 7 195 名领导者。他们所接受的 360° 反馈评估主要基于卓越领导力的 360° 反馈评估工具以及 16 项区分性能力素质评估。为了完成这项研究，我们将 16 项区分性能力素质中的每一项都以百分位数的形式进行了评分，然后选出领导者得分在 90 百分位或以上的能力素质，并认为该能力素质即此管理者的显著优势。同时，我们也以百分位数的形式计算出领导者的整体领导效能指数，即此领导者在 49 个评估项目上的平均领导效能得分。可以看出，此项结果与第五章所列结果十分接近。

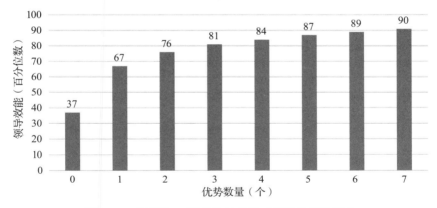

图 A-2　位于第 90 百分位的优势对领导效能的影响

在《卓越领导者》第 1 版问世后，针对书中展示的研究也存在一些异议，这些争议主要集中在关于整体领导效能指数和决定个人优势的区分性素质是否应该并入同一个评估体系中。批评者认为，优势越多，领导效能当然也就越高，这是不证自明的。然而，令我们称奇的并不是领导效能最终分数提高了多少，而是仅仅几项优势的显著提升便可以大幅度地提高整体效能得分。

　　为了进一步说明优势的重要影响力，我们又对 1 040 位领导者进行了另一项研究。在此项研究中，我们使用了上述之外的一些独立的评估工具，再次证实了优势的影响力。用来进行 360° 反馈评估的数据来自上级、同事和直接下属，评估针对 16 个方面。研究找出了那些具有优势的领导者（例如，该领导者的某项素质位于第 90 百分位）。然后我们会将所有反馈数据结果汇总（例如来自上级、同事和直接下属的数据的平均值）。此项数据库也包含了直接下属在员工满意度项目上的一系列评估数据。其中一个项目评估了每一位领导者的整体效能（例如，"从整体来看，我认为我的直接主管 / 直接上级的领导能力还不错"）。此题目不是用来评估领导效能的 360 项之一。然后，我们将具有优势的领导者与领导效能指数（360 项的数据平均值）、独立的管理效能评估（例如，"从整体来看，我认为我的直接主管 / 直接上级的领导能力还不错"）以及员工满意度指数（包括 12 项针对公司、职位、组织方向等评估题目）进行比较。结果如图 A-3 所示。

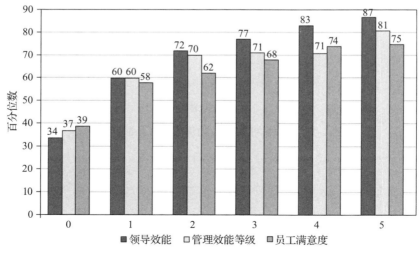

图 A-3　优势对三类评估项目的影响

　　如图 A-3 所示，每一列中的第一个柱形代表了整体效能数值。你如
果注意到这些数据值和我们之前研究所得的数据值非常接近，也不必太过
惊讶，因为两项研究使用的方法是一样的。每一列中的第二个柱形（管理
效能等级）代表着使用独立评估体系得出的整体管理效能数值。它指的是
直接下属针对某特定项目对领导者的整体效能进行评估所得的最终结果。
虽然它不如领导效能指数涵盖的评估项目广，却是由直接下属对上级做出
的整体评估。我们可以发现此项结果与第一柱形所代表的数值非常接近
（尽管从第三个优势到第五个优势数值低于前者）。每组中的第三个柱形
代表着员工满意度指数。从中我们发现这 12 项评估指数也遵循一定的规
律。之前我们研究得出的结论是"培养卓越领导力的关键在于发展优势"，
发展优势对于整体领导效能有着无法估量的正向影响，而此项研究结果再
一次证实了这个观点。

注释

第一章

1.Bennis, Warren G., *Why Leaders Can't Lead: The Unconscious Conspiracy Continues*, Jossey-Bass, San Francisco, CA, 1989, p. 143

2.Yukl, Gary, *Leadership in Organizations*, Prentice Hall, Englewood Cliffs, NJ, 1994.

3.Dalton Gene, and Paul Thompson, *Novations: Strategies for Career Management*, Scott Foresman, Glenview, IL, 1986.

4.Katzenbach, Jon, *Peak Performance*, Harvard Business School Press, Bos- ton, 2000.

5.Weick, Karl E., *The Social Psychology of Organizing*, McGraw–Hill, New York, 1979.

6.Polanyi, Michael, *Personal Knowledge: Towards a Post–Critical Philosophy*, University of Chicago Press, Chicago, 1958, p. 53.

7.Ulrich, Dave, Jack Zenger, and Norm Smallwood, *Results–Based Leader ship*, Harvard Business School Press, Boston, 1999.

第二章

1.Rucci, Anthony J., Steven P. Kim, and Richard T. Quinn, "The Employee-Customer-Profit Chain at Sears," *Harvard Business Review*, January–February 1998, pp. 82–98.

2.Johnson, Carla, "Recruitment: Capturing Turnover Costs," *HR Magazine*, July 2000, Vol. 45, No. 7, pp. 107–119.

3.Senn, Larry E., and John R. Childress, *The Secrets of Reshaping Culture*, The Leadership Press, 1999.

4.Collins, Jim, "Level 5 Leadership: The Triumph of Humility and Fierce Resolve," *Harvard Business Review*, January 2001, pp. 67–76.

5.Kelly, Walt, creator of Pogo, 1917–1973.

6."If It Was Good Enough for Jack Welch…," *Business Week*, October 15, 2001, Online.

7.Ericsson, Anders K., and Neil Charness, "Expert Performance, Its Structure and Acquisition," *American Psychologist*, 1994, Vol. 49, No. 8, pp. 725–747.

第三章

1.Gardner, John W., *On Leadership*, Free Press, New York, 1990.

2.Spencer, Lyle M., *Competence at Work*, Wiley, New York, 1993.

3.Dalton, Maxine, "Are Competency Models a Waste?" *Training and Development*, October 1997, pp. 46–49.

4.Ibid.

5.Asch, S. E., "Forming Impressions of Personality," *Journal of Abnormal and Social Psychology*, Vol. 41, 1946, pp. 258–290.

6.Kelly, H. H., "The Warm-Cold Variable in First Impressions of Persons," *Journal of Personality*, Vol. 18, 1950, pp. 431–439.

7.Rosenberg, S., C. Nelson, and P. S. Vivekananthan, "A Multidimensional Approach to the Structure of Personality Impressions," *Journal of Personality and Social Psychology*, Vol. 9, 1968, pp. 283–294.

8.Ibid.

9.Dorsey, David, "Andy Pearson Finds Love," *Fast Company*, Vol. 49, August 2001, pp. 78–82.

10.Bronowski, Jacob, *The Ascent of Man*, Little, Brown, Boston, 1974, pp. 115–116.

第四章

1.Ulrich, Dave, Jack Zenger, and Norm Smallwood, *Results-Based Leader ship*, Harvard Business School Press, Boston, 1999.

2.McClelland, David, "Achievement Motivation Can Be Developed," *Harvard Business Review*, Vol. 43, 1965, p. 178.

第五章

1.Seligman, Martin, *Authentic Happiness*, Free Press, New York, 2002, p. 13.

2.Cameron, Kim, *Positive Leadership*, Berrett-Koehler, San Francisco, pp. 52–53.

3.Kaplan, Robert and Robert Kaiser, "Stop Overdoing Your Strengths, *Harvard*

Business Review, Feb. 2009, pp. 36–41.

4.Festinger, L. A., *The Theory of Cognitive Dissonance*, Stanford University Press, Stanford, CA, 1957.

第六章

1.Zenger, John H., Joseph Folkman, and Scott Edinger, *The Inspiring Leader*: *Unlocking the Secrets of How Extraordinary Leaders Motivate*, McGraw-Hill, New York, 2009.

2.Sandholtz, Kurt, "Achieving Your Career Best," *National Business Employment Weekly*, July 11–17, 1999.

3.Dalton, Gene, and Paul Thompson, *Novations*: *Strategies for Career Management*, Scott, Foresman, Glenview, IL, 1986.

4.Sandholtz, July 11–17, 1999.

5.Dalton and Thompson, pp. 218–236.

6.Ibid.

第七章

1.Galford, Robert, and Anne Seibold Drapeau, *The Trusted Leader*, Free Press, New York, 2002.

2.Zenger, John, Joseph Folkman, and Scott Edinger, *The Inspiring Leader*, McGraw-Hill, New York, 2009.

3.McCall, M. W., Jr., and M. M. Lombardo, "Off the Track: Why and How Successful Executives Get Derailed," Tech Report No. 21, Center for Creative Leadership, Greensboro, NC, 1983.

4.Higgins, E. Tory, "Regulatory Focus Theory: Implications for the Study of Emotions at Work," *Organizational Behavior and Human Decision Processes*, *Special Issue*: *Affect at Work*, Vol. 86, September 2001, pp. 35–66.

5.Dweck, Carol S., and Ellen L. Leggett, "A Social-Cognitive Approach to Motivation and Personality," *Psychological Review*, Vol. 95, No. 2, 1988, pp. 256–273.

6.Dweck, Carol S., *Self-Theories*: *Their Role in Motivation, Personality, and Development*, Psychology Press, Philadelphia, 1999.

第八章

1.Kelley, Robert E., *How to Be a Star at Work*, Times Business, New York, 1998, pp.

43–44.

2.Kelley, Robert E., and Janet Caplan, "How Bell Labs Creates Star Per formers," *Harvard Business Review*, Vol. 71, July–August 1993, pp. 128–139.

3.Kelley, *How to Be a Star at Work*, pp. 43–44.

4.Krames, Jeffrey, *The Jack Welch Lexicon of Leadership*, McGraw-Hill, New York, 2002, p. 123.

5.Zenger, John, Joseph Folkman, and Scott Edinger, *The Inspiring Leader*, McGraw-Hill, New York, 2009.

第九章

1.Drucker, Peter F., *The Practice of Management*, Harper & Row, New York, 1954.

2.Kouzes, James M., and Barry Z. Posner, "On Becoming a Leader" in *Growth Strategies*, American Management Association, New York, NY, September 1987.

3.Simon, H. A., *The Science of Management Decisions*, Prentice Hall, Engle- wood Cliffs, NJ, 1977.

4.Ulrich, Dave, Jack Zenger, and Norm Smallwood, *Results-Based Leader- ship*, Harvard Business School Press, Boston, 1999, pp. 169–180.

5.Flaherty, John E., *Peter Drucker*: *Shaping the Managerial Mind*, Jossey-Bass, San Francisco, 1999, p. 335.

6.Ibid., pp. 336–337.

7.Valerio, Anna M., "A Study of the Developmental Experiences of Managers," in *Measures of Leadership* (Kenneth E. and Miriam B. Clark, eds.), Leadership Library of America, West Orange, NJ, 1990, pp. 521–533.

8.Perry, Lee Tom, Randall G. Stott, and W. Norman Smallwood, *Real-Time Strategy*: *Improvising Team-Based Planning for a Fast-Changing World*, Wiley, New York, 1993.

9.Friedman, Stewart, "Leadership DNA: The Ford Motor Story," *T&D Journal*, March 2001, p. 25.

10.Ibid., p. 27.

第二部分

1.Gurdjian, Pierre, Thomas Halbeisen, and Kevin Lane, "Why leadership-development programs fail," *McKinsey Quarterly*, 2014.

第十章

1.AMA Enterprise, "Developing Successful Corporate Leaders: The Second Annual Study of Challenges and Opportunities 2011," sponsored by The Institute for Corporate Productivity (i4cp), *Training* magazine, and AMA Enterprise. Survey participants included AMA members, i4cp's global sur- vey panel, and *Training* magazine subscribers.

2.Deloitte, "Human Capital Trends," 2014.

3.Ken Blanchard Annual Corporate Issues Survey, available from KenBlanchard.com

4.Eddy, David M., "The Origins of Evidence-Based Medicine: A Personal Perspective," *Virtual Mentor* 13(1):55-60.

5.Volini, Erica, Jeff Schwartz, Indranil Roy, Maren Hauptmann, Yves Van Durme, Brad Denny, and Josh Bersin, "Leadership for the 21st Century: The Intersection of the Traditional and the New," 2019 Global Human Capital Trends, Deloitte, *Insights*.

第十一章

1.Gentry, W. A., "Managerial Derailment: What It Is and How Leaders Can Avoid It." In E. Biech (Ed.), *ASTD Leadership Handbook*, Alexandria, VA, ASTD Press, 2010, pp. 311–324.

2.Zenger, Jack, "We Wait Too Long to Train Our Leaders," *Harvard Business Review*, December 17, 2012.

第十二章

1.Kipnis, David, Stuart M. Schmidt, and Ian Wilkinson, "Intraorganizational Influence Tactics: Explorations in Getting One's Way," *Journal of Applied Psychology* 65(4):440-452.

2.Anderson, C., S. E. Spataro, and F. J. Flynn, "Personality and Organizational Culture as Determinants of Influence," *Journal of Applied Psychology* 93(3):702-710.

3.Kotter, John P., "Leading Change: Why Transformation Efforts Fail," *Harvard Business Review*, March-April 1995, pp. 59-67.

4.Executive Development Associates, "Trends in Leadership Development," 2019.

第十三章

1.Carey, John, "Medical Guesswork," *Bloomberg Businessweek*, May 2006, pp. 75-80.

第十五章

1.Lewin, Kurt, "Frontiers in Group Dynamics: Concept, Method and Reality in Social Science; Social Equilibria and Social Change," *Human Relations*, 1947, Vol. 1, 1, pp. 5-41.

2."America's Workforce: A Revealing Study of Corporate America's Most Neglected Employee," available from Root Inc., 2015.

3.Saari, L. M., T. R. Johnson, S. D. McLaughlin, and D. M. Zimmerle, "A Survey of Management Training and Education Practices in U.S. Companies," *Personnel Psychology* 41(4):731-743.

4.Goldsmith, Michael, and Howard Morgan, "Leadership Is a Contact Sport: The 'Follow-Up Factor' in Management Development," *Organizations and People*, Fall 2004, Issue 36, pp.71-79.

第十六章

1.Mercer, "When Women Thrive" global report, 2016.

2.Maholtra, Vik, "Women in the Economy," speech, quoted in the *Wall Street Journal*, April 11, 2011.

3.Malone, Thomas, MIT Center for Collective Intelligence, reported in "Intelligent Organizations, Management and Leadership" blog, posted March 22, 2017.

4.Kelly, Kevin (CEO, Heidrick & Struggles) discussing the firm's internal study of 20,000 searches in an interview with Brooke Masters for "Rise of a Headhunter," *Financial Times*, March 30, 2009.

第十七章

1.Dweck, Carol, *Mindset: The New Psychology of Success,* Random House Publishing Group, New York, 2006.

第十八章

1.Zenger, Jack, and Joseph Folkman, "The Trickle Down Effect of Good (and Bad) Leadership," *Harvard Business Review,* Jan 10, 2016.